企业集群的外部性理论

QiYe JiQun De WaiBuXing LiLun

孙 鳌/著

经济科学出版社
Economic Science Press

图书在版编目（CIP）数据

企业集群的外部性理论/孙鳌著.—北京：经济科学出版社，2015.1

ISBN 978-7-5141-5368-2

Ⅰ.①企… Ⅱ.①孙… Ⅲ.①企业管理-研究 Ⅳ.①F270

中国版本图书馆CIP数据核字（2015）第002364号

责任编辑：王冬玲
责任校对：王肖楠
责任印刷：邱 天

企业集群的外部性理论
孙 鳌 著
经济科学出版社出版、发行 新华书店经销
社址：北京市海淀区阜成路甲28号 邮编：100142
总编部电话：010-88191217 发行部电话：010-88191522
网址：www.esp.com.cn
电子邮件：esp@esp.com.cn
天猫网店：经济科学出版社旗舰店
网址：http://jjkxcbs.tmall.com
北京万友印刷有限公司印装
710×1000 16开 14.75印张 250000字
2015年5月第1版 2015年5月第1次印刷
ISBN 978-7-5141-5368-2 定价：38.00元
（图书出现印装问题，本社负责调换。电话：010-88191502）

前　言

最近30年，中国的农村发生了两次革命。众所周知，中国农村的第一次革命发生于20世纪80年代初，其标志性事件是“家庭联产承包责任制”替代了中国农村过去实行了二十多年的人民公社制度。在家庭联产承包责任制下，作为生产单位的农户与国家签订租约，向国家缴纳固定数量的其所承包的土地的产出，农村集体则负责提供像灌溉系统和所有农户都需要的农业生产性投入这样的农村基础设施。这一制度安排的核心是，农民可以在市场上销售其履行合约义务后的剩余产品。由于可以把长期的土地租约看成是向土地的私人产权的回归，而把农户的合约义务看成一种特定形式的财产税，中国农村家庭联产责任制在本质上不过是向自由市场原则的回归。令人惊奇的是，就是这种回归极大地解放了中国农村的生产力，在短短的几年中就基本消除了在中国历史上的大多数时期都存在的农产品短缺现象。正因为如此，用“中国的农业革命”来指称它就一点也不奇怪了。奇怪的是，熟悉中国的农业革命的绝大多数人都不怎么了解中国农村已经持续了二十多年的另一场革命。这是一场从乡镇企业发展到企业集群，由此推动我国农村经济工业化、农村城镇化的根本性变革。在这场变革中，我国有许多乡村在短短的二十多年中就发展成了年产值上千亿元的集工业生产和社会生活为一体的“产业社区”。

中国农村的第二次革命是以企业集群的形成和发展为特征

的。如果说在中国农村的第一次革命中，中国的农民创造出了家庭联产承包责任制这种能够解放和发展中国农业生产力的产权制度的话，那就可以说，在中国农村的第二次革命中，中国的农民创造出了企业集群这种能够把中国的基于丰富劳动力禀赋的理论上的比较优势转变成实际的国际竞争优势的产业组织形式。国际贸易理论中的比较优势理论在本质上是国家层次上的竞争优势理论，它告诉人们劳动要素丰裕的国家在劳动密集的产品上有比较优势，因而应当专业化地生产并出口劳动密集品，而资本或自然资源丰裕的国家在资本或自然资源密集的产品上有比较优势，因而应当专业化地生产并出口资本或自然资源密集品。令人遗憾的是，它不能解释许多贫穷但劳动要素丰裕的发展中国家至今不能专业化地生产并出口劳动密集品的事实。这与它把国家看成一个没有结构和距离的质点有很大关系。因为，国家的质点观必然会导致对企业家和生产的制度结构等决定地区和国家经济发展的道路和水平的重要因素的忽略，极大地损害理论的解释力和预见力。因此，可以毫不客气地说，国家的质点观是国际贸易理论中的一个“阉割性”假设。对企业集群的研究有助于克服国家质点观的不足，把空间这一事物存在的形式引入经济学中，从而提高经济理论的解释力和预见力。

本书将提供一个从外部性的角度系统地解释企业集群的形成、绩效和演变的理论纲要。从2004年以后，我一直致力于企业集群的研究。然而，本书在探讨企业集群这种既非市场也非科层的独特的产业组织形式的形成，它对企业行为和绩效的决定性影响，以及它自身的演变等方面，无疑比我先前的研究要系统得多。

本书特别关注嵌入在集群化企业的关系网络中的企业与那些资源和行业条件相同但孤立的企业在行为和绩效方面的差异。因为，企业集群的秘密就隐藏在集群化企业的关系中。新古典经济学的一个重大缺陷就是其把企业看成一个一个孤立的存在，从而忽略了对企业间关系的研究。这必然导致新古典经济学忽略企业家在企业和经济发展中的重要作用。因为，企业家的日常管理实际上有两个方面，一个是通过计划、组织、领导和控制四大职能性活动实现组织目标的内部管理；另一个是建立和维护其与供应商、分销商、客户企业甚至竞争对手企业间的长期合作关系的企业间关系的管理。可以毫不夸张地说，对于大多数企业而言，在重要性方面，企业间关系的管理都远远超过了企业内部的管理。因此，把企业看成一个一个孤立的存在，就看不到企业家在建立和维护企业间长期的合作关系中所起的重要作用。结果，以解释资源配置效率为己任的新古典经济学却不能解释决定资源配置效率高低的直接因素——企业的行为。所以，在写作中，作者也特别关注各种治理企业间关系的机制是如何在集群化企业的互动中演化出来的。

本书的草稿是我在暨南大学的博士论文和2007年我所承担的一个广东省社科联的研究课题的研究成果。暨南大学的陈雪梅教授在论文选题中提出过最直接的建设性建议。在此，我要特别感谢暨南大学的张捷教授。因为，如果没有他当初的赏识和举荐，我就没有机会读博士，我以后的学术发展也就无从谈起。

孙　鳌

南方医科大学经济学系

2014年12月

目　　录

导　论

自资本主义产生以来，国与国之间或大国的各地区之间，在经济增长绩效方面的差异越来越明显，也越来越引起经济学家的关注和研究。其表现之一是，在最近几十年，研究经济增长的文献呈几何级数增长。与此同时，经济增长理论也发生了许多重要变化，如从哈罗德—多马的增长理论到索罗的增长理论再到技术内生的新增长理论的演进，从强调资本和技术对经济增长的贡献到强调制度和文化对经济增长的贡献的变化等。但是，一般的经济增长理论或经济发展理论中的增长理论，似乎都忽视了一个重要问题，那就是众多企业在特定地理空间聚集形成企业集群对一地区或一国经济增长的贡献。实际上，自工业革命以来，经济活动最醒目的地理特征就是经济活动的地理集中——企业集群的存在。重要的是，一地区、一国没有企业集群，该地区、该国经济往往就缺乏活力。这种规律性现象越来越明显。今天，可以毫不夸张地说，没有企业集群的增长理论，也就是没有空间的增长理论，是不能真正解释清楚国与国之间或大国的各地区之间在经济增长绩效方面的差异的。不言自明的是，一国经济是由地区经济构成的，而地区经济是由集群经济构成的，集群经济则是由集群化企业构成的。因此，要理解一国经济，就要理解其地区经济；要理解地区经济，就要理解其集群经济；要理解集群经济，就必须理解构成它的企业的行为和绩效。

本书的基本目的是，从集群内企业间互动的角度，特别是从企业集群外部性的角度，去研究企业集群，包括其产生、演变和其对集群内企业的行为和绩效的影响。

现在，实证主义在我国经济学界盛行。许多经济学者认为，“符合国际经济学研究规范的”、“正宗的”经济分析是实证分析。为此，许多经济学者似乎是千方百计地要在其论文的标题中出现实证分析这一概念。这种现象在经济学英文文献中是极为罕见的。遗憾的是，这些学者所理解的实证分析仅仅是建立和使用经济数理模型，主要是经济数据的统计分析，是组织起来的数字和数学符号。其实，实证分析的本质是分析和陈述变量之间或过程之间的因果关系，此为其一。其二，对经济学科的进步产生了重要影响的许多经济模型并没有数学符号，更不用说复杂的数学了，如说明地方公共品供给的蒂布特模型、科斯的企业效率边界模型、说明国际贸易的基础与得益的国际贸易的标准模型和奥尔森的集体行动的困境模型，等等。在对经济思想的数学模型化推崇备至的国际建模大师、诺贝尔经济学奖获得者克鲁格曼看来，使经济思想数学模型化最大的好处是，能够使重要的经济思想得到一代又一代的传承和发展。① 但是，这是有代价的。因为，严格的数学模型往往为了分离出几个关键变量而抽象掉了经济问题的复杂性。结果，其规范的意义严格取决于经济模型的假设与现实间的直接的契合。也就是说，其适用性仅仅被限制在特征严格符合模型的假设的境况。进一步的后果是，数学模型的结论对假设和模型所用的均衡概念高度敏感。再者，难以把许多模型整合成一个适用于任何境况的一般的分析框架，甚至难以使各种模型的结论相互一致。② 另一种观点认为，经济思想的数学模型化可以使经济学区别于既不可证实又不可证伪的形而上学。这显然是一种过于简单化的理解。因为，科学与形而上学之间的界限即使是在专门对之进行研究的科学哲学中至今也未达成共识。可以肯定的是，科学与形而上学之间的区别绝不是是否使用数学的问题。历史上有一些后来被证明是完全错误的“理论”，是用按当时的标准看非常复杂的数学编织起来的，如作为神学自然观的自然科学基础的托勒密的地心说。其三，经济模型无非是用他人易于重复的方式所表达的经济思想，可以是数学模

① 保罗·克鲁格曼. 发展、地理学与经济理论［M］. 北京：北京大学出版社、中国人民大学出版社2002年版，第6页。这是一本值得读几遍的很薄的书。

② Porter, M. E. Towards a Dynamic Theory of Strategy［J］. Strategic Management Journal, 1991, 12: 95－117。迈克尔·波特的五力模型和钻石模型也是在学界有深远影响的非数理模型。

型，也可以是概念模型，还可以是几何模型和其他形式的模型。关键是，什么境况适合使用什么模型进行分析。在本书中，作者将主要使用概念模型和几何模型对企业集群进行分析。因为，概念模型和几何模型可以包含许多变量，反映集群内企业互动中的大多数复杂性，而数学模型难以做到这些。一个事实是，克鲁格曼拒绝分析企业集群知识外溢的理由，按他自己的说法，是集群知识外溢的机制还没有搞清楚，而不是集群知识外溢不重要。① 这实际上暗示着集群外部性的复杂性和使用数理模型的局限性，可以看成是对我们的考量的一个注释。在努力揭示企业集群相关的变量或过程之间的因果关系的基础上，作者注意探讨地方政府干预地方企业集群发展的政策问题和集群内企业的战略问题，也就是那些"应当是什么"的规范分析的问题。现在，在我国经济学界有一种盲目拒斥规范分析的倾向。问题是，经济学家有权利拒斥规范分析，政府政策的决策者和企业战略的决策者则有权利拒绝经济学家。因为，任何政府政策和企业战略的制定与执行，都会导致一些人受益而另一些人受损。因此，政府政策和企业战略的制定和分析不可能是价值无涉的。

企业集群外部性在企业集群的演化中起着非常重要的作用。然而，企业集群的演化归根到底取决于企业集群的向心力与离心力之间的相互作用。因此，作者注意从这两种力量消长和均衡的角度，分析企业集群均衡规模的决定和变化，并努力加强对企业集群演化机制的动态分析。实际上，分析企业集群外部性的发生机制本身，就是一种典型的动态分析。动态分析重在分析现象背后的机制、过程和规律，难度较高。但不如此分析，就不能真正理解企业集群的外部性。

新古典经济学往往给人一种印象，似乎只有寡头市场中的企业间才存在策略性互动。实际上，策略性互动在经济生活中是一种普遍现象。策略性互动的实质是根据对手可能针对自己的行动所采取的反应性行动选择和执行自己的行动策略。策略性互动的普遍性反映的是人们在行动和利益等方面的相互影响。在集群化企业之间，这种策略性互动更加明显而重要。特别地，集群化企业间的策略性互动对于理解许多重要的集群现象，如集

① 保罗·克鲁格曼．发展、地理学与经济理论［M］．北京：北京大学出版社、中国人民大学出版社2002年版，第52页。

群公共品的供给和集群内企业间的策略性外溢等，非常重要。

本书的思路可概括为从一般到特殊，也就是从企业集群和外部性的一般理论到企业集群外部性的产生、影响和治理。因为，本书所进行的研究不过是把企业集群和外部性的一般理论结合起来，从企业集群外部性的产生、影响和治理三个方面，去分析企业集群这种既非市场也非科层的产业组织形式的特殊性而已。

本书第1章梳理已有的企业集群研究的相关文献，并从外部性的类型、解决办法和内部化三个方面系统地介绍经济学中的外部性理论。第2章主要从比较的角度和系统科学的角度，揭示企业集群作为一种既非市场又非科层的特定的产业组织形式的特殊性，并通过一个几何模型说明，企业集群的各种向心力与各种离心力是如何相互作用、共同决定企业集群均衡规模的演变的。第3章讨论企业集群中的货币外部性、网络型相互作用和策略性相互作用。第4章探讨企业集群中的商业模式溢出、技术溢出、信任和拥挤效应等。第5章从集群公共品有效供给的角度，探讨集群外部性的治理，包括集群公共品的困境、私人自愿贡献、集体提供（战略联盟）和政府提供（政府规制）等内容。

第 1 章

企业集群和外部性的一般理论

企业集群是一种其重要性不断增长的区域经济现象。研究这种现象的文献在最近十多年增长得十分迅猛。对此进行疏理，是进一步研究的必要前提。本章将对企业集群研究的相关文献进行梳理，并系统地整合经济学中的外部性理论。

1.1 企业集群的一般理论

第一个明确地提出产业集群的概念，并全面复活了全球范围内许多经济学家、组织理论家和社会学家对产业集群这种现象的研究兴趣的学者是迈克尔·波特。在其出版于 1990 年的《国家竞争优势》一书中，迈克尔·波特把产业集群定义为“在地理上靠近的一群相关产业中的相互联结在一起的企业和机构”。① 许多学者认为，迈克尔·波特的这一概念显然有强调产业链聚集的含义。问题是，在许多现实的产业集群中其实只有一条产业价值链。所以，他们更倾向于使用企业集群的概念去指称许多企业和非营利性组织在特定地理空间聚集所形成的一种基于专业化的企业和组织间的分工体系。作者认为，严格区别产业集群与企业集群的意义不大，这两个概念实际上可交替使用。

重要的是，在迈克尔·波特的定义中隐藏着三个重要的集群维度——

① 迈克尔·波特．国家竞争优势［M］．北京：华夏出版社，2003：47.

地理维度、企业间网络维度和组织间网络维度。集群的地理维度指的是，许多企业聚集在一个特定的地理空间内。这是大多数定量研究中唯一的集群维度。集群的企业间网络维度指的是，集群内企业间的以市场为基础的交易关系和非正式的关系。企业间的以市场为基础的交易关系主要是由投入—产出表所度量的生产关联和商业关联，这些通常构成了界定部门集群（sectoral clusters）的主要内容。企业间的非正式的关系通常采取惯例、非正式规则和习惯的形式，其主要作用是在不确定条件下协调经济主体间的活动。集群的组织间网络维度指的是，集群内企业、非政府组织和政府组织间的关系，同样包括了正式的关系和非正式的关系（如行为准则、共同知识和信任等）。按照罗查和斯滕伯格的说法，集群中的组织间网络具有公共品的性质，同社会资本、制度性嵌入性（植根性）和约翰尼森意义上的第二、第三秩序网络联系紧密（Rocha & Sternberg，2005）。他们强调，集群的这三个维度对于正确理解集群是非常重要的。因为，当只存在产业基地时，那被称为产业（行业）；当产业相对集中于特定地区时，那是产业集聚体；当只存在地理维度时，那是城市或国家；当只存在网络维度时，那是企业网络和社会网络；当只存在客户—供应商关系形式的企业间网络维度时，那是迈克尔·波特意义上的价值链或部门集群；当价值链在亚国家的地理空间内被整合时，那是区域层次上的部门集群。为此，罗查和斯滕伯格把集群定义为“地理上靠近的一群由经济的和社会的相互依存联结在一起的相关产业中的企业和机构”。在他们看来，集群和产业集聚体（industrial agglomerations）间的区别是重要的。所谓产业集聚体是一群相互靠近的属于同一个产业或紧密相关产业的企业。同一产业集聚体中的企业间可能存在相互作用，但不必然地存在相互作用。而且，当出现相互作用时，主要是客户—供应商间的以市场交易为基础的相互作用，指导这些交易的是价格机制而非社会关系或社会准则，此为其一；其二，地理区内的企业密度和就业密度是产业集聚体的主要的定义性特征。在理论上，产业集聚体本身不能被看成实体。因为，缺乏企业间的和机构的网络去提供约束集聚体内不同主体的必要的黏合剂。与基本上是区域现象的集群不同，产业集聚体主要是产业的而非区域的现象，比较适用新古典经济学的原子式的竞争行为的观点。下面，我们将从四个方面梳理已有的企业集群文献。

1.1.1 从企业集群的地理维度所进行的研究

从企业集群的地理维度所进行的研究主要体现在马歇尔和克鲁格曼对集群外部经济的研究文献中。这里的集群外部经济就是通常所说的马歇尔型外部经济Ⅰ、Ⅱ、Ⅲ。这里，马歇尔型外部经济Ⅰ指的是由共享的专业技术工人的劳动市场所产生的成本节约，马歇尔型外部经济Ⅱ指的是由专业化的投入品和服务的可获得性而产生的成本节省，马歇尔型外部经济Ⅲ指的是集群内技术和知识的外溢[①]。尽管外部经济的概念首先由马歇尔提出，但并不是他的著作分析的重点。对集群外部经济的较深刻的分析主要体现在克鲁格曼的著作中。必须指出的是，克鲁格曼拒绝分析集群中的知识外溢。其理由是，知识外溢难以捉摸和模型化[②]。克鲁格曼的著作涉及地区间贸易、国际贸易、外部性、产业的本地化、战略性贸易和产业政策、全球化、历史的作用和路径依赖、经济和货币一体化对区域增长的意义等非常广泛的话题，但他的全部理论似乎可以用“贸易的地理经济学”（geographical economics of trade）这一术语来加以概括和说明。其中，“经济学”意味着他的理论本质上是经济理论，且主要属于新古典的经济传统。一个重要理由是，克鲁格曼非常强调经济观念的数学化和模型化。在他看来，只有模型化了的思想才能得到垂青。因为，适当模型化了的思想对经济学家的意义就与经过正规勘察的地区对18世纪绘制地图的工匠的意义一样，而历史上许多非常有价值的思想被主流经济学置之不理的主要原因正是未模型化[③]。“贸易”意味着克鲁格曼理论思维的一个焦点是地区间的贸易和国际贸易。这其实并不奇怪，因为，理解世界经济的关键是国际贸易及其相关的问题，而理解一国经济的关键是地区间的贸易及其相关问题。克鲁格曼的贸易理论通常又被称为新贸易理论，其“新”主要体现在四个方面：（1）用以报酬递增为基础的专业化而非国家间要素禀赋的差异

---

① 马歇尔．经济学原理（上）［M］．北京：商务印书馆，1983：280－291.

② 克鲁格曼．发展、地理学与经济理论［M］．北京：北京大学出版社，中国人民大学出版社，2002：5－6，52.

③ 克鲁格曼．发展、地理学与经济理论［M］．北京：商务印书馆，1983：6.

去解释相似国家间的行业内贸易。(2) 强调地区生产的专业化在一定程度上是历史偶然事件的结果。因为，专业化模式一旦建立起来，就很可能被累积的贸易利益“锁住”。因此，在地区专业化和国家间贸易的模式之间有很强的“路径依赖”的趋势。(3) 主张不完全竞争和行业内贸易条件下的生产要素的需求模式和报酬模式取决于微观层次上的生产的技术条件。(4) 认为不完全竞争和报酬递增意味着可以策略性地利用贸易政策去创造比较优势，以促进规模经济和外部经济重要的出口部门的发展。“地理”强烈地暗示着克鲁格曼的许多理论都有明显的地理维度。在他看来，要理解世界经济就必须理解国家经济；要理解国家经济就必须理解区域经济；要理解区域经济就必须理解区域经济最突出的特征——产业的专业化和地理上的集中①。克鲁格曼认为，产业的专业化和地理集中的重要性是如此之大，以致应当把经济地理学作为经济学的主要分支学科加以接受。但是，在过去的国际贸易模型中，国家通常是一个没有大小的质点。在国家内部，生产要素可迅速地、无成本地从一种活动转移到另一种活动。在表示国家之间的国际贸易时，常常采用一种没有空间的方法：对于所有可贸易的商品，运输成本为零。克鲁格曼认为，过去的经济学忽视空间问题的主要原因是，经济学家缺乏必要的分析工具去严谨地思考报酬递增和不完全竞争等问题。为了“把空间带入经济学中”，克鲁格曼把新贸易理论中的不完全竞争、报酬递增与马歇尔型外部经济和韦伯的区位理论中的运输成本结合起来，去解释产业的专业化和地理集中：历史偶然事件导致第一批企业在一个地方产生和聚集，由此所产生的大量的就业机会吸引着更多的工人涌向这一地区。结果，其所形成的共享劳动市场的优势将吸引更多的企业到这一地区，导致市场需求扩大，使企业可利用生产中的规模经济降低成本。同时，在位企业的互补品和其产品的零部件的专业化生产也变得有利可图了。这些不仅会吸引更多工人的涌入，而且还会吸引大量新企业的涌入。这个过程会不断地进行下去，产业的本地化程度因此会不断地提高。显然，这是一种由累积过程所驱动的历史和路径依赖的过程。历史偶然事件、不完全竞争、报酬递增、需求外部性（如马歇尔外部经济Ⅰ、

---

① 克鲁格曼．发展、地理学与经济理论［M］．北京：北京大学出版社，中国人民大学出版社，2002：5.

Ⅱ）和主观预期等因素在其中起着重要作用。因为，按照克鲁格曼的说法，在有外部经济的模型中经常存在两个或更多的长期均衡。最终究竟出现哪个均衡，历史的因素和预期的因素都可能对此产生重要影响。但在不同条件下，它们的相对重要性有所不同（Krugman，1991）。克鲁格曼认为，在马歇尔的动力学中，生产要素会自动流向报酬高的活动，如果存在几个可能的要素报酬在各种活动中均等化的均衡，则最终结果将取决于历史的初始条件。因为，在这种动态中，往往存在循环因果关系，而在循环因果关系中，初始条件的差异会随时间放大，结果，均衡的最终选择取决于起点。这个推理过程中隐含着的一个重要的前提性假定是经济的调整成本较高。在经济的调整成本很低时，预期因素的重要性有可能超过历史因素的重要性，而出现自我实现的预言：大多数人相信经济最终会处在哪个均衡中，哪个均衡就会变成现实。

为说明这种自我实现的预言，克鲁格曼建立了一个经济模型。在模型中，他假定劳动是唯一的生产要素，企业可用劳动生产规模报酬不变的产品 C 或规模报酬递增的产品 X。在这个模型中明显存在多重均衡：如果没人受雇于 X 部门，正在考虑生产 X 的工人会发现她将得到比生产 C 的工人更低的工资。因为，规模报酬递增的假定意味着，从事 X 生产的工人越多，每个工人的劳动生产力越高，工资因此越高。结果，她可能放弃从事 X 的生产。所以，存在整个经济专业化地生产规模报酬不变的产品 C 的均衡。另外，如果每个人都受雇于 X 部门，则正在考虑从事 C 生产的工人会发现她将得到更低的工资。所以，整个经济专业化地生产规模报酬递增的产品 X 也是一个均衡（Krugman，1991）。克鲁格曼建立的几何模型如图 1.1 所示。

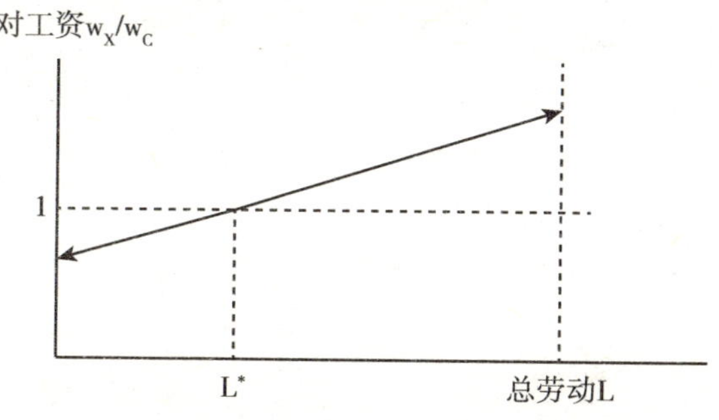

图 1.1　克鲁格曼的预期自我实现的均衡模型

其中，L^*代表两部门工资相等时受雇于规模报酬递增的 X 部门的劳动。显然，如果初始条件是受雇于 X 部门的劳动多于两部门工资相等时受雇于 X 部门的劳动，也就是部门 X 的工资高于部门 C 的工资，则部门 X 的工资会越来越高于部门 C 的工资的预期会使部门 X 滚雪球式地扩张，直到整个经济专业化地生产规模报酬递增的产品 X。如果初始条件是受雇于 X 部门的劳动少于两部门工资相等时受雇于 X 部门的劳动，也就是部门 X 的工资低于部门 C 的工资，则部门 C 的工资会越来越高于部门 X 的工资的预期会使部门 C 滚雪球式地扩张，直到整个经济专业化地生产规模报酬不变的产品 C。显然，预期在其中起着决定性的作用。当然，其前提是经济的调整成本，包括工人和其他生产要素从一部门流向其他部门的成本，是如此低以致可忽略不计。

克鲁格曼得到的一个重要结论是，地区特定的外部经济可能锁住地区专业化的模式，结果，因历史的初始条件而获得相对优势的地区和因历史的初始条件而获得相对劣势的地区之间可能会出现马太效应，最终形成一种中心—外围的经济结构。不难理解的是，克鲁格曼的这个模型在新经济地理学中很著名的主要原因是，它以一种他人容易重复的方式，表达了在某些条件下人们的主观预期具有自我实现的性质这种似乎是常识的东西。

有必要指出的是，克鲁格曼的地理经济学的优点主要有二：第一，它把外部经济、地区产业集聚与贸易结合起来，为新产业地理学中的弹性专业化理论提供了一个重要的修正。因为，在新产业地理学中，地区产业发展一直被看成一个本地的、土生土长的过程，贸易的作用一般被处理成不重要的，或干脆被忽视掉了。第二，它强调不完全竞争和货币外部性的观点，暴露了在地理文献中流行的外部性文献的局限性。因为，在现实中，不完全竞争和报酬递增使得货币外部性，尤其是市场规模效应，对于理解区域经济的不平衡发展非常重要。克鲁格曼的地理经济学最严重的局限性之一是，他固执地仅仅关注能在数学上模型化的那些外部性，不愿讨论技术和知识的外溢的地理影响。再者，他之强调地区经济发展是一个历史的和路径依赖的过程的观点在经济地理学中并不是什么新东西。实际上，地理学家早就认识到，特定模式的不平衡的地区发展一旦启动，往往会显示出很强的“惯性”。而且，在他看来，地理在决定“锁住”中所起的作用是严格意义的报酬递增现象。他没有考虑区域制度的、社会的和文化的因素在促进或约束地区经济发展中的作用。这种重要的忽略似乎主要产生于他对非经济的或社会的因素难以模型化和因此应当留给社会学家去研究的抱怨。

1.1.2　从企业集群的网络维度所进行的研究

第一，对集群中个人或企业的根植性及其作用的研究。新古典经济学假定，交换体系是通过保持距离的关系（arm's-length relationship）把活动者联系起来的理想化的原子式竞争的市场。在这样的市场中，激励经济主体的是自私的利润动机，而且，交易本身仅限于交换有关价格和质量的数据。因为，在这些信息中包含着进行有效决策所需的全部信息，尤其是在竞争性行业中。但是，不管市场是否以完全竞争为特征，市场存在的必要和充分条件都是买卖双方间的非人格化的关系。正是非人格化的关系和松散的结构耦合，通过促进信息的获取和避免导致不必要的协调成本的资产专用性或小数谈判情景，使效率最大化。然而，有限理性、不完美信息和小数谈判情景等，会导致市场被科层或混合组织所取代。但在这些框架中，经济关系本质上对经济绩效不重要的观点并没有改变。其关注的仍是自利的利润最大化动机、外在的激励、抵押、可实施的合约和非人格化的关系。新古典经济学家往往认为，信任和互惠互利这样的概念只能搅浑经济分析的清水。拉森这样的代理理论家则发现难以解释网络组织。因为，在网络组织中，委托人和代理人的角色是不清晰的，同时，似乎不存在形成代理理论预测的基础的治理机制（Larson，1992）。因此，一些新经济观点提供了特殊条件下新古典原则的替代观点。但它们认为社会结构相对于非人格化的、外在的和以激励为基础的市场交易逻辑只具有边际的影响。与此不同，鲍威尔这样的网络理论家则强调，根植性使经济主体的激励从对经济所得的急功近利的追求转向了信任和互惠互利的丰富关系。信任有助于降低交易的不确定性，创造难以定价或通过合约实施的物品和劳务的交换机会（Powell，1990）。波特斯和森森布莱内则指出，身份在根植性关系中很重要，因为，它赋予交易以价值，并丰富了网络中交易伙伴的社会资本（Portes & Sensenbrenner，1993）。其他网络理论家则指出，有关企业战略、生产诀窍、利润边际等的信息可通过根植性关系转移。因此，根植性关系能够以价格机制做不到的方式促进企业间的学习和生产的整合（Helper，1990）。罗莫和施瓦茨发现，根植在企业间网络中的企业可能倾向于用一体化去解决企业间的协调和适应问题（Romo & Schwartz，1985）。所有这些理论进展充分说明，企业间的关系和关系网络可能产生重要的经济后果。这也正是在企业研究中引入根植性这一概念的意义。因为，正如格拉诺威特所说，根植性观点强调具体的人际关系和这样的关系结构或网络在产生信任和阻止机会主义中的作用（Granovetter，1985）。在他看来，时间上持续的社会关系而非制度安排或一般化的道德，会产生信任，而信任会减少经济主体的机会主义行为。因此可以说，新古典经济学的重要缺陷之一，正是它忽视了在经济主体的持续互动中所产生的信任及其作用。当然，经济主体的根植性的理念在格拉诺威特之前早已有之。格拉诺威特的贡献是通过《美国社会学》这样的国际权威期刊复活了人们对它的兴趣。但他没有给根植性下个准确的定义。马斯登曾经指出，根植性指的是这样的事实，群体中的交换具有持续的社会结构，这种社会结构通过限制个体行动者的行动集合和改变行动者对他们可能采取的行动的态度，以某种新古典经济学没有讲的方式影响经济绩效（Marsden，1981）。乌西则把与市场逻辑不同的网络形组织的运行逻辑称为根植性（Uzzi，1996）。其目的是强调，交换体系中的根植性产生了网络形组织特定的机遇和约束，而这些机遇和约束产生了标准的经济解释未预见到的结果。他指出，根植性有三个特征：（1）信任；（2）丰富的信息交换；（3）共同解决问题的安排。信任起着根植性关系的治理机制的作用。它促进了对高经济绩效非常重要但难以通过市场定价和转移的资源和信息的交换。也就是说，根植性关系中交换的信息可以比保持距离的关系中所交换的信息有更大的专用性和意会性，包括能够提高企业的交易效能和其对环境的反应性的战略性的、意会性的诀窍。但是，从社会学的角度看，不能把“丰富的信息交换”看成信息不对称或资产专用性的特例。因为，个体的身份与他们的社会关系的性质和其中的信息本身一样重要。社会关系使信息可信、可解释，并使其充满了价值。共同解决问题的安排使经济主体能够相互协调和快速地解决问题。在保持距离的关系中，当客户采用退出战略时，其一个典型的反应是对卖者说："它必须是这个样子的。"然后，不断地从一个卖者转向另一个卖者。共同解决问题的安排之代替保持距离的关系中的退出—待着（exit-stay）的行为模式，实际上是在客户和卖者间形成了一种有效的反馈机制，使卖者能够根据客户的特定需求进行创新，从而用新的解决办法和观念的组合丰富整个网络。其结论是，高水平的信息交换和信任与共同解决问题的安排一起，促进了企业间的协调和资源共享，也促进了企业利用网络中的各种机会，因此创造了根植性的组织网络较之竞争性的市场结构的竞争优势。显然，乌西之强调企业在网络中的地位、企业与网络伙伴的关系的性质和网络的结构一起决定着网络中的企业的行为和绩效的思想，实际上是产业组织理论中 SCP 模型的翻版。但不可否认，这是理解网络中的企业行为和绩效的一种很好的思路。

其他一些网络理论家则从创业的角度分析了集群的作用。其基本结论是，企业集群有助于克服新企业因其新而有的不利（liabilities of newness），因而有助于创业。新组织因其新而有的不利这种观点最早出现在组织生态学中。按照卡罗尔的说法，组织生态学有三个研究层次：组织层次、种群层次和共同体层次。在组织层次上，组织生态学主要考察选择过程是如何在组织种群内运行的。其主要结论是，组织的死亡率与组织的年龄负相关（Carroll，1984）。由卡罗尔和德拉克鲁瓦（Carroll & Delacroix，1982）、费里曼等（Freeman，et al.，1983）、卡罗尔（Carroll，1983）所进行的经验研究发现，报纸行业中的组织、工会和半导体企业、制造企业等的死亡率与组织的年龄负相关，从而为新企业因其新而有的不利的观点提供了经验上的支持。具体而言，新企业因其新而有的不利主要有：（1）新企业必须学习新的角色；（2）新企业缺乏对员工队伍的了解；（3）新企业往往缺乏一些重要的资源；（4）新企业缺乏与客户和供应商的联系；（5）新企业一般缺乏赢利的机会；（6）新企业的合法性（legitimacy）往往偏低。新企业因新而有的不利既可能产生于组织内部过程，也可能产生于组织外部过程。汉南和费里曼发现，随着组织的成长，组织成员会学会相互信任和合作，也会学会组织专用性技能和惯例，组织结构的可复制性（reproducibility）会因此提高，其结构惯性会因此增大，而达尔文意义上的选择过程会青睐具有高结构惯性的组织。如此，则老组织较之年轻组织往往会有更高的生存机会（Hannan & Freeman，1984）。这显然是从组织的内部过程解释新企业因新而有的不利。实际上，外部的合法化（legitimation）对年轻组织而言也是非常关键的。因为，如果它们能够发展出更强的与其他组织的关系，成为某种权力层级中的一部分，从而被其他组织看成是合法的，则它们会有更多的途径和手段去获取资源，其生存的机会就会增大。对集群中的企业而言，马歇尔型外部经济、更低的进入和退出壁垒、更低的交易费用、企业聚集所产生的需求外部性、更大的资源的可获得性、已有的关系网络、企业间互补的关联等，无不有助于集群中的企业克服其因其新而有的不利，促进新企业的产生和创新。结果，（1）具有产业集聚体的地区较之没有产业集聚体的地区有更高水平的创业和企业家精神；（2）有集群的地区较之只有产业集聚体的地区有更高水平的创业和企业家精神；（3）其集群有更多外部网络的地区较之其集群外部网络较少的地区有更高水平的创业和企业家精神（Rocha & Sternberg，2005）。

综上所述，对集群的网络维度的强调实际上隐含着一种集群的系统观：集群是由各种相关产业中的企业和机构相互作用所构成的具有特定的结构和功能的开放系统。因此，可以从集群内企业间的互动和整个集群与集群环境的互动两个角度深化集群理论的研究。这就要求在集群理论研究中借鉴系统科学的方法。现在看来，这方面的研究还很少。再者，根植性这一概念显然是针对新古典经济学的缺失而加以使用的。我们完全可以把根植性看成交易的第四维度。交易的另外三个维度是威廉姆森意义上的交易的频率、交易相关的不确定性和交易涉及的资产的专用性。交易的第四维度——根植性是理解集群中企业行为的关键。这是集群中企业网络化发展的必然结果。

第二，对集群中企业的社会资本及其作用的研究。现在，经济学、社会学、政治学、组织理论等学科的学者已经普遍地接受了社会资本的概念，并把社会资本看成一种有别于实物资本、人力资本、金融资本等的重要的资本形式。但是，社会资本的概念不是产生于经济学学科，而是产生于社会学中。布尔迪奥把社会资本定义为“个人或群体凭借其拥有的或多或少制度化了的相互熟悉和认识的持久的关系网络而获得的资源的总和”。

另一学者鲁里则把社会资本定义为与个人相联系的资源。在《社会理论的基础》一书中，科尔曼解释了人力资本和社会资本之间的区别。他强调，人力资本是与个人相联系的资源，而社会资本只能存在于个人间的关系中。科尔曼进而强调了社会资本和私人资源间的区别。他认为，大多数社会资本都具有公共品的性质，不是任何受益于它的个人的私人财产，这构成了个人根植其中的社会结构的一种属性。由此，科尔曼把社会资本看成一种网络属性。但是，在他眼中，构成社会资本的是群体内和群体间的关系，而在布尔迪奥眼中，构成社会资本的是使个人或群体能够获得资源的外部网络（Westlund & Bolton，2003）。帕特南则把社会资本定义为“能够促进出于未来利益的协调和合作的社会组织的特征，如网络、准则和信任等”（Putnam，1993）。这个定义与科尔曼的定义实际上有许多共同点，并且，普特兰也承认社会资本的公共品性质。但是，波特斯和兰多尔特批评普特兰只关注社会资本的积极效应而不考虑其消极效应。他们指出，社会资本也有消极的方面，如对外部人的排斥和对个人的自由、主动性的限制等（Portes & Landolt，1996）。然而，大多数社会学家都是倾向于强调社会资本的积极方面的。例如，科尔曼就认为，社会资本的职能是“促进主体的某种行动”和人们间的相互信任（Coleman，1988）。

如今，学者们已使用社会资本的概念去丰富他们的模型，如他们研究人力资本形成、移民、公共品供给、“搭便车”、利用市场势力等的模型。但研究社会资本对创业和企业家精神的影响文献还不多。为此，韦斯特隆德和博尔顿从资本对生产力的贡献、资本的生产力随时间变化的性质、资本的积累和维护、资本的拥有权、资本的复杂性等方面，全面地比较了社会资本和其他形式的资本（Westlund & Bolton，2003）：

1. 资本对生产力的贡献

社会资本像实物资本和人力资本一样是沉没成本，如果不随社会一起变化，就会变得过时和不具生产性，就会枯萎，甚至变得具有反生产性，此为其一；其二，社会资本可用之于“善”的目的，也可用之于“恶”的目的，主要取决于群体的目标是否与社会的利益和谐一致，也就是说，社会资本表达着行动者的利益，对社会而言，它不是利益中性的。

2. 资本的生产力随时间变化的性质

实物资本和人力资本一般会随时间而变得更少生产性。社会资本也有历史性，但它不同于实物资本和人力资本。因为，社会资本仿佛老葡萄酒，其价值不是必然地比新的更少，也不是必然地比新的更多。这要取决于它的成分。社会资本的成分有准则、价值观念、传统和偏好等。其中，旧成分作为稳定化因素起作用，而新成分作为变化的因素起作用。在长期中，社会资本必须进行“新陈代谢”，才能维持其生产性职能。

3. 资本的积累和维护

社会资本也是过去活动的产物，如果不维护，其价值也会磨损掉。但是，它可以是有意投资的产物，也可以是其他活动的副产品，此其一；其二，社会资本的积累不必然需要为未来利益做出有意的牺牲；其三，社会资本更难通过外部干预建立。

4. 资本的拥有权

获取社会资本的途径、渠道需要与一定的网络有联系和一定的技能，永远不会是完全公共的。但是，社会资本又是社会的，不能由个人独占。

5. 资本的复杂性

在各种形式的资本中，金融资本的同质性最高，而异质性最高的是社会资本，此为其一。其二，社会资本可划分成个体、群体、地方、地区、国家等不同层次，加总不同层次的社会资本会遇到巨大的方法论上的困难。

在上述比较的基础上，维斯特兰和博尔顿提出了一个重要思想：企业集群实际上是一种“地理上有限的社会资本”。这种社会资本在很大程度上是地方或地区网络的特征。从它们对创业和企业家精神的影响看，可分成促进创业和企业家精神的社会资本、抑制创业和企业家精神的社会资本和与创业和企业家精神无直接关系的社会资本等三类。在此，创业指的是“通过实验和承担风险创造生产要素的新组合”。社会资本可以直接影响创业和企业家精神，也可以通过影响人力资本或供给成本，间接地影响创业和企业家精神。供给成本包括交易成本、运输成本、生产成本和开发成本。促进创业和企业家精神的社会资本能够降低信息成本和搜寻成本，促进经济主体间的相互信任，有助于克服经济主体"搭便车"的倾向，所有这些最终都有助于降低集群中的交易成本，促进集群中的企业家精神和创新。企业家精神和创新反过来会降低整个供给成本。如此，在集群社会资本、人力资本、供给成本和企业家精神四者间会形成一种正反馈放大机制，使集群中的社会资本和人力资本不断积累，供给成本不断下降，企业家精神不断增强，创新越来越多，集群中的生产者剩余越来越大。由于集群中的社会资本实际上是集群的各种利益相关者彼此互动和合作的结果，集群中的创业和企业家精神也就可看成一个以相互信任和义务为基础的集体现象。

1.1.3　从家族企业、专业镇、区域品牌和企业家等所进行的研究

我国学术界对企业集群的广泛关注开始于 21 世纪初，到现在也就是十多年的时间，但我国的企业集群理论发展非常迅猛。我国学者关注的焦点包括企业集群的类型、形成机制、竞争优势和政府的干预等广泛的话题。相对于国外的研究，比较有中国特色的研究主要集中在下面几个方面：

1. 家族企业研究

我国企业集群中的绝大多数企业都是典型的家族企业。从企业的组织文化看，在我国家族企业中居于统治地位的组织文化是家族主义的组织文化，其核心是所谓的家族主义信任（李新春，2002），一种基于家族主义价值观的信任。这种信任的一个重要特征是，通过血缘、地缘、业缘、学缘、神缘等逐渐地扩展其信任边界（储小平和李怀祖，2003）。其另一个特征是自己人—外部人的思维定势：习惯性地把交往的对象或者归入自己人中，或者归入外部人中，对外部人往往采取不信任的态度，而对自己人往往是盲目的信任。其结果之一是，我国的家族企业中普遍地存在所谓的家族主义困境：家族主义信任难以解决家族企业成长中出现的代理能力不

足问题（李新春，2002）。这种代理能力不足的一种典型表现是，家族企业老板的权力大而能力小。这实际上也是家族主义信任必有的悖论：家族主义信任可节约代理成本，但会导致代理能力不足。一个解决办法是所谓的“折中治理”（李新春，2003）：在家族成员和职业经理人之间分割企业的控制权。其具体做法是，机密程度较低的经理职位先向职业经理人开放，如从生产部经理到质管部经理到设计开发部经理到办公室主任到副总经理助理到营销经理到财务经理到人事经理，最后到采购经理，逐次向职业经理人开放（储小平，2002）。另一个解决办法是发展企业的关系网络，包括企业与企业的关系网络和企业与政府的关系网络。企业与政府的关系网络是很有中国特色的企业关系网络，对中国的家族企业往往关系重大。企业集群中有能力、有门路的企业往往通过干股、搭股、合伙和让自己人进入政府等各种形式，发展与政府的关系，以获得来自政府的赢利机会，如产生于政府进行的基础设施建设和采购等的商业机会，获取重要资源如土地和各种规制租金，如隐藏在执照、许可证、工商、税务、技术监督、劳工标准和环保等各种政府规制中的租金（张建君和张志学，2005）。发展企业与企业的关系网络，其目的是通过企业关系网络去获取各种机会、资源和信息，许多学者称之为企业家的社会资本战略。这方面的研究已包含在前面对英文文献的介绍中，在这里就不赘述了。

2. 专业镇研究

有学者把专业镇界定为建立在一种或两三种产品的专业化生产上的乡镇经济（王珺，2000，2001）。显然，其中的“专业化”是专业镇中的企业的产业特征，“乡镇”是其行政区域意义上的地理特征。专业镇经济一般有几个特点：（1）以个体私人企业为主体；（2）以中小企业为主；（3）以专业市场为依托；（4）以适用的简单技术为主。专业镇中企业间的关系，或者是大多数企业生产大致相同的产品，或者是大多数企业生产上、下游互补品。企业在此基础上发展出横向网络和纵向网络。李新春认为，专业镇是以地域为边界集聚起来的企业或家庭工厂的网络，是我国乡村经济进入制造业国际商品链的一种重要的组织形式，也是我国乡镇企业重要的制度和组织创新，标志着我国乡村经济从乡镇企业独立分散的原子式竞争到互补性的区域集聚经济的集团竞争的开始，有助于发挥企业网络化的创新优势和速度经济的优势，克服中小企业或家庭企业在营销方面的劣势（李新春，2000）。专业镇中的企业所生产的产品大多数是生命周期较长的时尚敏感性的产品，如服装、灯饰、家具等。这些产品的成功经营往往要求不断地进行创新。所以，也可以把专业镇看成一种需要高度创新精神的企业网络，其顺利发展需要企业家型政府的适当干预。专业镇内的企业家往往是一个家族或准家族式的团体。符正平认为，专业镇的产生往往是村里的一些“能人”敏锐地捕捉市场机会的结果，其内部分工非常细密，存在大量的工序型企业（符正平，2002）。

3. 区域品牌研究

有学者认为，过度竞争和买卖双方间的信息不对称，导致集群中的企业偷工减料和生产伪劣产品，结果损害了集群的区域形象（仇保兴，1999）。有必要在此指出的是，导致集群内高质品企业可能竞争不赢低质品企业的一个重要原因是，买方在不确定产品质量情况下的区域品牌忠诚：买方根据产品产地进行购买决策。所以，仇保兴所说的集群中的柠檬市场问题，实际上是区域品牌问题。但在他的文章中没有出现品牌的概念。陈雪梅提出，应当从区域核心竞争力的角度去理解地方品牌问题。她指出，企业集群发展中所形成的地方品牌是构成区域核心竞争力的重要因素（陈雪梅，2003）。但她未给地方品牌下定义。夏曾玉和谢健把区域品牌定义为，集群内企业的群体活动所形成的该地域某行业或某产品的较高的知名度和美誉度。他们认为，区域品牌比企业品牌更形象、更持久，具有更广泛、更持续的品牌忠诚，是众多企业的自利行为所形成的合力的结果，也是众多的企业品牌精华浓缩和提炼的结果（夏曾玉和谢健，2003）。李永刚指出，区域产业品牌是比区域品牌更准确的概念，它指的是与企业品牌的功能相似但适用于企业群体而非企业个体的品牌现象，是集群内企业共享的公共品（李永刚，2005），如义乌小商品、柯桥轻纺、永康五金、嵊州领带、金华火腿、清河羊绒、虎门时装、佛山陶器、温州低压电器等，都是未经工商注册的抽象品牌。

4. 企业家作用的研究

我国企业集群中的企业大多数都是典型的家族企业，通常都是以某一个企业家为中心建立起来的，是比较典型的企业家的企业（朱卫平，2004）。所以，理解集群中企业行为的一个关键，就是要理解集群中的企业家。与钱德勒意义的“管理协调”不同，企业集群中企业间的协调是“企业家协调”，这实际上是以企业家精神为核心而形成的一种关系治理。在此意义上，可把企业集群看成一种以个人的关系网络为基础的地区性的企业群，企业家在其中起着核心的协调作用，而企业家协调的核心是从事创新和应对不确定性（李新春，2002）。为此，企业集群中的企业家必须努力建立其关系网络。企业集群中企业家的关系网络的演变类似于一个“撒网”过程：在企业集群形成阶段，企业家的关系网络主要由局限于特定区域的强联系构成；在企业集群成长阶段，企业家的关系网络主要由跨区域的弱联系组成；在企业集群成熟阶段，企业家的关系网络主要由范围更广的强联系构成（刘冰、陶海青，2005）。在企业集群发展的整个生命周期中，企业家都起着十分重要的作用，如引发竞争效应和示范效应，促进各种资源向企业集群内流动等（薛湔、陶海青，2004）。

1.1.4 对企业集群外部性的研究

企业集群外部性指的是产生于企业集群中企业的产业特征和企业集群自身的特征（如区位特征）的外部性，也可以说是集群化企业相关的外部性。国外已有的研究企业集群外部性的文献大都有着马歇尔的影子，因此，从马歇尔的外部经济的角度去把握已有的相关文献不失为一种好思路。

1. 从马歇尔型外部经济Ⅱ所进行的研究

可以肯定的是，马歇尔（1920）发现了集群内由于专业化的投入品的可获得性而产生的成本节约，但他没有对“专业化的投入品的可获得性”形成的机理进行解释。施蒂格勒用产业本地化所产生的市场规模效应和规模经济对其进行了解释（Stigler，1951），但不充分。因为，企业集群内专业化的投入品的可获得性直接涉及企业复杂的自制—外购决策过程，也就是企业集群内企业的纵向分解过程。因此，仅仅用生产成本这样的单一变量进行解释是不够的。但沿着这条思路可以引出企业集群弹性专业化（flexible specialization）的思想。也就是说，可以把企业集群弹性专业化的思想看成是对企业集群内企业的存在形态进行思考和分析的结果。而且，显然的是，克鲁格曼的地理经济学中的市场规模效应和规模经济的重要思想与斯蒂格勒的想法至少在本质上相同。有必要在此强调的是，在克鲁格曼的地理经济学和以集群弹性专业化为核心内容的"新产业地理学"之间存在着如下一些重要区别：

（1）外部性。克鲁格曼分析了马歇尔型外部经济Ⅰ、Ⅱ和货币外部性（pecuniary externalities），尤其是市场规模效应。新产业地理学则主要涉及马歇尔型外部经济Ⅰ、Ⅱ和Ⅲ。

（2）集聚（agglomeration）。克鲁格曼的理论主要涉及地方集群和地区间的中心—外围模式。新产业地理学则主要分析各种产业区。

（3）竞争。克鲁格曼的理论以不完全竞争为前提性假定，涉及垄断和寡头垄断。新产业地理学则主要分析竞争性的弹性专业化和范围经济。

（4）转移成本。克鲁格曼的理论涉及运输成本，包括贸易壁垒。新产业地理学主要分析交易成本。

（5）技术外溢。对于克鲁格曼，技术外溢不典型但在一些行业是重要的。在新产业地理学中，技术外溢对高技术集群中的创新非常重要。

（6）劳动市场的聚合（labor market pooling）。对于克鲁格曼，劳动市场的聚合对于劳资双方都是降低风险的保险战略。在新产业地理学中，它是地方社会根植性的形式。

（7）企业集群的社会的和文化的特征。对于克鲁格曼而言，企业集群的社会的和文化的特征是难以形式化的，最好留给社会学家去研究。对于新产业地理学家，这些特征是成功的产业本地化的关键性前提（Martin & Sunley，1996）。

在上面全面比较的基础上，马丁和森利还从下面几个方面比较了克鲁格曼的地理经济学和新产业地理学在处理外部性方面的不同：

首先，马歇尔型外部经济。克鲁格曼主要关注与市场规模效应和内部经济相联系的地方产业集群。新产业地理学则主要关注与纵向分解和交易费用相联系的产业区，并强调技术和知识的外溢。

其次，不完全竞争下技术和知识的外溢。对于克鲁格曼，技术和知识的外溢在某些产业中重要，但不典型且难以模型化。对于新产业地理学家，技术和知识的外溢也不典型，但大企业往往采取分权的和弹性的组织形式。

最后，货币外部性。对于克鲁格曼，市场规模、需求和运输成本的互动产生了地区专业化和地区间的中心—外围模式。在新产业地理学中，货币外部性一般被视作马歇尔型外部经济，被强调得更多的是非市场的条件。

2. 从马歇尔型外部经济Ⅲ所进行的研究

这个角度的研究主要涉及企业集群内知识外溢的本地化特征、机制、内容和后果等具体内容。我们知道，克鲁格曼固执地拒绝研究集群中的知识外溢的一个重要原因是，他认为比较而言知识的流动是不可见的，它没有留下书面的痕迹可供度量和跟踪，所以，没有什么可以阻止理论家随心所欲地做出任何假设①。但是，贾菲等发现了知识外溢的“痕迹”——专利与专利的引用地之间的关联：专利中可获得的知识更频繁地被同一地点的企业所使用（Jaffe et al.，1993）。这实际上是发现了知识外溢本地化的证据。许多研究发现，企业集群内知识外溢的途径包括正式的和非正式的渠道两大类机制。正式的渠道包括许可和各种合作性联盟；非正式的渠道包括组织间人员，尤其是那些人力资本价值较高的人员如科学家和工程师的流动，各种社会性的聚会和讨论等（Deeds，et al.，2000）。尽管正式的和非正式的渠道都可能提供有关企业从研发到生产到营销的各种信息，但考虑到企业间的竞争关系和员工对组织的忠诚，尤其是外溢信息的意会性质，企业集群内的各种非正式的人际关系网络在知识外溢中通常起着更加重要的作用。这是集群中的企业普遍看重有较多的社会关系的员工的一个

① 克鲁格曼．地理和贸易［M］．北京：北京大学出版社，2002：52.

重要原因。也就是说，在企业集群中，重要的不是你知道什么，而是你认识谁。因为，企业的社会关系网络常常是其合作能力的源泉，而其合作能力与其技术能力互补，是其竞争优势的源泉（Reed & DeFillippi，1990）。外溢的内容主要是技术和知识，尤其是所谓意会的知识，而外溢的技术主要是所谓共性技术（generic technologies）或曰通用技术（general-purpose technologies）。卡罗和利普西认为，经济增长理论中的全要素生产率实际上只是不完全地度量了技术外部性的贡献，没有充分地度量技术互补性的贡献（Carlaw & Lipsey，2002）。所谓技术的互补性指的是，技术实施主体有关其自身技术的决策会影响技术受体的技术的价值或其技术进步的机会。在他们看来，经济增长实际上是由一连串的通用技术所驱动的。刚开始，通用技术的用途可能非常有限，但当它们在整个经济中扩散后，它们可能变成效率极大提高的复杂得多的技术形式，它们的使用范围、它们有助于其生产的产出的种类和它们使其成为可能的新产品和新的过程技术等，都可能发生事前难以预见的变化，由此推动经济的全面进步，如历史上的书写、印刷、计算机和英特网等信息和通信技术，还有工厂制度、大规模生产和敏捷制造等组织技术等，所曾经发生和引起的那样。但是，要理解技术外溢，就必须进入研发的黑匣子。许多研究者认为，企业集群内知识外溢本地化的一个直接后果是生产和创新活动的地理集中。林德洛夫和罗夫斯登发现，新的基础科学知识的突破性进展为生物技术这样的高技术企业创造了新的赢利机会，往往成为高技术企业集群形成的前兆（Lindelof & Lofsten，2004）。因为，产业与大学在地理上的靠近是一种能够给企业带来竞争优势的资源，可以促进基础科学知识从大学外溢到产业。这种观点实际上属于企业集群创新优势论。其基本结论是，企业集群有利于提高企业的创新绩效。大多数已有文献都是从企业集群内关系网络的资源优势、信息优势和机会优势对此进行论证的。其中的“信息优势”实际上就是企业集群内各种组织间知识外溢所产生的优势。

1.2 外部性的一般理论

众所周知，外部性指的是某个或某些经济主体在行动决策时，不考虑其行为将要产生的对其他一些经济主体利益的增减效应。[①] 也就是说，其行动将要产生的一些收益或成本不会进入其成本—收益的理性算计中，是外在于其决策过程的。那些外在于其决策过程的收益就是所谓的外部收益，而那些外在于其决策过程的成本就是所谓的外部成本。显然，任何经济主体的被观察到的行为，都可能产生某种外部性。可以这样说，大多数帕累托无效率，都可归结为不对称信息条件下某种形式的外部性问题。这是外部性理论在经济学中占有重要地位的主要原因。从马歇尔到庇古和科斯，经济学家已经对外部性问题进行了许多深刻的研究。但是，至今还缺乏对外部性进行系统的分类，对外部性问题的基本解决办法也未达成共识，对企业集群外部性的研究就相对更少了。

1.2.1 外部性的类型

我们可以根据不同的研究目的，对外部性进行如下分类：

1. 正外部性与负外部性

这是根据外部性的实施者是增进还是减少外部性受体的利益所进行的分类。设经济主体 i 的产出函数为 $Y_i = Af(x_i, Z)$，其中 x_i是主体 i 的投入，Z 是外在于他的某种活动或其结果，A 是一个参数。如果$\partial Y_i/\partial Z > 0$，即 Y_i 与 Z 同方向变化，则意味着存在正外部性；反之，则存在负外部性。显然，这是外部性的根本分类。因为，绝大多数外部性，不是正外部性，就是负外部性。但也有一些外部性是正、负外部性同时并存的，如企业集群内的政府外部性、环境外部性和货币外部性（pecuniary externalities）等。

2. 生产外部性与消费外部性

这是根据产生外部性的行为是生产行为，还是消费行为，所进行的分类。显然，企业集群内企业的生产过程所产生的环境污染是生产外部性，而企业集群内个人的消费行为所产生的环境污染则是消费外部性。

---

① 本节部分内容曾在《华东经济管理》2006 年第 9 期发表。

3. 私人外部性与政府外部性或曰政治外部性

这是根据外部性的实施者是私人，还是政府所进行的分类。至今，有关外部性的文献大多数是关于私人外部性的，对政府行为所产生的外部性的研究相对不足。实际上，无论是在发达国家，还是在发展中国家，都存在着各种形式的政府外部性（Mckean & Browning，1975）。

4. 期内外部性与跨期外部性

这是根据外部性是不是发生在同一个决策期内所进行的分类。前者如代内外部性，后者如代际外部性。人类的可持续发展问题的核心，正是负代际外部性所引起的代际不公平问题。

5. 单边的或单向的外部性与相互的外部性

这是根据外部性的受体是否同时是外部性的实施者而进行的分类。在企业集群内，企业在地理上的靠近使得集群内的知识或技术外溢因本地化而具有双向性或曰互惠性，有可能形成一种以正反馈为特征的良性循环，此即企业 A 促进了企业 B 的知识或技术进步，反过来，在知识或技术上进步了的企业 B 又会促进企业 A 的知识或技术进步。这实际上是企业集群相关的外部性自发内部化的一种重要机制。

6. 网络外部性与非网络外部性

这是根据外部性影响的大小是否同卷入活动中的经济主体的数量相关而进行的分类。设网络外部性中经济主体 i 的效用函数为 $U_i = f(N)$，其中，N 代表使用同一种物品的使用者的数量。如果 U_i 对 N 的一级导数大于零，则说明存在正网络外部性；如果 U_i 对 N 的一级导数小于零，则说明存在负网络外部性。许多东西，如电话、电脑、交通网络、通信网络、技术、社会规则、社会分工等，都具有程度不同的网络外部性。卡尔茨和夏皮罗最早提出网络外部性的概念，并对其在竞争中所可能具有的策略意义进行了研究。他们认为，产生正网络外部性的原因可能有三：（1）购买者数量对产品质量所产生的直接的物质性的影响，如电话和其他通信网络。

（2）相似硬件购买者的数量增大导致互补性软件的种类、数量增多而价格下降。（3）购买耐用品的人数增加导致售后服务的可获得性和质量提高（Kalz & Shapiro，1985）。他们还指出，消费的网络外部性有两个重要特点：（1）产生消费外部性的网络范围因市场而变化。在一些情况下，如汽车，仅仅一个企业的销售就可构成相应的网络。在其他情况下，相应的网络可能包括所有企业的产出或作为整个市场的一个子集的企业联盟的产品。决定相应的网络范围的市场的核心特征是不同企业的产品是否相互兼容。当不同企业的产品相互兼容时，网络是所有相兼容的品牌的使用者的集合。（2）消费外部性有可能产生随消费者预期的变化而变化的需求边的规模经济。如果消费者预期某个生产者的产品会占主导，他们就会更多地购买其产品，使其更可能利用生产中的规模经济，结果，产品果真成为主导。所以，消费者的预期在有网络外部性的市场中非常重要。卡尔茨和夏皮罗的贡献是重要的，但他们的理论至少有两个缺点：一是他们忽视了负网络外部性的存在，如当电话、计算机或高速公路网络超负荷时，新增的边际消费者将降低其他网络使用者的效用。二是他们忽视了边际内外部性（infra-marginal externalities），如许多活动都要求一个临界量，但超过这个水平的参与并无大的帮助（Liebowitz & Margolis，1994）。在企业集群中，企业间的分工网络所具有的网络外部性非常明显而重要，是一个值得研究的话题。

7. 可转移的外部性与不可转移的外部性

这是根据外部性的受害者能否把外部性的有害影响转移给他人，或转回给外部性的实施者，对负外部性所进行的分类。可转移的负外部性的一个例子是，城市居民本可以把危险的家庭垃圾如电池、油漆和化学容器等与一般的生活垃圾分开，并送到指定的地方进行专业化处理。但为了节约费用，他们使危险的家庭垃圾混同于一般的生活垃圾，结果，增加了城市环卫部门的成本。反过来，城市环卫部门可以把未分开的垃圾送回，从而让城市居民承担分离危险垃圾与一般垃圾的成本（Bird，1981）。

8. 共同供给的外部性与非共同供给的外部性

这是根据外部性的实施者是单一的主体，还是众多的主体，所进行的分类。温室效应是共同供给的（jointness-in-supply）外部性的一个代表性例子。因为，温室效应是全球众多企业持续地排放温室气体所产生的累积性结果，单个或少数企业是不能控制温室效应的趋势的。显然，这两类外部性的另一重要区别是，外部性的实施者能否控制外部性的结果。汉森最早从产生的联合性，或曰外部性的实施者对外部性进行控制的可能性的角度，对外部性问题进行了研究（Hansen，2002）。

9. 受影响者单一的外部性与受影响者众多的外部性

显然，这是从外部性的受影响者的数量方面，对外部性所进行的分类。这个分类简单，却也是重要的。因为，由于存在奥尔森（1995）意义上的集体行动的困境——利益集团内成员越多，“搭便车”问题越严重，采取一致行动的协调费用越高，结果，“利益集中在少数人身上，而成本分散在多数人身上”的外部性低效率，可能会持续过长的时间。

10. 纵向外部性与横向外部性

这是根据卷入外部性活动中的企业在同一条价值链上的相互关系所进行的分类。某个企业同其供应商或客户（或分销商）间的外部性属于纵向外部性，而同其直接的竞争对手间的外部性，则属于横向外部性。

11. 可分开的外部性与不可分开的外部性

这是根据外部性的性质和大小是否同时取决于外部性双边的特征而进行的分类。设某活动的外部成本函数为 $EC = f(g, v)$，其中，g 代表外部性实施者的努力，v 代表外部性受害者的努力。如果 $\partial^2 EC/\partial g \partial v = 0$，即一方的努力程度的提高不能改变另一方的边际成本，则意味着存在的是可分开的外部性；如果 $\partial^2 EC/\partial g \partial v > 0$，即一方的努力程度的提高增大了另一方的边际成本，则存在的是负的不可分开的外部性；反之，则是正的不可分开的外部性。科斯曾举过一个生动的例子，说明某些外部性的不可分开性特征及其重要的法律的和经济的意义（Coase，1960），但他没有提出不可分开的外部性这一概念。是德尼斯和加罗帕明确地提出了这一概念，并用其分析了双重分销的外部性相关的原因（Dnes & Garoupa，2005）。

12. 货币（金钱）外部性与技术外部性

这是根据经济主体的行为对同其没有交易关系的第三方所产生的影响，是否通过价格机制实现，所进行的分类。货币外部性的一个例子是，佃户在租期内所进行的改善土地的投资，使土地所有者在租约到期后，能够以更高的租金把土地租给另一个佃户。某人在市区修建了一个公园，清新了空气，结果使他人受益，则是技术外部性的一个例子。在希托夫斯基看来，技术外部性是在一般均衡的框架内唯一的因生产者间的直接的相互依存而产生的外部性，其本质是一个生产者的产出不仅取决于它自己的生产资源的投入，而且还取决于其他生产者的产出和要素使用状况，其生产函数表达式可写成：$x_1 = f(L_1, K_1 \cdots; x_2, L_2, K_2 \cdots)$，其中的 x、L、K 分别代表某企业的产出、使用的劳动和资本。希托夫斯基认为，要从经济生活中找到技术外部性的例子可不是容易的事情。他举了两个例子，一个是一个企业受益于其他企业的建立所创造的劳动市场，另一个是几个企业使用免费但供给有限的资源。显然，第一个例子属于马歇尔所说的企业集群中由劳动聚合所产生的外部经济，第二个例子实际上是共同财产资源的拥挤问题（Scitovsky，1954）。相比较而言，货币外部性就要普遍得多和宽泛得多。但是，这两类外部性是经常纠缠在一起的。例如，在一个企业的利润不仅取决于它自己的产出和要素使用状况，而且还取决于其他企业的产出和要素使用状况的境况中，企业的利润函数为 $P_1 = f(x_1, L_1, K_1 \cdots; x_2, L_2, K_2 \cdots)$。显然，这里不仅有企业间直接的相互依存——技术外部性，还有企业间通过市场机制的相互依存——货币（金钱）外部性。需要说明的是，希托夫斯基在他的文章中并没有使用货币或技术外部性的概念，他使用的是货币和技术外部经济的概念。但是，他是在正外部性的意义上使用外部经济这一概念的，所以后来的经济学家认为是他提出了货币和技术外部性的概念，此为其一；其二，货币外部性在企业集群内有许多重要表现，是理解企业集群演变的重要概念工具之一。

13. 价值链内外部性与价值链间外部性

这是根据外部性是否发生在同一条价值链上的企业间，所进行的分类。显然，纵向外部性和横向外部性都属于价值链内外部性。在同一区域同时存在多条价值链的情况下，如企业集群，价值链间的正外部性往往关系重大。因为，正如熊彼特所说，作为创新实质的“新组合通常可以说是体现在新的商号中，它们不是从旧商号里产生的，而是在旧商号旁边和它一起开始进行生产的。”一句话，“并不是驿路马车的所有主去建造铁路”（熊彼特，1997）。这意味着一种成功的创新模式通过非正式的社会网络在不同价值链上的企业间扩散，往往是一国经济增长和发展的重要机制。

14. 帕累托相关的外部性与帕累托不相关的外部性

这是根据是否存在通过进一步的交易实现更多的交易得益的可能性所进行的分类。根据科斯的零交易费用模型，在交易费用为零的情况下，所有的外部性都是帕累托相关的外部性。当然，在交易费用为零的情况下，是否存在外部性，在经济学家中是有争议的。而根据科斯的正交易费用模型，过高的交易费用会使交易的净得益具有很大的不确定性，并使许多外部性变成帕累托不相关的外部性。最早对这两类外部性进行研究的是布坎南和斯图堡拜恩（Buchanan & Stubblebine，1962）。

15. 以国家为基础的外部性与以企业集群为基础的外部性

这是根据外部性是产生于经济主体的国家身份，还是产生于经济主体的企业集群身份，所进行的分类。前者如产生于一国特定的要素条件或需求条件或其特定的文化和法律安排等的外部性，后者如产生于企业集群特定的产业或地理区位特征等的外部性。不管是前者还是后者，其产生的基础都可以是有形的，也可以是无形的。区别这两类外部性的目的在于强调：（1）经济主体不可避免地会受到其所属国家或企业集群的某些特征的影响；（2）国家与企业集群作为两个不同层次的经济体，在许多方面各有其特殊性。马歇尔的外部经济主要属于以企业集群为基础的外部性，波特的钻石模型强调的则是以国家为基础的外部性的战略意义。明确提出以国家为基础的外部性这一概念的是多布金斯（Dobkins，1996）。

16. 静态外部性与动态外部性

这是根据在外部性发生期内，经济主体所拥有的技术、偏好或外部性影响的性质和大小等是否因时间而变所进行的分类。所以，静态外部性也可称为独立于时间的外部性，如马歇尔意义上的外部经济，也就是由于众多的中小企业聚集在特定地理空间所产生的获取专业化投入的便利、运输成本的节约和企业间的知识溢出等。动态外部性也可称为依赖于时间的外部性，如公共池塘资源相关的外部性。当外部性具有动态性时，可以用时间方程来进行描述，其一般的形式为 $U_i^t = f(E_i^t(E_i^{t-1}), E_j^t(E_j^{t-1}))$，其中，$U_i^t$代表经济主体 i 在时间 t 的得益，$E_i^t(E_i^{t-1})$ 代表他的因时间而变的努力，$E_j^t(E_j^{t-1})$ 代表外在于 i 的主体 j 的因时间而变的努力。具体而言，这两类外部性的区别主要体现在三个方面：（1）经济主体的偏好和其使用的技术是否因时间而变；（2）外部性的受体是否能够采取行动以使外部性对其有利；（3）在外部性实施者的行为和其外部性影响间是否存在时滞。罗默认为，动态外部性，尤其是知识外溢，是经济增长的本质性的驱动力（Romer，1986）。在亨德森看来，静态外部性只能解释城市的形成和专业化程度，不能解释城市的成长，解释城市的成长要求动态外部性（Henderson，1986）。在经济学文献中，解释动态外部性的理论有三类：（1）马歇尔—阿罗—罗默理论。这个理论主要研究产业内的知识外溢问题。其一个基本观点是，地方垄断比地方竞争更能推动增长。因为，垄断有助于内部化外部性，从而有助于创新和增长。（2）迈克尔·波特的理论。其主要观点是，地理上集中的产业会像在马歇尔—阿罗—罗默理论情形中的那样刺激增长，但地方竞争而非垄断会培育创新。（3）雅各布斯的理论。行业间的知识外溢和相互靠近的行业的多样性有助于创新和增长（Hsin－Ping Chen，2002）。实际上，现代城市的异质性特征在经济增长中产生了巨大的效率好处。这种外部性既是行业间的，又是城市化的。再者，地方竞争也加速了创新。这些研究已经足以让说明，静态外部性和动态外部性是一种重要的外部性分类。

17. 国内外部性与国际外部性

这是根据某一国的某一活动的外部性影响是否超越了其国界而进行的分类。困扰各国的全球性环境问题、货币危机或经济危机或传染性疾病的国际传播问题、国家之间的军备竞赛等，是人们熟悉的典型的国际外部性。在国家之间的相互依存不断提高的当代，国际外部性的重要性有不断增长之势。这意味着一国的经济、政治、文化和军事等活动，都可能产生某种重要的跨国界的外部性影响。重要的是，许多国际外部性都具有共同供给性、不可分开性和双向性等特征。

不可否认的是，企图提出一种可以穷尽一切外部性的分类体系是不现实的。各种分类体系必然会反映研究者注意力的选择性。比如，人们为了强调经济主体的行为对环境的影响而提出了环境外部性的概念，为了解释需求的扩大对经济活动在少数地理空间聚集的影响而提出了需求外部性的概念。但是，有效的分类无疑有助于改变人们看问题的角度，使他们看到过去看不到的东西。

1.2.2　外部性的庇古解和科斯解

庇古在《福利经济学》一书中花了很大的篇幅来说明，私人之间谈判和协商的障碍会导致边际私人净产品大于或小于边际社会净产品，进而导致具有负外部性的活动进行得太多，具有正外部性的活动进行得太少；解决这些问题的办法是，政府对具有负外部性的活动进行征税，对具有正外部性的活动进行补贴，征税额或补贴额要刚好等于边际外部成本或边际外部收益，目的是使边际私人净产品等于边际社会净产品，最终实现有效的资源配置（庇古，2007）。显然，在庇古的推理中隐含着如下一些重要的前提性假定和结论：

第一，私人之间的谈判和协商是有障碍的，这种障碍正是外部性产生的重要原因。因此，不能通过私人之间的谈判和协商去解决外部性问题。

第二，由施加外部性损害的一方承担外部性的责任是不言自明的，也是有效率的。

第三，政府不仅是全知全能的，而且是追求社会福利最大化的。也就是说，政府不仅知道边际私人净产品与边际社会净产品之间的差额，而且有充分的激励和能力去采取正确的政策使两者相等。

第四，使用政府作为解决外部性问题的工具是没有成本的。

科斯对外部性问题的研究主要体现在他的《社会成本问题》一文中。

在该文中，科斯提出了两个模型，一个是零交易成本模型，另一个是正交易成本模型。他的零交易成本模型说明，在交易成本为零的境况中，外部性的责任问题并不重要。因为，此时，界定外部性责任的政策不影响资源配置的效率。也就是说，此时，无论是把外部性的责任界定给施加外部性损害的一方，还是界定给遭受外部性损害的一方，都可以通过私人之间的自由谈判实现有效率的结果。但科斯真正想说的是，即使在零交易成本的境况中，庇古的把外部性的责任界定给施加外部性损害的一方的原则，也不是唯一有效的原则。在科斯看来，庇古的"传统的方法掩盖了不得不做出的选择的实质。人们一般把该问题视为甲给乙造成损害，因而所要决定的是：如何制止甲？但这是错误的。我们正在分析的问题具有相互性，即避免对乙的损害将会使甲遭受损害，必须决定的真正问题是：是允许甲损害乙，还是允许乙损害甲？"（Coase，1960）。科斯的零交易成本模型中隐含着的一个重要结论是，在交易成本为零的世界中，政府要做的就是明晰产权，也就是明确外部性的责任，而非实施庇古税或补贴。但是，这里有一个根本问题：在交易成本为零的世界中，如何还有外部性问题？因为，产生外部性的根本原因，归根到底是界定和保护产权的成本这样的所谓外生的交易成本的存在。我们当如何理解科斯的零交易成本模型中隐含着的这种自相矛盾呢？实际上，科斯真正想说的是，即使在这些不现实的极端假定下，庇古的政府通过税收和补贴进行干预的主张也是值得怀疑的。须知，科斯写作《社会成本问题》的重要目的之一，就是要反对庇古。因此，从庇古的反面去理解，是正确理解科斯的关键。不难理解的是，科斯的零交易成本模型的另一重要意图，是要把人们引入现实的世界——正交易成本的世界。正如科斯所说："零交易成本的世界经常被人们称为科斯的世界。没有什么能够比这更远离事实的了。因为，零交易成本的世界是现代经济理论的世界，也是我一直劝说经济学家要离开的世界。"（Coase，1988）科斯的正交易成本模型的重要结论是，在正交易成本的现实世界中，政府界定外部性责任的政策将影响资源配置的效率。把外部性的责任界定给施加外部性损害的一方和把外部性的责任界定给遭受外部性损害的一方，这两种不同的政策将产生不同的资源配置结果。但哪种政策更好却有很大的不确定性。因此，政府必须在各种可能的解决方案中进行比较、权衡。关键是“从总体的和边际的角度来看待这一问题”，以“避免较严重的损害”（科斯，1994）。显然，在外部性问题上，科斯并没有一味地反对政府干预。他不断强调的是，要对政府的干预持谨慎的态度。因为，“对政策问题要得出满意的观点，就得进行耐心的研究，以确定市场、企业和政府是如何解决有害效应问题的”。要警惕的是“经济学家和决策者一般都有过高估计政府管制的优点的倾向”（科斯，1994）。

由上可见，庇古和科斯之间的根本分歧，不是谁忽视了而谁重视了交易成本的存在和意义，而是庇古依靠政府去解决外部性问题，科斯却不愿意这样做。在科斯看来，庇古解的一大缺陷不是他忽视了使用市场的成本，而是他忽视了使用政府的成本，如由政府的错误政策和激励不足所招致的成本，以及政府执行政策的成本等。所以，也可以说，导致庇古和科斯发生分歧的主要原因是，他们对政府抱有不同的信念。庇古的政府是全知全能的和仁慈的政府，也就是理想化的政府，而科斯的政府是理性有限的和机会主义的政府，也就是现实的政府。庇古和科斯之间的另一重要分歧是，庇古强调政府通过税收和补贴干预经济，而科斯更倾向于把政府的干预限制在界定产权。一句话，科斯解的实质是，政府负责界定什么人承担外部性的责任，至于如何解决外部性问题，那是私人的事情，由私人去谈判、去发现。显然，庇古受限于他的理想化的政府信念和对市场缺乏信心，而科斯则对市场抱有坚定的信念，相信市场比政府更有可能找到解决外部性问题的可行办法。庇古解和科斯解的另一重要区别是，科斯解往往涉及产权结构的变化。产权制度的变化必然会导致旧产权制度下的某些既得利益者受损，其在实施之初往往更困难，但在长期则会变得更容易。因为，同庇古解比较，科斯解所要求的信息少得多。

1.2.3　外部性的算计与政治的非内部化

从外部性的定义可知，导致外部性的直接原因，是人们对其行为所产生的结果的独占性的不完全性。而导致人们对其行为所产生的结果的独占性具有不完全性的根本原因，无疑是正交易成本的存在。所以，可以说，正交易成本是外部性的终极原因。因为，如果交易成本为零，则人们可通过互利的交易获得其决策所产生的所有结果，外部性也就不存在了。交易费用作为“发现相对价格的费用”，或者，“在市场上完成交易的费用”（Coase，1937），包括因交易而产生的一切费用，如谈判和签约的费用，以及保证合约执行的费用等。由于市场交易的本质是财产权利的交换，所以，交易费用还包括界定和保护产权的费用。这正是巴泽尔意义上的交易费用。所有这些费用都是在只有一个人的鲁滨逊那样的世界中不可能发生的费用。外部性的科斯解——明确界定相关各方的产权，然后由私人去谈判——主要涉及大量的内生交易成本和外生交易成本，而外部性的庇古解——政府制定和执行税收或补贴政策——主要涉及大量的政府行政干预成本。科斯解的一大困难是，外部性在本质上是一种从无到有地产生的新奇，人们往往只能在它们产生后才能认识到它们（Vatn & Bromley，1994）。这要在事前界定一些重要的外部性情境中相关各方的责任和权利似乎不可能。庇古解的主要困难是获取有关外部成本或收益的信息所需的成本太高。按照科斯的说法：“没有任何方法可采集到庇古税制所需的信息”（科斯，1994）。重要的是，政府界定产权的政策作为公共选择的结果，必然也涉及大量的行政干预成本。因此，外部性的这两种解决办法都不是免费的。令人遗憾的是，人们往往只注意到政府制定和执行某种政策所直接涉及的干预成本，而倾向于忽视由政府的干预行为所必然产生的另一类干预成本——政府外部性成本，也就是政府行为导致资源配置的结果偏离帕累托最优所产生的社会福利损失和解决政府外部性相关的低效率所招致的成本之和。实际上，政府的任何行为，如其微观规制行为、宏观调控行为、提供公共工程的行为、转移支付行为、提供公共物品的行为和管理公共财产的行为等，都必然会产生某种外部性（Tullock，1998）。所以，理性的选择是，对内部化外部性本身进行成本—收益分析。只有当内部化外部性的成本小于其收益时，才去努力内部化外部性。这意味着必须在私人外部性与政府外部性这两者间进行选择，两害相权取其轻，两利相权取其重。因此，内部化一切外部性的企图是不理性的，而不内部化一些外部性是理性的。我们把内部化外部性的社会成本大于其社会收益时的非内部化称为算计的非内部化。这是在现实世界中未内部化的外部性的数量远远超过内部化了的外部性的数量的主要原因。但是，重要的未内部化的外部性往往不是算计的非内部化的外部性，而是政治的非内部化的外部性，也就是由于政治方面的原因，如政客或官僚内部化外部性的私人成本超过了其私人收益，而造成的非内部化的外部性。布雷顿在《外部性的非内部化》一文中，分析了发生在 20 世纪 60 年代日本的有机汞污染引发严重的人体健康损害事件的政治方面的原因。他的结论是，造成外部性非内部化的重要原因是“公共部门失灵”（Breton，1971）。目前，在我国许多地区，政治的非内部化的外部性比比皆是，典型的是一些地方政府对不断恶化的地区生态环境有视无睹。造成外部性非内部化的政治方面的原因主要有：

1. 内部化外部性所具有的公共品性质

这意味着政府官员内部化外部性的责任大而权力小，甚至两者完全分离，政府官员缺乏充分的激励去承担内部化外部性的成本。须知，内部化外部性往往需要政府官员承担巨大的成本，如搜集外部性相关信息的成本、组织内部协调的成本、同其他部门的其他官员以及政策将要影响到的相关各方协商的成本、执行和监督的成本等。

2. 官僚机构的科层失灵

官员身上的权利与责任的不对称、民众与官员间的不对称信息、官僚机构的多重任务代理、官员任期的短期性和官员权力缺乏约束等，都可能使一些低效率的惯例在官僚机构中盛行，如“证明成本的合理性而不是减少成本”的预算最大化的惯例、使用的组织技术越新越复杂越好的惯例和不求有功但求无过的惯例等。这些惯例之所以重要，是因为身在其中的官员是很难摆脱其支配的。因为，惯例不仅是个体技能的组织类比物、组织的知识储存库、组织的记忆，也是组织内的休战协议，遵循惯例不仅可以弥补个体理性的不足，也可以避免冲突（Nelson & Winter，2002）。

3. 利益集团俘获官僚

政策是政治博弈的均衡解。在政治博弈中，政府考虑的是如何平衡利益冲突，而非实现什么社会的共同利益。而“各种特殊利益集团无孔不入”（施蒂格勒，1999），投入大量资源进行寻租活动。结果，政策总是有利于政治影响力较大的一方，而不利于政治影响力较小的另一方。其表现是，“政策就是这样两类：一类是对少数人极其有利而轻微地损害大多数人的利益；另一类是给大多数人带来少许好处而严重损害少数人的利益”（施蒂格勒，1999）。

本章参考文献

［1］迈克尔·波特．国家竞争优势［M］．北京：华夏出版社，2003.

［2］Rocha，H. O. and Sternberg，R. Entrepreneurship：The Role of Clusters［J］. Small Business Economics，2005，24：267 –292.

［3］马歇尔．经济学原理（上）［M］．北京：商务印书馆，1983.

［4］保罗·克鲁格曼．发展、地理学与经济理论［M］．北京：北京大学出版社，中国人民大学出版社，2002.

［5］Krugman，P. History versus Expectations［J］. The Quarterly Journal of Economics，1991，106（2）：651 –667.

［6］Larson，A. Network Dyads in Entrepreneurial Settings：A Study of the Governance of Exchange Processes［J］. Administrative Science Quarterly，1992，37：76 –104.

［7］Powell，W. W. Neither Market nor Hierarchy：Network Forms of Organization［J］. Research in Organizational Behavior，1990，12：295 –336.

［8］Portes，A. and Sensenbrenner，J. Embedded-ness and Immigration：Notes on the Social Determinants of Economic Action［J］. American Journal of Sociology，1993，98：1320 –1350.

［9］Helper，S. Comparative Supplier Relations in the US and Japanese Auto Industries：An Exit – Voice Approach［J］. Business Economic History，1990，19：153 –162.

［10］Romo，F. P. and Schwartz，M. The Structural Embedded-ness of Business Decisions：The Migration of Manufacturing Plants in New York State，1960 –1985［J］. American Sociological Review，1995，60：874 –907.

［11］Granovetter，M. Economic Action and Social Structure：The Problem of Embeddedness［J］. The American Journal of Sociology，1985，91（3）：481 –510.

［12］Marsden，P. V. Introducing Influence Processes into a System of Collective Decisions［J］. American Journal of Sociology，1981，86：1203 –1235.

［13］Uzzi，B. The Sources and Consequences of Embedded – ness for the Economic Performance of Organizations：The Network Effect［J］. American Sociological Review，1996，61

(4): 674 – 698.

[14] Carroll, G. R. Organizational Ecology [J]. Annual Review of Sociology, 1984, 10: 71 – 93.

[15] Carroll, G. R. and Delacroix, J. Organizational Mortality in the Newspaper Industries of Argentina and Ireland: An Ecological Approach [J]. Administrative Science Quarterly, 1982, 27: 169 – 198.

[16] Freeman, J., et al. The Liability of Newness: Age Dependence in Organizational Death Rates [J]. American Sociological Review, 1983, 48: 692 – 710.

[17] Carroll, G. R. A Stochastic Model of Organizational Mortality: Review and Reanalysis [J]. Social Science Research, 1983, 12: 303 – 329.

[18] Hannan, M. T. and Freeman, J. Structural Inertia and Organizational Change [J]. American Sociological Review, 1984, 49: 149 – 164.

[19] Portes, A. and Landolt, P. The Downside of Social Capital [J]. The American Prospect, 1996, 26: 18 – 21.

[20] Westlund, H. and Bolton, R. Local Social Capital and Entrepreneurship [J]. Small Business Economics, 2003, 21: 77 – 113.

[21] Putnam, R. D. The Prosperous Community: Social Capital and Public Life [J]. The American Prospect, 1993, 13: 35 – 42.

[22] Coleman, J. S. Social Capital in the Creation of Human Capital [J]. American Journal of Sociology, 1988, 94: 95 – 120.

[23] 李新春. 企业家协调与企业集群 [J]. 南开管理评论. 2002 (3): 49 – 55.

[24] 储小平、李怀祖. 信任与家族企业的成长 [J]. 管理世界. 2003 (6): 98 – 104.

[25] 李新春. 经理人市场失灵与家族企业治理 [J]. 管理世界. 2003 (4): 87 – 94.

[26] 储小平. 职业经理与家族企业的成长 [J]. 管理世界. 2002 (4): 100 – 108.

[27] 张建君、张志学. 中国民营企业家的政治战略 [J]. 管理世界. 2005 (7): 97 – 105.

[28] 王珺. 论专业镇经济的发展 [J]. 南方经济. 2000 (12): 9 – 11.

[29] 王珺. 广东专业镇经济的类型与演进 [J]. 广东商学院学报. 2001 (4): 35 – 40.

[30] 李新春. 专业镇与企业创新网络 [J]. 广东社会科学. 2000 (6): 29 – 33.

[31] 符正平. 专业镇成长: 从无形走向有形 [J]. 学术研究. 2002 (7):

15 - 16.

[32] 仇保兴. 发展小企业集群要避免的陷阱——过度竞争所致的“柠檬市场”[J]. 北京大学学报（哲社版）. 1999 (1): 23 - 29.

[33] 陈雪梅. 区域核心竞争力：企业集群与地方品牌 [J]. 学术研究. 2003 (3): 16 - 17.

[34] 夏曾玉，谢健. 区域品牌建设探讨 [J]. 中国工业经济. 2003 (10): 43 - 48.

[35] 李永刚. 企业品牌、区域产业品牌与地方产业集群发展 [J]. 财经论丛. 2005 (1): 22 - 27.

[36] 朱卫平. 论企业家与家族企业 [J]. 管理世界. 2004 (7): 100 - 102.

[37] 刘冰，陶海青. “撒网”模型与企业家社会网络演化 [J]. 学术月刊. 2005 (11): 52 - 59.

[38] 薛澜，陶海青. 产业集群成长中企业家社会网络的演化：一种“撒网”模型 [J]. 当代经济科学. 2004 (6): 60 - 66.

[39] Stigler, G. J. The Division of Labor is Limited by the Extent of the Market [J]. The Journal of Political Economy. 1951, (59) 3: 185 - 193.

[40] Martin, R. and Sunley, P. Paul Krugman's Geographical Economics and its Implications for Regional Development Theory: A Critical Assessment [J]. Economic Geography, 1996, 72 (3): 259 - 292.

[41] 保罗·克鲁格曼. 地理和贸易 [M]. 北京：北京大学出版社，中国人民大学出版社，2002.

[42] Jaffe, A. B., et al. Geographic Localization of Knowledge Spillovers as Evidenced by Patent Citations [J]. The Quarterly Journal of Economics, 1993, August, 577 - 598.

[43] Deeds, D. et al. The Determinants of Research Productivity in High Technology Ventures: An Empirical Analysis of New Biotechnology Firms [J]. Journal of Business Venturing, 2000, 15 (2): 211 - 229.

[44] Reed, R. and DeFillippi, R. J. Causal Ambiguity, Barriers to Imitation, and Sustainable Competitive Advantage [J]. Academy of Management Review, 1990, 15 (1): 88 - 102.

[45] Carlaw, K. I. and R. G., Lipsey, R. G. Externalities, Technological Complementarities and Sustained Economic Growth [J]. Research Policy, 2002, 31: 1305 - 1315.

[46] Lindelof, D. H and Lofsten, H. Proximity as a Resource Base for Competitive Advantage: University-Industry Links for Technology Transfer [J]. Journal of Technology Trans-

fer, 2004, 29: 311 - 326.

[47] Mckean, R. N. and Browing, J. M. Externalities from Government and Non - Profit Sectors [J]. Canadian Journal of Economics, 1975, 8 (4) : 585 - 587.

[48] Kalz, M. L. and Shapiro, C. Network Externalities, Competition and Compatibility [J]. American Economic Review, 1985, 75: 424 - 440.

[49] Liebowitz, S. J. and Margolis, S. E. Network Externality: An Uncommon Tragedy [J]. The Journal of Economic Perspective, 1994, 8 (2): 133 - 150.

[50] Bird, P. The Transferability and Depletability of Externalities [J]. Journal of Environmental Economics Management, 1981, 8: 321 - 329.

[51] Hansen, L. G. Shiftable Externalities: A Market Solution [J]. Environmental and Resource Economics, 2002, 21: 221 - 239.

[52] 曼瑟尔·奥尔森. 集体行动的逻辑 [M]. 上海: 上海三联书店，上海人民出版社，1995.

[53] Coase, R. The Problem of Social Cost [J]. Journal of Law and Economics, 1960, 3: 1 - 44.

[54] Dnes, A. and Garoupa, N. Externality and Organizational Choice in Franchising [J]. Journal of Economics and Business, 2005, 57: 139 - 149.

[55] Scitovsky, T. Two Concepts of External Economies [J]. Journal of Political Economy, 1954, 62 (2): 143 - 151.

[56] 约瑟夫·熊彼特著. 经济发展理论 [M]. 北京: 商务印书馆，1997.

[57] Buchanan, J. and Stubblebine, C. Externality [J]. Economica, 1962, 29: 371 - 384.

[58] Dobkins, L. H. Location, Innovation and Trade: The Role of Localization and Nation-based Externalities [J]. Regional Science and Urban Economics, 1996, 26: 591 - 612.

[59] Romer, P. Increasing Returns and Long-run Growth [J]. Journal of Political Economy, 1986, 94: 1002 - 1037.

[60] Henderson, V. J. Efficiency of Resource Use and City Size [J]. Journal of Urban Economics, 1986, 19: 47 - 70.

[61] Hsin-Ping Chen. Urban Externalities and City Growth in Taiwan [J]. The Annals of Regional Science, 2002, 36: 531 - 550.

[62] 庇古. 福利经济学 [M]. 金镝译. 北京: 华夏出版社，2007.

[63] Coase, R. H. The Firm, the Market, and the Law [M]. The University of Chicago Press, 1988.

[64] 罗纳德·哈里·科斯. 论生产的制度结构 [M]. 上海: 上海三联书店, 1994.

[65] Coase, R. H. The Nature of the Firm [J]. Economica, 1937, (4) 16: 386-405.

[66] Vatn, A. and Bromley, D. W. Choices without Prices without Apologies [J]. Journal of Environmental Economics and Management, 1994, 26: 129-148.

[67] Tullock, G. Externalities and Government [J]. Public Choice, 1998, 96: 411-415.

[68] Breton, A. The Non-internalization of Externalities [J]. The ASTE Bulletin, 1971, 13: 30-38.

[69] Nelson, R. R. and Winter, S. G. Evolutionary Theorizing in Economics [J]. Journal of Economic Perspectives, 2002, 16: 25-46.

[70] 施蒂格勒. 施蒂格勒论文精粹 [M]. 北京: 商务印书馆, 1999.

第 2 章

既非市场也非科层的企业集群及其演变

本章的目的是阐述企业集群作为一种既不同于市场又不同于科层的特定的产业组织形式的基本特征、结构和功能，决定着其演变的方向和道路的企业集群的各种向心力和离心力，以及这两种力量的相互消长和均衡。

2.1 既非市场也非科层的企业集群

把市场和企业看成两种在一定条件下可相互替代的治理机制（Coase，1937），是科斯的深刻洞见之一。这标志着交易作为分析单位在康芒斯之后再次进入了经济学家的视野。从此，企业不再仅仅被当作一种生产函数、一种无结构的质点处理，而是被当作一种合约组结、一种结构化的系统处理。威廉姆森无疑是促进这个重要转变的一个重要人物。其主要贡献是沿着科斯的交易费用的逻辑，实现了交易的维度化。他指出，交易治理机制设计和选择的核心原则是，使治理机制与交易的基本特征——交易发生的频率、交易涉及的不确定性、交易所招致的专用性投资的程度等相匹配。他强调，在不确定性较低和不涉及交易专用性投资的境况中，市场是比较有效的治理机制；在不确定性较高、涉及较强的资产专用性投资和交易重复发生的情况下，科层是比较有效的治理机制（Williamson，1979）。

但是，在市场和企业的关系问题上，科斯和威廉姆森的交易费用观点有几个明显的问题。第一，他们用高交易费用相关的市场失灵去解释企业的产生；反过来，用企业内部的官僚失灵去解释市场的产生，具有明显的非此即彼的二极思维的味道，忽视了组织形式的多样性。第二，威廉姆森忽视了经济交易的第四个关键维度——经济主体的嵌入性或曰根植性，此即，经济主体间的关系和它们的关系网络的结构对经济主体的行为及其后果的影响。第三，威廉姆森忽视了市场竞争的优胜劣汰机制对经济主体的机会主义倾向和行为的约束作用。结果，在一定程度上把经济主体的机会主义倾向绝对化了。第四，威廉姆森的交易费用随资产专用性上升的假定，是对交易费用与资产专用性间的复杂关系的过度简化的理解。因为，在交易双方进行相互的专用性投资，从而形成双方相互依赖和相互确保的毁灭的情况下，资产的专用性有可能成为促进和鼓励合作性市场交易的因素（Kay，1992）。而且，在关系专用性投资可作为可置信承诺的信号促进双方相互信任的情况下，有可能出现高专用性投资与低交易费用并存的情形（Dyer，1997）。这正是发生在日本汽车行业中的故事。或许正是因为意识到了市场—科层二分观点的弊病，1991 年，威廉姆森对其早先的观点进行了修正。他指出，在市场和科层这两极间还存在大量的混合型的组织形式，如各种形式的长期合约、互惠交易、规制、特许经营，等等。与这些混合型组织相对应的新古典合同法，既不同于与即期市场相对应的古典合同法，又不同于与科层相对应的自我克制的合同法，它比前者更灵活，但比后者更加墨守成规（Williamson，1991）。但这是一种市场—科层连续统一体的观点，它隐含地假定市场是起点，科层是终点，混合型组织似乎只是从市场中演化出来的过渡形态。这明显地与历史的和人类学的证据不符。实际上，从历史的和人类学的证据看，是先有组织，后有市场，此其一；其二，威廉姆森所谓的各种中间型组织，是应在特定情景下适应特定经济主体的协调、控制特定的经济活动，以适应不断变化的环境的需要而产生的社会系统。在这些社会系统中，企业集群——众多相关中小企业在特定地理空间聚集所形成的企业网络——就是一种其重要性越来越大却至今未受到组织经济学文献充分研究的社会系统。

2.1.1 市场、科层和企业集群：比较的观点

最早指出在市场和科层之外存在着第三类协调机制，并对三者进行了

系统的比较分析的是乌奇。他指出，除市场和他称为官僚制的科层外，还存在一种重要的协调机制——宗族。这是一种像血缘网络但又可能不存在血缘关系的有机组织，其本质特征是有机的团结和强烈的利益共同体（Ouchi，1980）。在这样的组织中，个体与组织利益的一致到了这样的程度，以致机会主义已不可能，且能够以相对较低的交易费用实现报酬的平等。乌奇进一步指出，市场、科层（官僚制）和宗族三类协调机制各有自己的适用条件。一般而言，市场适用于各交易方的绩效易于考核而其目标的不一致程度又较高的交易，科层（官僚制）适用于各交易方的绩效难以考核而其目标的不一致程度也较高的交易，宗族适用于各交易方的绩效难以考核而其目标的不一致程度低的交易。其推理中所隐含的假定是，交易的根本问题源之于难以考核交易物的价值，而合作的根本问题源之于个体有不同的目标。乌奇从规范要求（为使组织有效运行其成员间必需的社会协议）和组织内的协调手段（他称为信息要求）两个角度对三者进行了进一步的比较。他指出，市场中通行的规范要求是互惠互利（reciprocity），其协调手段是价格；官僚制（科层）内通行的规范要求是互惠互利和合法的权威，其协调手段是规则；宗族中通行的规范要求是互惠互利、合法的权威和共同的价值观念或信念，其协调手段是传统。对我们的研究而言，乌奇的主要贡献是提供了一种独特的视角。从这个角度看，企业集群显然更像宗族组织。但在集群化的企业间，除传统外，价格和规则，尤其是稳定的做事方式——惯例，也起着重要的协调手段的作用。所以，宗族组织的概念还不能有效揭示企业集群的复杂性。

哈里略认为，企业集群是一种动态网络，是当今经济环境中最有效的组织形式之一，是企业家用来获取竞争优势的组织模式（Jarillo，1988）。他称其为战略网络，以强调它是一种使其中的企业能够获得或维持较之网络外的对手企业的竞争优势的企业间的长期的和刻意的安排。他指出，战略网络中的企业是沿某些维度相互依存的，但不是完全相互依赖的。因为，每个企业都有独立的所有权和多个可供选择的交易伙伴。在哈里略看来，战略网络的竞争优势归根到底是降低交易费用的优势。用他的话说，“没有交易费用的降低，就没有战略网络”。战略网络之所以能够降低交易费用，是因为企业家可采取有意识的行动去塑造企业间的关系，使企业间的关系建立在各方感知到的相同的目标和信任之上。因此，创造信任是使战略网络的存在在经济上可行的根本的创业技能。因为，信任的产生和交易费用的降低，使每个企业能够集中从事其有比较优势的活动，而把其他活动外包给那些最有效率的供应商。哈里略还从“关系的性质”和“法律组织”两个维度对古典市场、科层（官僚制）、宗族和战略网络进行了比较。其基本结论是，在古典市场中，各交易方互为独立的法律实体，它们间的关系往往具有零和博弈的性质；在官僚制内，各方是非独立的法律实体，但它们间的关系也具有零和博弈的性质；在宗族中，各方也是非独立的法律实体，但它们间的关系具有非零和博弈的性质；在战略网络内，各方是独立的法律实体，它们间的关系是非零和博弈的关系。值得注意的是，哈里略是把战略网络作为区别于市场、科层和宗族的第四种组织模式提出来的。他强调的是战略网络降低交易费用，创造竞争优势的作用。从这个意义上说，每个成功的企业集群都是一个战略网络。但交易费用的降低不是构成企业集群的竞争优势的最重要原因。

1990 年，鲍威尔提出了网络形组织的概念。他指出，市场—科层二分的观点和市场—科层连续统一体的看法，都使我们看不见互惠互利和合作作为可选择的治理机制的作用（Powell，1990）。实际上，企业正在模糊它们间的界限和从事一些既不像市场合约，又不像纵向一体化的各种形式的合作。许多市场交换已被组织间的合作所取代，大多数经济活动发生于长期的、复杂的和多方的合约或像合约的关系中；同样地，在科层企业内所观察到的许多行为似乎既同高层经理的指令无关，又同纵向一体化的逻辑无关。一句话，在企业内也存在市场过程或像市场那样的关系。他问道，当交易物有难以考核的性质，当买卖双方间的关系是如此长久和如此重复地出现，以致不能说它（他）们是独立的实体时，我们还能称其为市场交换吗？当义务和声誉纠缠在一起，以致各方的行动相互依存，但又没有共同的所有权或法律框架时，难道我们不需要新的概念工具去分析和描述这种关系？他指出，这种模式化的交易看起来更像婚姻而非一夜情，但又无结婚证、共同的住房和资产的合并。他称这种既不是市场交易又不是科层治理结构的有自身逻辑的独特的交换模式为网络，以强调每个企业都处在与其他众多企业的复杂的关系中，使其行为及其结果深受这种关系的影响。鲍威尔从多个角度对市场、科层和网络形组织进行了比较。他强调，市场的规范基础是合约和产权，科层的规范基础是雇佣关系，而网路形组织的规范基础是优势互补；市场的沟通手段是价格，科层的沟通手段是惯例，网络形组织的沟通手段是关系；市场的冲突解决方法是讨价还价和诉诸法庭，科层的冲突解决方法是行政命令和监督，而网络形组织的冲突解决方法是互惠互利准则和声誉机制；市场的灵活性高，科层的灵活性低，网络形组织的灵活性居中；市场中，各方的相互承诺低，科层中的和网络中的相互承诺都居中或高；市场中的氛围是准确和猜疑，科层中的氛围是正式和官僚，网络形组织的氛围则是开放和互利；市场中主体的偏好独立，科层中主体的偏好相互依赖，网络形组织中主体的偏好也是独立。显然，企业集群正是鲍威尔意义上的网络形组织。

林和范德文认为，交易费用经济学在研究各种治理机制的选择时有一个重要假定：经理唯一地受到效率考虑的激励，他们将选择能够使生产成本与交易成本之和最小的治理机制（Ring & Van De Ven，1992）。在他们看来，交易费用经济学为探索市场和科层机制提供了坚实的理论基础，但对其他治理机制、重复交易、治理和交易的动态演变、信任和平等在组织间的关系中所起的关键作用等研究不足。他们认为，一切治理在本质上都是依靠合约进行治理，只不过不同的治理结构所依靠的合约不同而已，如市场是依靠以市场为基础的分立的合约，科层是依靠雇佣劳动合约，其他治理机制或者是依靠重复出现的合约，或者是依靠关系合约。他们强调，不同性质的交易往往涉及不同的风险水平和对信任的不同要求。因此，可以从风险水平和对信任的依靠两个角度解释不同的治理结构。一般而言，市场适合风险水平和对信任的依靠都低的交易，科层适合风险水平高而对信任的依靠低的交易，重复出现的合约适合风险水平低而对信任的依靠高的交易，关系合约适合风险水平和对信任的依靠都高的交易。显然，企业集群作为一种治理机制具有合约的性质，在其中，既有重复出现的合约，又有关系合约，其区别于市场和科层的明显特征是对信任的依赖程度较高。在现实中，成功的企业集群的一个共同特征就是能够创造集群化企业间的信任。

琼斯等认为，组织经济学文献中频繁出现的“网络组织”、“网络形组织”、“企业间网络”、“弹性专业化”、“准企业”等概念所指称的，都是以有机的或非正式的社会系统为特征的企业间的协调（Jones，et al.，1997）。这种协调既不同于企业内的官僚结构，又不同于企业间的正式的合约关系，而是一种特定的治理形式，可称其为网络治理。网络治理是最近20年出现的一种重要而有趣的经济现象。在全球范围内，在半导体、生物技术、电影、音乐、时装等行业，都发现了这种现象。重要的是，网络治理是一种动态的组织过程，而不是一种静态的实体。它是企业对不确定的需求、复杂的任务、专用性的人力资产和高交易频率等交易条件理性反应的结果。令人遗憾的是，网络治理越来越重要，而人们对它的理解却非常有限。他们指出，要理解网络治理的本质、产生条件和运行机理，就必须整合交易费用经济学和社会网络理论。为此，可通过揭示企业在其中经营的社会环境对交易费用的影响，把社会网络理论纳入交易费用经济学的框架中，实现两种理论的互补性整合。

由上可见，企业集群是一种特殊的组织形式，具有特定的治理机制和功能，可以从宗族、战略网络、网络形组织、以信任为基础的生产网络和网络治理等多个角度对其进行研究。但是，不管从什么角度去研究，一个完整的企业集群理论应当能够解释这样几个问题：企业集群在什么条件下最可能产生？企业集群依靠什么治理结构进行治理？企业集群对其中的企业的绩效有什么影响？企业集群如何演变？我们后面的研究会不同程度地涉及这些问题。

2.1.2 企业的网络嵌入性：系统的观点

企业集群无疑是一种由地理上相互靠近的众多企业相互作用所形成的具有一定的结构和功能的有机整体。其本质是一种企业网络系统。这种企业网络系统的功能或性质的最突出的特征是凸显性和不可还原性。凸显性指的是，企业集群的功能或性质所具有的从无到有地形成的性质。不可还原性指的是，企业集群的功能或性质不可还原为构成它的要素如集群内企业的性质。那么，企业集群的功能或性质凸现于何处呢？答案是，凸显于构成企业集群的要素间的相互作用，或企业集群与其环境间的相互作用。

所以，要理解企业集群的功能或性质，就必须理解这些相互作用的方式和性质。

企业的网络嵌入性这一概念是对企业集群内企业间相互作用的方式和性质的恰当的社会学概括。格拉诺威特认为，古典和新古典经济学的重要缺陷之一是，忽视了社会关系对经济行为和制度的影响，把经济交易看成仅仅取决于个体得失的理性计算，好像与社会的或血缘的义务无关（Granovetter，1985）。实际上，个体是嵌入在人际关系网络中的。经济主体嵌入于其中的社会、文化和制度对其行为及其后果有重要影响。文化的影响不是一劳永逸的，而是一个持续的过程，并且，在人与文化的相互作用中，文化不断地被建构和再建构。它不仅塑造其成员，也被其成员所塑造。不可否认的是，新古典经济学的匿名市场在真实的经济生活中并不存在。在现实的经济生活中，买卖双方不仅常常相互认识，他们间还常常会产生信任。为此，格拉诺威特提出了嵌入性观点，以强调人际关系及其关系结构在产生信任和阻止机会主义行为中的作用。实际上，嵌入性观点所强调的并不是什么新东西。众所周知，马克思早就说过，人的本质，在其客观现实性上，是其全部社会关系的总和。格拉诺威特的贡献是把嵌入性概念引入了美国的社会学中。有人把嵌入性分成四种形式：结构性的嵌入性、认知性的嵌入性、政治的嵌入性和文化的嵌入性。后三者所反映的都是嵌入性的社会学视角。所以，比较好的做法是，把嵌入性分成关系性的嵌入性和结构性的嵌入性。前者指的是交易方考虑另一方的需要和目标的程度，以及交易方所展示的像信任和分享信息的行为等；后者指的是关系网络的总结构或框架，是“关系”间的关系，它意味着不仅双方间有关系，而且，各方与相同的第三方间也有关系，此即，第三方把各方间接地联结在一起。

可根据使一企业进入企业集群的主导的活动类型，把结构性嵌入性分为制造型嵌入性和技术型嵌入性（Helena & Autio，1998）。如果企业所从事的活动是生产密集的，则主导形式的嵌入是制造型嵌入；如果企业所从事的活动是研发密集的，则主导形式的嵌入是技术型嵌入。在现实中，这两种形式的嵌入很可能是重叠的。一般而言，企业在嵌入企业集群时常常需要调整其惯例和经营，获得环境专用的信息和知识，进行环境专用的投资，发展关系专用的技能，了解客户的系统、产品和过程，发展信任，扩展关系网络，提高其声誉等。尽管集群化的企业是嵌入在同一张集群关系网中的，但不同的企业在企业网络中常常起着不同的作用。这既与不同企业有不同的资源有关，也与不同企业在企业网络中所处的不同位置相关。企业在网络中所占据的位置不仅能影响其获取信息的能力和可见度，还能影响它对网络中的其他企业的吸引力（Gulati & Gargiulo，1999）。中心性（centrality）概念所反映的正是企业在网络中的意义。一个中心性高的企业常常比中心性低的企业多出许多伙伴关系。企业的中心性是网络中心化的结果。它常常与权力效应、声誉效应和率先采用创新等相联系（Madhavan，et al.，1998）。重要的是，企业在网络中的中心性具有信号传递的功能，可传递有关其合作的意愿、经验和能力等的信号。认识到中心性价值的企业会不断地尝试与更多的关键伙伴相联系，以改善其中心性。在这个过程中，它们可能放弃与它们认为较无价值的伙伴的关系。值得注意的是，企业的相对中心性的变化往往是网络结构变化的重要指示剂。在高度中心化的企业集群中，往往有少数几个非常重要的企业和许多附属企业形成一种以分工为基础的中心—外围关系。一些产业事件，如根本的政府规制改革、激进的技术变革，可能改变整个行业竞争的基础，从而对企业集群的网络结构产生重要影响。有些行业事件具有强化已有的网络结构的作用。其结果是，原来权力大的企业其权力越大，原来权力小的企业其权力越小。相反，有些行业事件具有松散原网络结构的作用。其结果是，中心企业的权力减小，外围企业的权力增大。

根据琼斯等人的研究，在复杂的企业网络中通常存在四种社会机制——受限制的交易机会或通道机制、宏观文化机制、集体制裁机制和声誉机制（Jones，et al.，1997）。这四种社会机制一起对企业网络内的交易起着重要的协调和保护作用，但每种机制都具有其他机制不能替代的独特的作用。受限制的交易机会或通道指的是交易方策略性地减少交易伙伴的数量，基本的做法是实施回避地位较低的伙伴的地位最大化战略和只与少数几个伙伴交易的关系性缔约战略。这个机制可以通过使各方的预期、技能和目标的变化最小化，以及从持续的互动中发展沟通的规范和建立惯例，来降低协调成本。它也可以通过减少需要的监督量和提高各方相互的承诺和认同，来保护交易。宏观文化指的是由企业网络内的众多企业所共享的价值观念、信念和看法。它可以通过创造预期的趋同，建立能够传达复杂信息的共同的语言，界定行为的潜规则等，来降低协调交易的成本。这个机制的主要问题是，要花几十年的时间去建立共同的理解和惯例。但以独特的组织文化为基础的竞争优势是对手最难模仿的，也是可持续的。来自企业网络的集体制裁无疑有助于提高机会主义行为的成本，降低监督的迫切性，因而有助于保护交易。其问题是，常常难以把误解与机会主义区分开，通常也难以区别最大的努力与最小的努力。企业集群中的声誉机制使任何机会主义行为的信息都可在网络内快速传播，从而极大地提高机会主义行为的机会成本，对交易有重要的保护作用。其问题是，行为信息可能不准确或被滥用。

琼斯等人所关注的主要是企业网络的控制作用，他们没有强调的是企业集群作为信息源的价值和其作为资源通道的价值。实际上，当两个或更多的企业卷入一个关系中时，它们就创造了一个社会行为系统。企业卷入社会行为系统的最终目标必然是实现企业不能独立地实现的目的（Van De Ven，1976）。企业卷入社会行为系统的目标不外三个：控制、信息和资源。组织间信息和资源的流动似乎是组织关系内的主要过程。因为，无此，则社会行为系统无必要存在。在企业集群中流动的信息主要是有关创业机会和商业模式的信息。这里的商业模式指的是，企业有关生产什么、怎样生产和如何销售的稳定的决策和行为模式。在企业集群中流动的资源主要是那些难以定价和难以通过市场获取的资源。这些对于处在创业阶段的年轻企业特别重要。因为，创业就是发现和利用营利性机会的过程。发现营利性机会要求企业具有较强的获取信息的能力，利用营利性机会要求企业具有较强的获取各种有形的和无形的资源的能力。处在创业阶段的年轻企业的主要弱势，一是缺乏资源，二是缺乏社会关系。企业集群中的关系网络正可以帮助年轻企业克服其“因新而有的不利”。巴特勒和汉森发现，企业的发展通常包括创业阶段、业务建立阶段和业务持续阶段三个阶段，社会关系网络在这三个阶段都有重要作用（Butler & Hansen，1991）。在创业阶段，社会关系网络特别重要。因为，它向企业家提供了一个较大的机会集合，使企业家可从中获取无形的信息和有形的资源。在业务建立阶段，企业可通过社会关系网络获取有关未来业务的信息。在业务持续阶段，企业常常需要与其他企业建立战略联盟，以实现资源共享。此时，企业可通过社会关系网络去发现适当的联盟机会和伙伴，并对联盟伙伴进行有效的监督和约束。

值得予以特别注意的是，研究集群化企业的信息优势和资源优势的学者，往往忽视企业集群内企业所享有的一种重要的资源优势——网络资源的优势。按照古拉蒂的说法，所谓网络资源不是企业自身固有的，而是整个企业网络所固有的（Gulati，1999），不同于存在于企业边界内的资源。因为，它们常常是非常有价值的信息源。古拉蒂认为，以资源为基础的企业理论强调了社会因素的重要性和独一无二的历史的作用，但没有注意从企业参与其中的企业网络中所凸显出来的网络资源。实际上，每个企业都可以建立自己的关系网络，累积自己的网络资源。企业的网络资源产生于它独特的历史经历和一个独特的路径依赖过程。在其中，企业过去的关系的数量和其伙伴的身份都是非常重要的。显然，古拉蒂所说的网络资源是在企业间的互动中从无到有地形成的，具有明显的凸显性和不可还原性，在本质上是企业集群作为系统的系统质。所谓系统质是系统具有而构成系统的要素没有的性质或功能。凸显性和不可还原性是系统质这同一硬币的两面。因为，实际上，凸显性是从产生的角度对系统质的一种说明，而不可还原性是人们理解系统质时应当遵循的认识原则。再者，可以把网络资源看成集群中的企业所共享的社会资本。与网络资源同属企业集群的系统质的还有企业集群的竞争力。所谓竞争力指的是企业以比对手更低的成本最大化 $U(q, v)-C(p, tc)$ 的能力。其中，$U(q, v)$ 代表客户购买和使用企业的产品而获得的收益，它是客户所感知到的企业产品的质量（q）和价值（v）的函数；$C(p, tc)$ 代表客户购买和使用企业的产品而承担的成本，它是客户所支付的价格（p）和所承担的交易费用（tc）的函数。指出企业集群的竞争力具有系统质的性质，目的在于强调企业集群竞争力的凸显性和不可还原性。前者意味着必须从构成企业集群的企业本身的特征、企业与企业的互动和企业集群与其环境的互动中，去解释和说明企业集群的竞争力，后者意味着对企业集群竞争力的理解适用整体主义的原则。

2.2

企业集群的演变：向心力—离心力模型

几个农民洗脚上田，在缺乏资金、技术和管理资源的条件下，办起了一家“三代同堂”的家族企业，也不知道应当生产什么、以什么方式生产和怎样销售。[①] 其决策的原则是，周围的企业生产什么，他们就生产什么；周围的企业怎样生产，他们就怎样生产；周围的企业如何销售，他们就如何销售。令人奇怪的是，他们居然能够把产品卖到国外去，并且，往往使国外的竞争对手感到无法同他们竞争。这就是中国农民在中国 20 世纪 80 年代的农业革命后所创造的又一个奇迹，也是企业集群的奇迹。显然，众多中小企业聚集在一个地区，依靠企业间的合约关系和地方社会资本，形成一个企业网络，可以在很大程度上克服中小企业因其小而固有的劣势，同时获得大企业因其大而固有的优势。结果，一个成功的企业集群就仿佛是一个成功的巨型企业。今天，一个国家没有成功的企业集群，其国家经济往往就缺乏国际竞争力；一个地区没有成功的企业集群，其地区经济往往就死气沉沉。在企业集群推动的经济中，无疑隐藏着发展中国家如何在处处不如人的情况下参与国际竞争的答案。这是建立和发展企业集群的集群战略逐渐成为许多国家的区域发展战略和手段的重要原因，也是新经济地理学在最近十多年兴起的重要原因。按照新经济地理学的两位开拓者藤田和克鲁格曼的说法，新经济地理学的目的是，解释经济活动在少数地理空间上的聚集及其后果，如同一国家内各地区间经济发展的趋异而不是趋同。为此，他们做了一些“愚蠢但方便”的假定，如迪克希特—斯蒂格利茨的垄断竞争假定、萨缪尔森的流冰型运输成本假定、经济系统的演化假定和可计算机模拟假定。其目的是，“设计模型化的方法、讲故事的机器，使人们能够在整个经济的背景中讨论像纽约的经济学那样的事情。此即，在一般均衡中，讨论把经济活动拉在一起的向心力和把它们推开的离心力，以及这些力量间的张力是如何塑造经济的地理结构的。”（Fujita &

---

① 本节部分内容曾在《技术经济与管理研究》2011 年第 2 期发表。

Krugman，2004）到现在为止，新经济地理学最成功的模型是克鲁格曼的中心—外围模型。但是，正如马歇尔所说："纯数学在经济问题上的主要用途，似乎在于帮助一个人将他的思想的一部分迅速地、简短地并正确地记下来供他自己之用。……但是，经济学改成冗长的数学符号后，是否有人会细心阅读不是由他自己改写的这种数学符号，似乎还有疑问。"（马歇尔，1983），此为其一。其二，数学模型中的变量必须是可度量的。这意味着一些重要但一时难以度量的变量必然会被拒斥在数学模型之外，如在新经济地理学已有的数学模型中，至今不能包括导致经济活动在特定地理空间聚集的一种非常重要的向心力——知识外溢。克鲁格曼辩护说，这既是因为知识外溢的内容和机制等问题至今未搞清楚，也是因为先做一些"愚蠢但方便"的假定，以后再逐渐完善，是一种创建理论体系的有效策略（克鲁格曼，2002）。不管人们如何看待经济学的数学化趋势，可以肯定的是，真正搞清楚塑造经济的空间结构的各种向心力和离心力发挥作用的机制，以及这两种相反的力量相互作用的性质和方式，是正确理解经济活动的聚集现象和制定有效的区域经济发展政策的重要前提。

2.2.1 企业集群的向心力

1. 马歇尔型外部经济

马歇尔型外部经济就是马歇尔所说的有赖于整个行业的发展程度的成本节约（马歇尔，1983）。克鲁格曼将马歇尔型外部经济概括为三点：（1）共享的专业技术工人的劳动力市场。一个事实是，孤立的工厂主经常苦于得不到具有某种特殊技能的工人，而在孤立的工厂中工作的具有专业技术的工人一旦失业，则不易找到新的就业机会。克鲁格曼用模型化的理论说明，劳动市场的共享可在较大程度上避免对劳动的需求不足或需求过剩，从而对工人和工厂主都有利（克鲁格曼，2002）。（2）专业化的投入品和服务的可获得性。（3）知识外溢。用马歇尔的话说，在企业集群内，"行业的秘密不再成为秘密，而似乎是公开了，孩子们在不知不觉中也学到许多秘密。"（马歇尔，1983）我们要指出的是，第一，企业集群内专业化的投入品和服务的可获得性是一个明显的、普遍的事实，但马歇尔只是描述了而没有解释这个事实，克鲁格曼的解释和斯蒂格勒的解释在本质上相同，那就是用众多企业在特定地理空间聚集所产生的需求外部性和生产中的规模经济，来解释生产行业专用的投入品和服务的专业化企业的产生（Stigler，1951）。但这种解释是不充分的。因为，企业集群内生产行业专用的投入品和服务的专业化企业的产生，实际上是集群内企业自制—外购决策的结果，也就是企业在供应商索取的价格与其承担的交易费用之和与企业自制的成本之间权衡的结果。因此，能够影响企业的生产成本、组织成本、交易成本和中间品购买价格的一切因素，如资产的专用性、交易的不确定性和频率、经济主体的机会主义行为倾向和有限理性、对专用性资产所产生的侵占的准租金的争夺、以专业化为基础的报酬递增的性质、生产技术的先进性和复杂性、市场需求的大小和变化率、人力资本的专用性和其贡献的可度量程度、组织内的政治过程和企业竞争中的策略性考虑等，都可能对企业的自制—外购决策产生重要影响。第二，马歇尔和克鲁格曼都没有说明企业集群内知识外溢的具体内容、机制和规律。当然，马歇尔用了一个重要概念——“行业秘密”。在我们看来，作为企业集群内知识外溢的重要内容的行业秘密，实际上就是有关企业生产什么、怎样生产和如何销售的知识，具体包括了有关市场、对手、客户、供应商、技术、政策等的信息。这样的知识对于中国的农民企业家尤其有特别的吸引力。但是，单是外溢的知识的重要性本身还不能真正说明知识外溢对于产业地方化的意义。因为，它不能说明为什么知识外溢主要发生在企业集群内而不是之外。也就是说，知识的重要性本身不能说明知识外溢的本地化。要解释知识外溢的本地化，就必须理解知识外溢的相关规律和机制。导致知识外溢本地化的相关规律主要是知识外溢的距离—衰减（distance-decay）规律：知识外溢的可能性与企业间的地理距离成反比（Papageorgiou & Smith，1983）。重要的是，如果知识外溢不随地理距离的增大而减弱，它就不会鼓励企业聚集。那么，是什么导致知识外溢随距离衰减呢？答案是：知识的黏性，也就是知识的难以获得、转移和使用的性质。按照冯·希普尔的说法，导致知识具有黏性的因素有：（1）知识本身的意会性（tacitness），如不可编码性和不可言说性。（2）必须转移的知识量较大。（3）知识的提供者和接受者的某些属性，如接受者的吸收能力和提供者的沟通技能等（von Hippel，1994）。正是知识的黏性决定了人们间经常重复的、非正式的面对面的互动，是知识外溢的有效机制。从某种意义上说，企业集群就是一个巨大的、动态的人际关系网络。这是知识外溢鼓励企业聚集的重要条件。

2. 报酬递增

这个向心力比较复杂，涉及一种循环因果关系：发现成功的商业模式的历史小事件所产生的知识外溢会吸引第一批企业在一地产生和聚集，企业的聚集会提供大量的就业机会，吸引更多的工人涌向这一地区；工人的聚集所形成的共享劳动市场的优势，又会吸引更多的企业到这一地区；更多企业的涌入不仅会吸引更多工人的涌入，而且还会吸引大量新企业的涌入。因为，企业的聚集扩大了市场需求，使企业可利用生产中的规模经济降低成本。同时，在位企业的互补品和其产品的零部件的专业化生产也变得有利可图了。而靠近投入品生产不仅可降低运输成本，还可降低搜寻成本、谈判成本和监督成本等。与藤田等不同的是，我们没有用企业聚集所产生的产品的多样性和工人实际收入的提高来解释工人的聚集（Fujita，et al.，1996）。同时，我们突出了发现成功的商业模式的历史小事件在企业集群的创建阶段所具有的重大作用。这里所谓成功的商业模式指的是，企业以正确的方式生产正确的产品并且以正确的方式进行销售的惯例化了的做事的方式。实际上，正如克鲁格曼在《地理和贸易》一书中强调的，大多数企业集群的产生都可追溯到历史上的一些具有传奇色彩的小事件（克鲁格曼，2002）。但他没有揭示这些历史小事件的本质——成功商业模式的发现。这是他忽视知识外溢的一个重要原因。当然，强调报酬递增是克鲁格曼的新经济地理学优于传统的区位理论的一个重要方面。众所周知，后者假定生产的规模报酬不变。所以，生产区位不影响生产成本。于是，企业的区位决策被简化为运输成本最小化问题。这样，企业聚集所必然产生的需求外部性问题就被拒斥在区位经济学家的视野之外了。结果，传统的经济地理学不能合理地解释经济活动最重要的地理特征——经济活动在空间上的集中。

3. 空间竞争

霍特林指出，一个被人们普遍忽视的事实是，如果一件物品的供给者逐渐地提高他的价格而其对手保持价格不变，他的销售额一般会不断下降，但不会像人们隐含地假定的那样会突然地和出乎意料地减少。因为，市场通常被细分成不同的区域市场，在每个细分市场中，每个销售者都处在一种准垄断的地位。准垄断者之间策略性互动的结果是，产生一种比人们预期的脆弱性小得多的“竞争中的稳定性”——竞争对手在产品的质量、生产或销售的区位和其他重要方面过度地相互模仿的趋势（Hotelling，1929）。从霍特林模型，我们不难得出结论，众多企业争夺购买者的空间竞争，正是吸引它们在特定空间聚集的向心力之一。

4. 非贸易类投入品

地方特定的社会经济因素、良好的基础设施等这些非贸易类投入品，无疑是企业集群的公共品。因此，我们完全可以把任何一个企业集群看成是一个蒂布特意义上的提供独特的公共品束的社区（蒂布特，2004）。如此，则蒂布特模型的基本结论也适用于企业集群：企业在不同的集群间选择，仿佛消费者在不同的产品间选择，可在一定程度上促进集群公共品的有效供给；反过来说，具有企业所看重的特定的社会经济因素和良好的基础设施等的集群，将能够吸引更多的企业进入。我们要强调的是，集群内的企业较之集群外的孤立的企业的最显著的特征，是格兰诺威特意义上的嵌入性——企业间的关系和整个企业的关系网络的结构必然要影响到企业的行为及其后果（Granovetter，1985）。比如，在集群内企业间的互动中所发展起来的企业间的信任和合作关系，将有助于促进企业的创新和降低企业间的交易费用。这无疑是吸引企业在特定空间聚集的又一力量。

5. 创业优势

创业是获利性机会的发现和利用，直接涉及三个过程：（1）发现获利性机会；（2）确保资源；（3）获得合法性（Elfring & Hulsink，2003）。网络中的企业较之孤立的企业更容易在创业的这三个阶段获得成功。研究显示，大多数企业家是通过他们的社会关系网络发现赢利机会的。环境的不确定性和新企业的创新性越高，企业家越倾向于依靠其社会关系网络发现赢利机会。在发现赢利机会后，企业家的主要任务就是获得、动员和利用必要的资源。这对于一个金融资源有限、几乎无能力在内部产生资源和收益的新企业无疑是个艰难的任务。此时，企业家的社会关系网络可起关键作用。因为，关系网络可促进对关键的投资伙伴、技术伙伴和客户的搜寻，而这些主体可能提供新企业获得金融资源、生产诀窍、互补技术和分销渠道等的途径。再者，企业家还可能利用其社会资本，如友谊和信任等，获得远低于市场价格的“特权性”资源，降低其获取资源的成本。在企业建立后，获得合法性就非常重要了。所谓合法性可理解成整个企业共同体对某个企业的行动是否是适当的和合意的等等的一般看法，包括对新企业的性质的理解和对新企业是否会服从已有的规则和标准的判断，等等。积极利用社会关系网络发展同供应商、客户企业、对手企业和其他相关实体的伙伴关系，是新企业克服合法性壁垒的有效途径。这也是网络化的企业较之孤立企业的一大优势。

6. 企业间的互补性

企业在资源（如技术）、能力、产品、竞争优势、活动、战略和利益等各方面，都可能存在重要的互补关系。里查森指出，企业并不是市场关系海洋中计划协调的孤岛，其活动往往是互补的，也就是需要有效协调的（Richardson，1972）。由于每个企业都倾向于专业化地从事其能力提供了某种比较优势的活动。因此，必须在量上和质上对企业间的互补性活动进行有效的协调。企业集群可以说就是应协调企业间紧密互补但不相似的活动的需要而产生的一种复杂的合作网络。一句话，在企业集群内广泛地存在着一种根源于企业间互补性的协同效应，可以产生企业竞争力倍增效应。再者，从事其他众多企业的互补性活动，如生产它们的产品的互补品，还可产生多种策略优势：（1）通过控制互补品，提高企业对客户企业的整体价值和谈判地位；（2）利用销售互补品的其他企业在营销上的投资来销售自己的产品；（3）通过捆绑式经营实现价格优势和差异化优势。这些优势是许多企业一开始就以某种零部件的专业化生产商的身份嵌入企业集群的制造网络中的重要原因。

7. 区域品牌效应

区域品牌效应指的实际上是以产品产地为基础的品牌忠诚。关于品牌忠诚的定义，学界至今未有共识。可以肯定的是，品牌忠诚必然包含这样的情景：过去的购买经验会强化消费者现在的品牌购买。所以，如果一个消费者在时间 t 购买一个特定品牌的概率以时间 t－1 的完全相同的购买为条件，并且，大于相应的无条件的概率，或曰，他现在的购买模式取决于上次购买的品牌，就可以说，这个消费者是品牌忠诚的（Wernerfelt，1991）。按照巴泽尔的说法，人们只有在感到他们得到的比他们失去的更有价值时才会进行交换。为形成这样的看法，他们必须对交换物的有用属性进行考核（Barzel，1982）。有些交换物的考核费用非常高。人们根据品牌名进行购买的根本目的就是为了回避昂贵的考核。那么，人们为什么可根据产品的产地进行购买呢？因为，对消费者的搜寻行为能够产生特别重大影响的是他们所持有的信念，包括他们对产品的属性信号、他们自身的判断能力、搜寻的好处、物品的差异和销售者的区别等的信念（Duncan & Olshavsky，1982）。可以肯定的是，如果购买者形成了某地的什么产品品种最多、价格最低而质量最可靠的信念，他们往往就会放弃搜寻。这正是为什么成功的企业集群往往有强力的区域品牌效应的重要原因。至于购买者为什么会对某个集群形成这样的看法，那就需要进行专门研究了。毫无疑问，有力的区域品牌效应是吸引企业往某些特定空间聚集的重要因素之一。

8. 运输技术的发展

同大多数人的直觉信念不同，运输技术的发展会强化经济活动在核心地区或大城市的聚集。按照藤田和克鲁格曼的说法，这是新经济地理学最重要的理论发现之一（Fujita & Krugman，2004）。但他没有对此进行解释。实际上，主要原因是，运输技术的发展使企业更可能利用企业聚集产生的市场需求的扩大，实现生产中的规模经济，最小化生产成本和运输成本之和。

9. 经济活动聚集的预期

克鲁格曼在《历史与预期》一文中，用几个简单的模型令人信服地说明，在报酬递增的情况下，往往存在多重均衡，经济最终处于哪个均衡将取决于历史的和预期的因素（Krugman，1991）。在某种条件下，历史，也就是初始条件，很重要；在其他条件下，预期很重要。历史和预期的相对重要性主要取决于经济的调整成本，如劳动和其他生产要素跨部门流动的成本。一般来说，经济的调整成本越低，预期越重要。在经济的调整成本足够低时，很可能存在自我实现的预言。此时，如果大多数人认为某地会成为某种经济中心，那里就会逐渐成为那种经济中心。显然，经济活动将在某地聚集的预期在特定条件下是一种重要的向心力。

10. 产品的差异性和多样性

企业集群的一大特点是，每种产品都同时有众多的企业生产，每家企业的产品都在某些方面不同于其他企业的产品。这种垄断竞争的市场结构，有助于满足企业对产品的特定需求，降低其产品搜寻成本，提高企业相对于其供应商企业的讨价还价能力，减少供应商企业的机会主义行为。所以，产品的差异性和多样性也是一种重要的向心力。

以上并不是企业集群向心力的无遗漏的罗列。对企业集群的进一步研究，无疑将有助于深化人们对集群向心力的理解；反过来，集群向心力本身也是人们深化对企业集群的研究的一个有效视角。

2.2.2 企业集群的离心力

1. 拥挤效应

第一，租金的上升。大量企业在特定地理空间聚集所产生的对缺乏供给弹性的土地和厂房的巨大需求，必然会导致土地和厂房租金持续上升，并进而导致与此相关的生活成本和生产成本的持续上升。其结果是，集群的竞争力和吸引力下降，离心力增大。第二，基础设施的过度利用。集群的各种有形的和无形的基础设施是集群竞争力的重要基础。企业的过度聚集所产生的对集群基础设施的过度利用必然会损害这一基础，如通过通勤成本的上升，最终必然会导致集群的竞争力和吸引力下降，离心力上升。第三，共同财产资源的悲剧。企业在人人可免费使用的共同财产资源博弈中的占优策略是过度利用。也就是说，不管其他企业如何行动，每个企业都会实施过度使用的战略。其结果必然是集群共同财产资源（如清洁的河流、清新的空气和悦目的自然环境等）的价值破坏。这必然会降低整个集群对那些看重集群共同财产资源价值的企业（如高科技企业）的吸引力，集群的离心力将因此上升。

2. 价格竞争

企业相互靠近的主要不利之一是容易发生价格战。因为，地理上靠近所引起的快速的相互模仿，使任一企业都很难通过创新去创造可持续的差异化优势。然而，价格竞争是典型的零和竞争，一方的所得是另一方的所失，必然导致产品价格不断下降，企业的利润空间不断缩小，直至零经济利润。显然，企业的不断聚集和靠近所引起的价格战的不断升级，将显著地提高集群的离心力。

3. 知识外溢的效果递减

如上所述，知识外溢是企业集群的重要向心力之一。但是，知识外溢的效果具有明显的动态性质：知识外溢的效果随外溢的时间降低。因为，影响知识外溢效果的因素主要有二：一个是外溢的主客体间的认知距离；另一个是外溢受体的吸收能力。如果外溢的主客体间的认知距离等于零，也就是说，一方知道的也正是另一方所知道的，则无外溢可言。所以，从此意义上说，知识外溢的效果与外溢的主客体间的认知距离成正比。但是，知识外溢的效果与外溢的主客体间的认知距离间的关系实际上没这么简单。因为，知识外溢的效果还与受体的吸收能力成正比。不难想象的是，如果受体的吸收能力为零，外溢也是不可能存在的。这里的所谓吸收能力指的是，企业认识到新的外部信息的价值，并同化它和把它用之于商业目的的能力（Cohen & Levinthal，1990）。重要的是，企业的吸收能力与双方的认知距离成反比。因此，认知距离的增大会通过降低受体的吸收能力而降低外溢的效果。所以，可以肯定的是，存在一个使外溢效果最佳的最优的认知距离。当双方的认知距离小于这个最优认知距离时，外溢的效果会随认知距离的增大而增大；当双方的认知距离大于这个最优认知距离时，外溢的效果会随认知距离的增大而减小。所以，当双方的认知距离随外溢而不断减小且越来越小于那个最优认知距离时，外溢的效果也会同步下降。这正是集群知识外溢的动态，也是集群的主要离心力之一。

4. 土地、非熟练工人等投入品的非流动性

投入品的非流动性将向企业施加压力，使其倾向于把生产地点选在易于获得高战略价值的非流动性投入品的地方。集群内生产要素的拥挤效应越大，土地、非熟练工人等投入品的非流动性所具有的离心效应就越明显。

5. 需求在空间上的分散性

企业集群形成的重要机制之一是规模经济和市场需求的规模两者间的相互强化：某种历史小事件导致第一批企业聚集，第一批企业的聚集导致市场需求扩大，企业得以通过扩大生产规模降低成本，这种成本优势将吸引第二批企业到达……这个过程将不断地进行下去，导致集群的规模不断地增长。显然，需求在空间上的分散性不利于规模经济和市场需求两者间的相互强化，是一种不可忽视的集群离心力。

6. 工资竞争

企业为争夺劳动力而展开的工资竞争，在企业缺乏相应的提高生产率的创新的情况下，会直接地导致企业生产成本的上升，降低其成本优势，使企业倾向于把生产转移到工资率更低的地方。①

① 在我国，这样的工资竞争不多。相反，在我国企业集群中，存在许多工资率偏低、劳动者的权益受到有意损害的血汗工厂。显然，我国的私人企业必须发生一场科学管理革命，实现工人和企业投资者的双赢，才能实质性地提高其竞争力。

2.2.3　均衡、分岔与企业集群的演化路径

每个自发形成的成功的企业集群，都有一个关于其形成和发展的传奇故事。在这样的故事中，历史偶然事件往往使整个故事有一种神秘的色彩。但是，历史偶然事件仅仅是个开端。因为，在企业集群的发展中会自发地产生抑制其发展的力量——企业集群的离心力，当这种抑制性力量与促使企业集群发展的力量——企业集群的吸引力——势均力敌时，就会出现企业集群的增长极限。我们称此时的集群规模为集群的均衡规模。此时的企业集群处在其发展的第一个分岔点上。这时，如果有某种因素能导致集群向心力进一步提高，并打破这种均衡，则企业集群会进入一条新的上升的演化路径，其规模会在新的演化路径上进一步上升。但在其规模扩大的过程中，又会产生新的抑制其发展的离心力。当新的向心力与新的离心力达到均衡时，企业集群就会在更高的发展水平上实现新的均衡规模，并面临第二个分岔点。反之，如果在企业集群处在第一个分岔点时，有某种因素导致集群离心力进一步提高，并打破这种均衡，则企业集群会进入一条向下的演化路径，集群规模会不断缩小直至整个集群消失，除非出现某种提高集群向心力的创新，使集群向心力恢复与集群离心力的新的均衡，实现新的均衡规模。此时，企业集群将面临其发展的第三个分岔点。我们用图 2.1（a）来说明企业集群的均衡规模的决定过程。其中，纵坐标代表集群的向心力或离心力，横坐标代表集群存在的时间，曲线 F_1 代表集群的向心力，曲线 F_2 代表集群的离心力。根据前面对集群向心力和离心力的分析，我们假定集群的向心力和离心力都是随时间而上升的，但向心力的上升的加速度递减，离心力上升的加速度递增。集群的均衡规模或分岔点就将出现在与两条曲线的交点相对应的时间 t^*。我们用图 2.1（b）来说明企业集群的演化路径。其中，纵坐标代表集群规模，横坐标代表集群存在的时间，E_1、E_2、E_3 分别代表第一个、第二个和第三个分岔点，实线代表集群的演化路径。

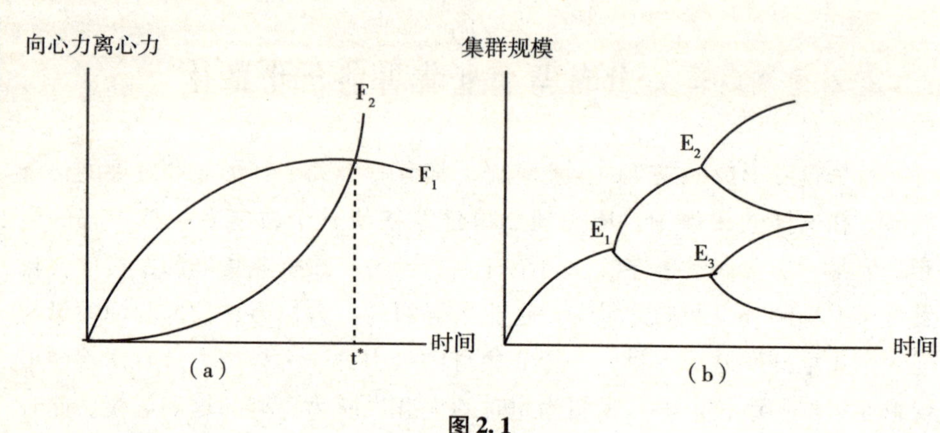

图 2.1

本章参考文献

［1］ Coase, R. H. The Nature of the Firm［J］. Economica, 1937, (4) 16: 386 – 405.

［2］ Williamson, O. E. Transaction Cost Economics: The Governance of Contractual Relations［J］. Journal of Law and Economics, 1979, 22: 223 – 261.

［3］ Kay, N. M. Markets, False Hierarchies and the Evolution of the Modern Corporation［J］. Journal of Economic Behavior and Organization, 1992, 17: 315 – 333.

［4］ Dyer, J. H. Effective Inter-firm Collaboration: How Firms Minimize Transaction Costs and Maximize Transaction Value［J］. Strategic Management Journal, 1997, 18 (7): 535 – 556.

［5］ Williamson, O. E. Comparative Economic Organization: The Analysis of Discrete Structural Alternatives［J］. Administrative Science Quarterly, 1991, 36 (2): 269 – 296.

［6］ Ouchi, W. G. Markets, Bureaucracies, and Clans［J］. Administrative Science Quarterly, 1980, March: 129 – 141.

［7］ Jarillo, J. C. On Strategic Networks［J］. Strategic Management Journal, 1988, 9 (1): 31 – 41.

［8］ Powell, W. W. Neither Market nor Hierarchy: Network Forms of Organization［J］. Research in Organizational Behavior, 1990, 12: 295 – 336.

［9］ Ring, P. S. and Van De Ven, A. H. Structuring Cooperative Relationships between Organizations［J］. Strategic Management Journal, 1992, 13 (7): 483 – 498.

［10］ Jones, C., et al. A General Theory of Network Governance: Exchange Conditions and Social Mechanisms [J]. The Academy of Management Review, 1997, 22 (4): 911 -945.

[11] Granovetter, M. Economic Action and Social Structure: The Problem of Embeddedness [J]. The American Journal of Sociology, 1985, 91 (3): 481 -510.

[12] Helena and Autio, E. The Network Embedded-ness of New Technology-based Firms: Developing a Systemic Evolution Model [J]. Small Business Economics, 1998, 3: 253 -267.

[13] Gulati, R. and Martin G. Where do Inter-organizational Networks Come from? [J]. The American Journal of Sociology, 1999, 104 (5): 1439 -1493.

[14] Madhavan, R., et al. Networks in Transition: How Industry Events (Re) shape Inter-firm Relationship? [J]. Strategic Management Journal, 1998, 19 (5): 439 -459.

[15] Van De Ven, A. H. On the Nature, Formation, and Maintenance of Relations among Organizations [J]. The Academy of Management Review, 1976, 1 (4): 24 -36.

[16] Butler, J. E. and Hansen, G. S. Network Evolution, Entrepreneurial Success, and Regional Development [J]. Entrepreneurship and Regional Development, 1991, 2: 1 -16.

[17] Gulati, R. Network Location and Learning: The Influence of Network Resources and Firm Capabilities on Alliance Formation [J]. Strategic Management Journal, 1999, 20 (5): 397 -420.

[18] Fujita M. and Krugman, P. The New Economic Geography: Past, Present and the Future [J]. Papers in Regional Science, 2004, 83: 139 -164.

[19] 马歇尔．经济学原理（上）[M]．北京：商务印书馆，1983.

[20] 保罗·克鲁格曼．发展、地理学与经济理论 [M]．北京：北京大学出版社，中国人民大学出版社，2002.

[21] Stigler, G. J. The Division of Labor is Limited by the Extent of the Market [J]. The Journal of Political Economy, 1951, 59 (3): 185 -193.

[22] von Hippel, E. "Sticky Information" and the Locus of Problem Solving: Implications for Innovation [J]. Management Science, 1994, 40: 429 -439.

[23] Fujita, M., et al. Economics of Agglomeration [J]. Journal of Japanese and International Economics, 1996, 10: 339 -378.

[24] 保罗·克鲁格曼．地理学和贸易 [M]．北京：北京大学出版社、中国人民大学出版社，2002.

[25] Hotelling, H. Stability in Competition [J]. The Economic Journal, 1929, 39 (153): 41 -57.

[26] 蒂布特．地方支出的纯理论 [A]．蒂布特模型 [C]．北京：社会科学文献出版社，2004.

[27] Elfring, T. and Willen Hulsink, W. Networks in Entrepreneurship: The Case of High-technology Firms [J]. Small Business Economics, 2003, 21: 409 - 422.

[28] Richardson, G. B. The Organization of Industry [J]. The Economic Journal, 1972, 82 (327): 883 - 896.

[29] Birger Wernerfelt. Brand Loyalty and Market Equilibrium [J]. Marketing Science, 1991, 10 (3): 229 - 245.

[30] Barzel, Y. Measurement Cost and the Organization of Markets [J]. Journal of Law and Economics, 1982, Vol. XXV: 27 - 48.

[31] Duncan, C. P. and Olshavsky, R. W. External Search: The Role of Consumer Beliefs [J]. Journal of Marketing Research, 1982, 19 (1): 32 - 43.

[32] Krugman, P. History versus Expectations [J]. The Quarterly Journal of Economics, 1991, 106 (2): 651 - 667.

[33] Flora, C. B. and Flora, J. L. Entrepreneurial Social Infrastructure: A Necessary Ingredient [J] Annals of the American Academy of Political and Social Science, 1993, 529: 48 - 58.

[34] Cohen, W. M. and Levinthal, D. A. Absorptive Capacity: A New Perspective on Learning and Innovation [J]. Administrative Science Quarterly, 1990, 35 (1): 128 - 152.

第 3 章

企业集群外部性的发生机制

企业集群外部性的发生机制是企业集群外部性理论的一个重要部分。毫无疑问，企业集群外部性的存在归根到底是企业集群相关经济主体普遍地相互依存的表现和结果。企业集群外部性或者产生于相关经济主体通过市场机制的相互作用，或者产生于相关经济主体间的网络形相互作用和策略性的相互作用。

3.1

通过市场机制的相互作用：集群中的货币外部性

在新古典经济学中，通过市场机制起作用的货币外部性并不重要。因为，每个经济主体的行为对其他经济主体的福利状况所可能产生的一切影响，都已经通过它们对市场价格的影响得到了传递。[①] 因此，货币外部性所导致的仅仅是经济利益在经济主体间的再分配，并不改变整个经济系统向帕累托最优靠近的趋势。实际上，关注经济系统处在均衡状态时的特征的新古典均衡理论的这些结论，都是建立在一系列的假设性前提之上的，如其完全竞争假定和所有资源或产品的完全可分性假定等。最早区别货币外部性和技术外部性的希托夫斯基发现，现实经济生活中的不完全竞争、产品或资源的不可分性和投资的动态性质等，常常使均衡理论所预言的帕累托最优均衡无法实现（Scitovsky，1954）。这意味着，在某些情况下，通

① 本节部分内容曾在《经济经纬》2008 年第 6 期发表。

过市场机制起作用的货币外部性是值得认真考虑的。1982 年，李兴隆和扎克豪斯论证了货币外部性在不完全市场下的重要性（Lee Hsien Loong & Zeckhauser，1982）。1983 年，杨匡额论证了，一种特定产品的价格上升可能引起寻租活动，导致货币外部性的外部成本与其外部收益不相等。所以，应当在成本—收益分析中考虑货币外部性（Yew-kwang Ng，1983）。1991 年，克鲁格曼论证了在不完全竞争和报酬递增条件下，货币外部性对生产活动的地理集中的重要性（Krugman，1991）。今天，任何经济学家都不会轻言货币外部性不重要了。但人们对货币外部性在企业集群演变中的作用的关注还是太少，与其重要性不相称。

3.1.1 需求扩大与报酬递增互动中的货币外部性

企业集群中的货币外部性往往与企业集群的演变直接相关。假定某种原因导致生产某种产品的企业在某个特定的地理空间聚集。这些企业的聚集将引起几个重要变化：

第一，产品供给增大。在需求保持不变或更小幅度的上升的情况下，这将导致产品价格下降。

第二，土地等的租金价格上升。这种变化中的直接受益者是土地等生产要素的所有者。但它会提高整个集群所属社区的生活成本，并产生工资上升的压力。

第三，对具有集群专用性技能（cluster - specific skills）的劳动力的需求增大。在具有集群专用性技能的劳动力供给的弹性不是无限大的情况下，这将导致工资的上升。企业的工资成本因此有上升的趋势。但是，工资的上升会吸引更多的工人进入集群就业。这会有助于集群中的企业化解劳动市场波动对企业的不利影响，从而有助于降低其生产成本。

第四，对各种零部件的需求增大。这对企业集群的演变关系重大。因为，需求的扩大可能使外购某种其生产的规模经济明显的零部件的成本小于自制它的成本，从而使在集群内专业化地生产这种零部件有利可图。在这种情况下，集群内企业会发生纵向分解，在集群内产生许多专业化地生产这种零部件的企业。这些专业化供应商企业的聚集，必然会增大这种零部件的供给，使其价格有下降的趋势，此为其一；其二，这些新企业的聚集必然会产生更多的对土地等供给缺乏弹性的生产要素的需求，导致其价格和生产要素所有者的经济租金进一步增大；其三，新企业的聚集将增大对劳动的需求，导致工资进一步上升，更多的工人涌入企业集群，产生更大的劳动聚合的外部经济；更重要的是，其四，新企业的聚集将进一步扩大对各种零部件的需求，有可能使外购另一种其生产的规模经济明显的零部件的成本小于自制它的成本，从而使在集群内专业化地生产这种零部件有利可图。在这种情况下，集群内企业会发生新一轮的纵向分解，在集群内产生更多的专业化地生产这种零部件的企业。专业化地生产第二种零部件的企业的聚集，必然会引起新一轮的与上述变化相似的变化。这种过程会不断地进行下去，直到企业集群的向心力与其离心力势均力敌。

上述动态过程可用图 3.1 加以说明。

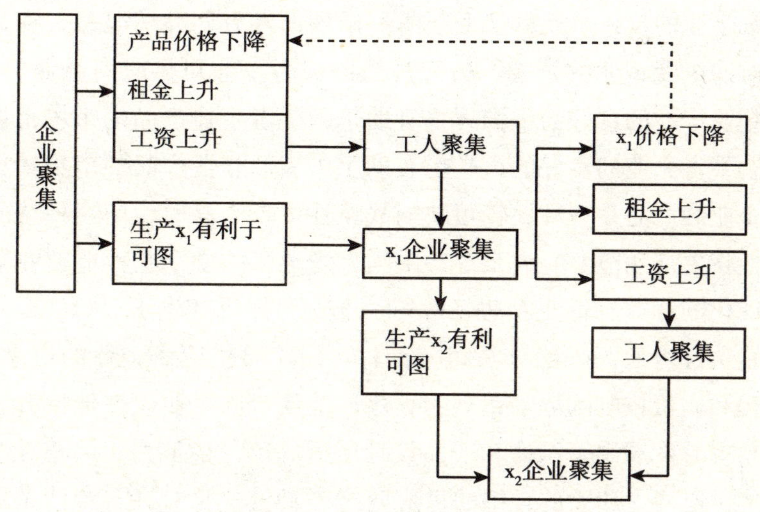

图 3.1　报酬递增、需求外部性与企业集群的演变

图中的虚线表示，零部件价格的下降反过来有助于缓解产品价格的下降、租金和工资的上升等对企业利润边际的不利影响；其中的 x_1 和 x_2 分别代表两种不同的零部件。显然，集群内最终产品和各种零部件的价格有下降的趋势，而租金和工资有上升的趋势，但生产最终产品和各种零部件的企业的利润不一定会下降。最重要的原因是，企业聚集所引起的市场规模效应（maket-size effect）与生产中的报酬递增间的相互作用，会导致集群内的企业有纵向分解的趋势。这种纵向分解会产生明显的专业化经济，不断降低各种零部件的生产成本，抵消各种因素对集群内企业利润边际的不利影响。当然，这里没有分析在企业聚集中所形成的企业的关系网络对企业创新和它们间的交易费用的影响。不过，已经很明显的是，马歇尔的由专业化劳动市场和专业化投入品市场所产生的两种外部经济，在企业集群的竞争优势的形成中，的确起着重要作用。重要的是，这两种外部经济在本质上都属于通过市场机制起作用的货币外部性。

3.1.2 企业互动中的货币外部性

第一，上、下游企业间的货币外部性。在这种境况中，一企业的产出是另一家企业的投入。此种情形下的货币外部性有两种情况，一种是供应商企业对购买者企业的影响；另一种是购买者企业对供应商企业的影响。供应商企业产品的良好的市场声誉有助于购买者企业产品的市场销售；反过来，购买者企业的良好的声誉也有助于供应商企业产品的市场销售。当供应商企业的产品是一种比较短缺的战略性的投入品时，前一种情况的货币外部性将更加明显。有人发现，中国台湾地区的中小企业能够在知识密集的全球化的计算机行业成功经营的一个重要契机产生于1966年。当时，IBM开始从台湾地区采购计算机零部件。IBM对供应商企业的产品开发、制造过程和质量控制的近乎苛刻的程序，迫使台湾企业快速地提升它们的产品质量，并发展出了制造和产品设计所需的广泛的能力，终于成为IBM的合格的供应商。IBM的合格的供应商这一身份本身对许多台湾企业来说就是一笔巨大的资产。因为，其他潜在的购买者企业相信，它们完全可以信任能够满足IBM的严格采购要求的供应商。这无疑非常有利于台湾地区小企业克服其消极的市场形象，从其他计算机公司赢得更多的订单（Ernst，2000）。这是后一种情况的货币外部性的典型例子。这个故事说明，在企业集群中，有时候，产品卖给谁比产品卖什么价更重要。但两种情况下的上、下游企业间的货币外部性都说明了一个重要的道理：在企业集群内，身份是重要的；在很多情况下，重要的不是企业生产什么，而是企业与谁做生意。

第二，生产互补品的企业间的货币外部性。在这种境况中，一家企业的市场扩大有助于扩大另一家企业的市场，企业间可能形成一种良性循环：X企业的市场扩张扩大了Y企业的市场，反过来，Y企业的市场扩张又扩大了X企业的市场。但它也可能导致少数企业采取“搭便车”战略：依靠互补品企业的营销努力去销售自己的产品。当然，从积极的观点看，生产市场需求大并且稳定增长的产品的互补品是集群中小企业的一种生存战略，也是集群有活力的一个重要原因。

第三，生产替代品的企业间的货币外部性。在这种境况中，一家企业的市场扩大会缩小另一家企业的市场，企业间的竞争是一种零和博弈性质的竞争——一家企业的所得是另一家企业的所失。这无疑会强化集群内企业间的竞争，迫使企业进行创新。迈克尔·波特认为，强有力的竞争对手的存在能够给企业提供改进和创新的原动力，有助于培养真正有竞争力的企业。所以，国家竞争优势的核心是发明和企业家（迈克尔·波特，2003）。这强烈地暗示着，集群内企业的多样性对维持集群的活力是非常有价值的。

第四，一家企业的产品是另一家企业使用的投入品的替代品的企业间的货币外部性。在这种情况下，这家企业的市场扩大有助于提高购买者企业的谈判地位，压低其购买价格；反之则反是。

3.2 网络型相互作用：集群区域品牌、社会资本累积效应等

众多企业聚集在一个特定的地理空间，在互动中形成各种关系网络，最终演变成一种有效率的产业组织形式——企业集群，从而使集群中的企业获得了不同于集群外企业的重要特征：企业间更大程度的相互依存。这种相互依存既是集群内企业间的分工关系，也是集群内企业间的竞争与合作关系，更是我们所关注的集群外部性的产生机制。

3.2.1 企业集群中聚合的相互作用

集群内企业间聚合的相互作用（pooled interaction）可用图 3.2 加以概括。

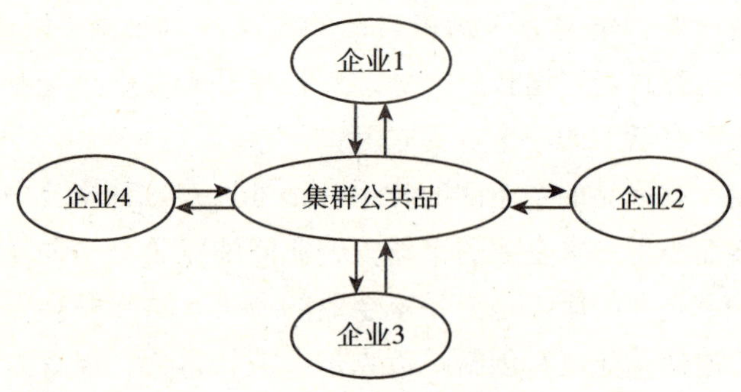

图 3.2 企业集群中聚合的相互作用

在集群内企业间聚合的相互作用中，集群中的每个企业都可能以某种特定的方式影响某些集群公共品的形成，同时又以某种特定的方式受到这些集群公共品的影响。因此，每个企业的行动都可能通过这些集群公共品而对其他企业产生影响。这些集群公共品主要有集群内企业共有的区域品牌、社会资本、商业模式等。集群的区域品牌实际上是与集群的地理特征和产业特征密切相关的集群产品的品牌意识和品牌形象。这些品牌意识和品牌形象存在于集群产品购买者的心中，直接地影响着他们的购买决策。所以，集群内的每一家企业的行动都可能改善或损害集群的品牌意识或品牌形象，从而把某种利益或成本加之于其他企业，产生某种正外部性或负外部性。集群内企业在集群产品购买者心中的同质性越高，这种外部性就越强。重要的是，现实中的集群化企业往往有较高程度的同质性。其原因主要有二：其一，相同的地理区位条件和与这种地理区位条件联系在一起的历史和人文条件，往往使集群内企业对外部刺激有相似的反应模式，其行为模式和经济绩效因此也大致相同。其二，集群内企业间的贴近对手的竞争使集群内企业常常在战略、组织结构和行动上相互模仿，造成集群内企业在这些方面越来越趋同。这些因素使集群的区域品牌效应大大增强。

一般而言，成功的企业集群往往都有市场影响力强大的区域品牌。这在很大程度上弥补了集群内中、小企业因其小而有的营销劣势，是一种重要的集群吸引力。然而，集群区域品牌与企业品牌比较有几个明显的特点：第一，集群品牌没有明确的法律上的所有者。这意味着集群品牌实际上是一种具有消费的非排他性和消费的竞争性的集群内所有企业共享的"公地"。第二，集群品牌是在长期的累积性过程中形成的，并且，一旦形成则可持续相当长的时间。这意味着集群内企业机会主义利用集群品牌的行动，在短期内不会导致对集群产品需求的明显下降。第三，集群品牌形成过程的因果关系模糊。这意味着即使是集群内企业也搞不清楚，究竟哪些因素会影响集群品牌的品牌意识和品牌形象。这些特点使集群内企业容易产生"搭便车"心理，甚至机会主义利用集群品牌，结果把某种外部成本强加于同一集群的其他企业。集群中的社会资本可看成是集群内企业所共享的关系网络、行为准则和信任。这些东西往往有明显的网络外部性：参与其中的成员越多，它们的功效越大。在这种情况下，"做他人正在做的事"往往是明智的选择。重要的是，网络外部性常常使集群社会资本的形成具有路径依赖的性质。为说明这一点，我们可假定存在两种规则，如右边驾驶和左边驾驶，同时，存在给定数量的小轿车驾驶者。如果初始条件是右边驾驶的人多于左边驾驶的人，则意识到网络外部性的人会相信选择右边驾驶是理性的。结果，右边驾驶的人会越来越多，左边驾驶的人会越来越少，直至所有的人都选择右边驾驶。反过来，如果初始条件是左边驾驶的人多于右边驾驶的人，则意识到网络外部性的人会相信选择左边驾驶是理性的。结果，左边驾驶的人会越来越多，右边驾驶的人会越来越少，直至所有的人都选择左边驾驶。显然，在这种情况下，最终结果在很大程度上取决于初始条件，而且，很可能出现分离均衡：某种性质的社会资本在一个企业集群占主导地位，另一种性质的社会资本在另一个企业集群占主导地位。实际情况也是，不同地方的企业集群往往有不同的社会资本，不同企业集群中的企业也因此而有一些重要的区别。这种现象实际上正是基于集群的外部性（cluster-based externalities）。集群中的商业模式实际上是由众多集群内企业的经营诀窍凝结成的、集群内大多数企业共有的稳定的行为模式。它仿佛是集群中的洼地，集群内企业的经营知识都汇聚其中。作为生物学中的遗传物质在组织理论中的类比物，它形成了企业集群的结构惯性（Hannan & Freeman，1983）；作为组织的记忆，它促进了集群内企业的集体学习，有助于克服集群内个体企业所面临的理性不足的限制（Barbara & March，1988）。所以，集群商业模式相关的集群内企业间聚合的相互作用实际上也是集群内企业间知识外溢的一种典型形式。

3.2.2 企业集群中循环式相互作用

集群内企业间的循环式相互作用可图 3.3 加以概括。

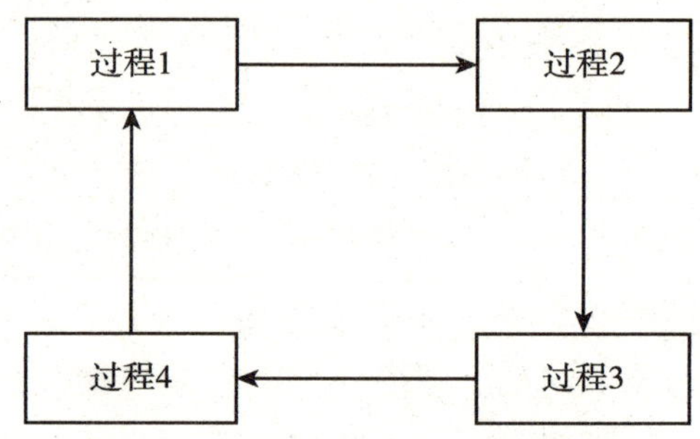

图 3.3 企业集群中循环式相互作用

在集群内企业间的循环式相互作用中，集群内某些经济主体的行为和过程会引发另一些经济主体的另一些行为和过程，如此不断地持续下去，构成一种行为和过程的链条。最终，每个经济主体都受到他人和他自己的行为的影响。这种循环式相互作用的一个显著特征是，在整个变化过程中存在一种由正反馈所驱动的自我强化机制。这意味着这种循环式相互作用一旦启动，仿佛就有了自己的生命和运行逻辑，能够自我维持，一些外来的冲击和经济主体的行动都难以中止它。比如，现代复杂的技术往往具有报酬递增的性质。一个重要原因是，采用某种技术的人越多，人们通过干中学所积累起来的经验也越多。这种技术因此改进得越快，其相对于其他竞争性技术的优势就越大。这反过来会导致更多的人采用它。这个动态过程如图 3.4 所示。

在这种境况中，当两个或更多的报酬递增的技术为潜在的市场展开竞争时，历史小事件可能随机地给某种技术初始的采用优势。这个技术可能

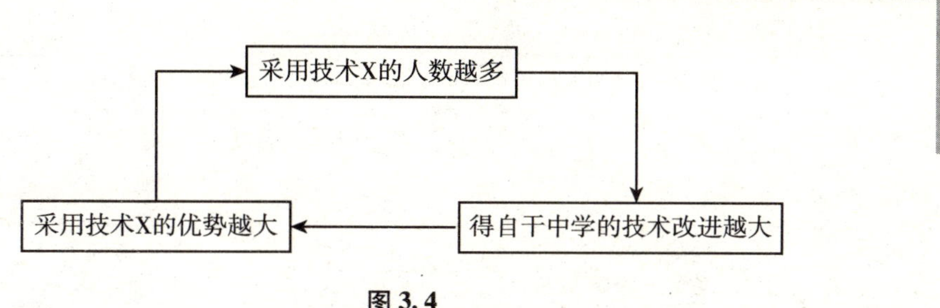

图 3.4

因此比其他技术被采用和改进得更多，从而能够吸引更多的采用者。结果，偶然获得采用的技术可能最终主宰市场。显然，在采用发生时，报酬递增会放大偶然事件的影响，使有关采用者的偏好和技术可能性等的事前知识不足以预测最终的市场结果（Arthur，1989）。马歇尔所说的劳动聚合的经济实际上也是一种循环式相互作用：某种历史偶然事件导致企业在某地聚集，企业的聚集创造了更多更好的就业机会，更多更好的就业机会吸引具有特定知识和技能的合格劳动者在该地聚合，这反过来会吸引更多的企业在该地聚集。这个循环式互动过程如图 3.5 所示。

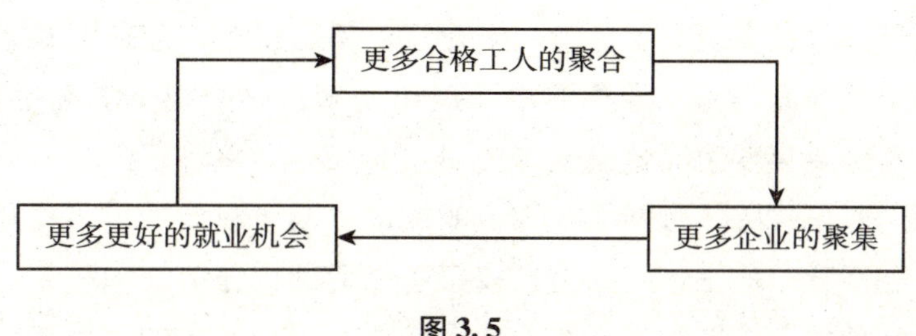

图 3.5

集群中许多重要的外部性实际上都是通过上述循环式相互依存起作用的。再例如，集群内个体企业的研发投资与集群层次的报酬递增之间的互动过程也是一种循环式互动过程。个体企业的研发投资通过知识外溢增加集群的知识存量，集群知识存量的增加有助于提高每个企业所使用的技术水平，每个企业所使用的技术水平的提高产生了集群层次的报酬递增，受益于集群层次的报酬递增的企业将更愿意进行研发投资。这个循环式互动过程如图 3.6 所示。

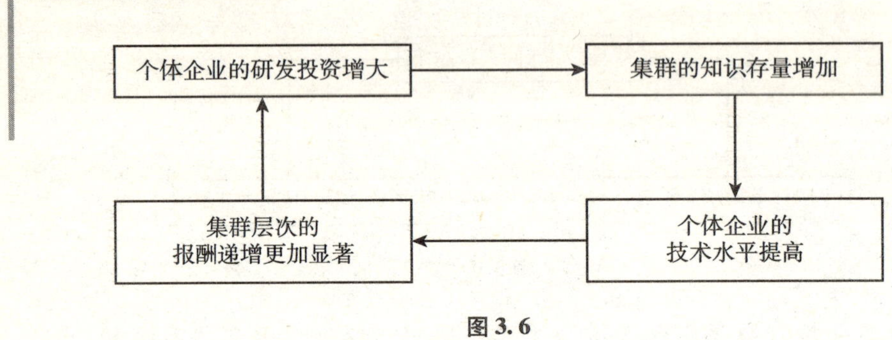

图 3.6

3.2.3 企业集群中网状相互作用

网状相互作用指的是，企业集群内的各种非正式的关系网络。在这种关系网络中，不仅两个经济主体间有联系，它们还同时与相同的第三个经济主体有关系。这种非正式的关系网络近几年得到了许多学者的关注。一个重要原因是，不同企业的员工间的各种非正式的接触是集群内知识外溢的重要渠道。鲁索在研究了意大利产业区后得出结论，创新活动在地理上集中的一个重要原因是，在集群中发展出的知识在产业集群内更易流动，在集群外和跨越集群边界的流动却更难（Russo，1985）。因为，不同企业的个人间的非正式的接触网络在知识的流动中起了重要的渠道作用。艾伦也发现，相互竞争的主体间的信息披露所创造的快速的知识积累可提高发明率，而这种快速的知识积累受关系网络中知识和信息的交换和循环的驱动（Allen，1983）。高技术企业集群的代表硅谷的一个突出特征正是，在硅谷中，个人间的非正式的接触是重要的、互利的和普遍可观察的。在硅谷中，有许多非营利性机构致力于组织各种活动，使同事、竞争对手、供应商、客户和过去的同事等能够经常会面，以促进硅谷内各种关系的形成和各种信息的交换。这对于维持硅谷的活力起了非常重要的作用。尽管至今有人对本地化知识外溢在企业集群发展中的作用持谨慎态度，但已在研究企业集群的学者中达成的共识是，集群中的各种关系网络是集群内知识外溢的重要渠道。

3.3

策略性相互作用：分工的网络外部性与策略性外溢

集群中的策略性外溢指的是，某个经济主体出于某种策略性的考虑或曰目的，有意地把某种知识或技术传播给某个或某些经济主体的行为。这种行为的目的仍是其自身利益的最大化。要理解这种复杂行为，就必须理解企业集群中分工的网络外部性：企业集群本身是一个巨大的企业间的分工网络，参与这个分工网络的企业越多，集群内企业间分工所产生的分工利益就越大。重要的是，集群内企业间分工不断深化的过程，在本质上是集群内企业纵向分解的过程，也就是集群内企业从自制到外购的过程。所以，理解发生在集群内企业间的策略性外溢的关键是，解释清楚集群内企业的纵向分解。

3.3.1　企业的自制—外购决策：交易费用、市场范围、所有权和策略优势

有关企业纵向分解或自制—外购决策的文献大致有四类。

第一，交易费用观点。企业自制—外购决策的交易费用观点，最早出现在科斯于 1937 年发表的《企业的性质》一文中。按照科斯本人的说法，该文的目的就是要解释企业为什么会出现在专业化的交换经济中（Coase，1937）。其基本结论是，建立企业有利可图的主要理由是，使用价格机制是有成本的。因为，企业是在企业内部组织一笔额外交易的成本小于在公开市场上完成这笔交易的成本的情况下，企业内的交易取代市场交易的结果。科斯强调，理解企业的均衡规模的关键是，分析使用价格机制的成本和使用企业的成本。因为，当前者大于后者时，企业将倾向于在内部组织交易，其规模将增大；反之，企业将倾向于通过市场组织交易，其规模将缩小。一般地，当企业变得更大时，企业家职能的报酬会递减，在企业内组织交易的边际成本会上升；使用市场的最明显的成本是发现相对价格的成本，专业化地出卖相对价格的信息的企业的出现会降低使用市场的成

本，但不会消除它。科斯的主要贡献是，改变了人们看问题的角度，使人们得以从市场和企业的治理效率的差异的角度，去理解企业的自制—外购决策。他的模型的主要缺点是：（1）通过假定企业自制的生产成本等于供应商的生产成本，企业的外购价格等于供应商的生产成本，把生产成本变成了一个可忽略变量。因为，只有在这些假定下，企业的自制—外购决策才主要取决于企业使用市场的成本与企业使用内部组织的成本之间的比较。但是，这在很大程度上违背了他的实现理论假定的现实性的初衷。（2）尽管已经指出了交易的异质性对于组织成本和交易成本的重大意义，但科斯终归没有实现交易的维度化。

威廉姆森的企业自制—外购决策的交易费用观点，主要包含在他分别在1971年和1981年发表的两篇文章中。在1971年发表的《生产的纵向一体化：市场失灵方面的原因》一文中，威廉姆森分析了企业的三种可供选择的供给安排：一次性的长期合同、一系列短期合同和纵向一体化（Williamson，1971）。他的结论是，为避免合约某一方机会主义地利用合约条款的含糊性，需要尽可能清楚地界定合约，但这样做的交易费用太高，当技术变化引起了产品的重新设计问题时尤其如此。此时，可考虑依靠一系列短期合约，但这又会产生出新的问题，如不利于供应商进行保证有效供给所需要的关系专用性投资，也难以避免供应商机会主义地利用其获得的先动者优势。所以，纵向一体化不失为一种可行的选择。因为，纵向一体化还有许多较之于市场的优势，如激励优势、控制优势、有效地沟通和解决冲突的优势等。威廉姆森的基本观点是，纵向一体化在本质上是内部组织对市场的替代，其根本的原因是中间产品市场的失灵。到此，威廉姆森进一步具体化了科斯的交易费用方法，但还没有超越科斯。在1981年发表的《组织经济学：交易费用方法》一文中，威廉姆森提出了他的企业的效率边界假说。他指出，经济组织研究的交易费用方法把交易作为分析的基本单位，其根本任务是找到治理各种交易的交易费用最低的结构。因此，其根本原则是使交易治理结构与交易的基本特征相匹配。为此。他指出交易的三个关键维度是：交易发生的频率、交易的不确定性和交易涉及的投资的专用性程度（Williamsn，1981）。其中，资产的专用性是最重要的也是在过去的组织研究中最被忽视的维度。资产的专用性包括地点的专用性、实物资产的专用性和人力资产的专用性。各种治理结构的相对优势是交易特征的依赖性。在给定不确定性和交易频率很高而资产专用性很低时，市场在生产成本和治理成本上均有较之于企业组织的优势。但是，随着资产专用性的提高，市场的这些优势将会下降以至消失。一般地，设△C = 企业生产成本 - 市场（供应商）生产成本，△G = 企业治理成本 - 市场治理成本。在资产专用性较低时，（△C + △G）会大于零。此时，企业外购有优势。随着资产专用性的上升，（△C + △G）会下降。当其等于零时，外购或自制对企业无区别。随着资产专用性的进一步上升，（△C + △G）会小于零。此时，企业自制有优势。容易理解的是，威廉姆森的模型有三个优点：(1) 他突出了交易的特征对企业的自制—外购决策的决定性影响，尽管他只研究了资产专用性对企业决策的影响。(2) 他的模型在一定程度上内生化了在科斯的模型中只是作为外生变量的生产成本。(3) 他的几何模型具有直观、优美和易于传授的性质。但是，威廉姆森的模型也有几个缺点：(1) 他没有说清楚为什么低资产专用性会使供应商企业有生产成本优势，而高资产专用性会使供应商企业有生产成本劣势。(2) 他把资产专用性作为影响企业的自制—外购决策的唯一的重要变量，在很大程度上忽视了企业中的政治过程对企业决策的影响。这同他把企业理解成一个合约网络，从而从根本上否定了企业与市场间的本质区别，是非常相关的。(3) 他的理论具有比较静态的性质，不能用来描述动态的、演化的现象（Kay，1992）。

第二，市场范围假说。企业自制—外购决策的市场范围假说，是施蒂格勒（1951）在《分工受市场范围的限制》一文中提出的。他首先把企业所从事的活动分成四大类：平均成本随企业规模递减的活动、平均成本随企业规模递增的活动、平均成本随企业规模先递减后递增的活动和平均成本随企业规模先递增后递减的活动（Stigler，1951）。他提出的问题是，企业为什么不进一步地利用平均成本随企业规模递减的活动并在此过程中实现垄断呢？他的答案是，平均成本随企业规模递增的活动将使得这样做的代价是如此的高以致最终产品的平均成本有可能随企业规模递增。他进而提出了另一个问题，那么，企业为什么不放弃平均成本随企业规模递减的活动而让其他企业去专业化地从事这些活动，以充分利用报酬递增呢？他的回答是，在特定时间，相应的市场范围太小，不足以支持其他企业这样做。但是，随着行业的扩张，报酬递增的优势有可能变得这样高以至于足以支持其他企业专业化地从事它们。这个过程将持续下去，直到无利可图为止。其基本结论是，当企业自制的平均成本低于其他企业专业化地生产的平均成本时，企业将倾向于实行纵向一体化；反之，企业将倾向于实行纵向分解。重要的是，企业自制的平均成本和其他企业专业化地生产的平均成本之间的大小关系，在很大程度上取决于市场范围的大小。其基本的推论之一是，在一个行业发展的早期，由于整个经济对其生产过程和产品不熟悉，市场范围偏小，企业将不得不从事各种相关的活动，整个行业的一体化程度将较高；在其快速发展期，市场范围的快速扩大将鼓励企业进行纵向分解，从而降低整个行业的一体化程度；到了行业的衰退期，市场范围的缩小又将鼓励企业进行纵向一体化，整个行业的一体化程度又将提高。显然，施蒂格勒强调市场的大小在企业纵向一体化—纵向分解决策中的决定性作用，实际上也是强调了生产成本在企业纵向一体化—纵向分解决策中的决定性作用。这在很大程度上弥补了科斯的交易费用观点忽视生产成本的决定作用的不足。施蒂格勒的另一个理论贡献是，他第一个揭示了产业的本地化（localization）和企业的纵向分解之间的关系。因为，正如他所说，运输成本的降低是扩大市场范围的主要途径，而数千家企业在特定地理区域聚集的重要后果之一，就是极大地降低了企业的运输成本。在其他条件不变的情况下，这必然会鼓励企业进行纵向分解。这对于理解企业集群的分工演进有巨大的理论意义。因为，企业集群内企业间的分工不断深化的过程，在本质上就是多数企业不断地进行纵向分解的过程。施蒂格勒的市场范围假说的不足之处主要有三：（1）他忽视了中间产品的市场结构对企业决策的影响。实际上，在企业进入中间产品市场受到限制或中间产品生产商相互勾结时，市场的扩大有可能导致整个行业一体化程度的提高而不是降低（Elberfeld，2002）。（2）他没有考虑市场范围的变化率对企业决策的影响。实际上，在整个经济快速变化时，上升的经营风险有可能导致企业在市场扩大时，不是进行纵向分解而是进行纵向一体化。因为，纵向一体化很可能有助于降低企业的不能通过投资多样化而降低的系统风险（Helfat & Teece，1987）。（3）他没有解释为什么一体化企业的上游部门不能利用需求扩大所产生的规模经济，继续获利性地生产投入品。

第三，所有权理论。企业自制—外购决策的所有权理论，是由格罗斯曼和哈特在1986年发表的《所有权的成本和收益：纵向和横向一体化的理论》一文中提出的。他们认为，已有的交易费用理论不能回答几个问题：（1）当一个自利的所有者变成另一个所有者的同样自利的雇员时，其行为会发生什么变化？（2）如果一体化总能节约交易费用，那是什么限制着企业的规模呢？（3）说一个企业的一体化程度比另一企业的高是什么意思？一个把其零售商称为“雇员”的企业比另一个把其零售商称为“独立销售代理”的企业有更高的一体化程度吗？根本的原因是，交易费用理论没有真正把握纵向一体化的本质。实际上，企业是一个由它拥有的资产或它拥有控制权的资产所构成的系统。纵向一体化在本质上就是一企业为了获得剩余控制权而购买其供应商的资产的所有权（Grossman & Hart，1986）。所谓剩余控制权指的是，那些由于交易费用或不对称信息的存在而未在合约中清楚界定的对资产的权力。重要的是，当一方购买另一方的资产的所有权时，另一方就失去了这些权利。结果，得到所有权的一方的投资会倾向于过多，而失去所有权的另一方的投资会倾向于过少。所有权之所以重要，就是因为它会通过影响事后剩余的分割而影响各方的事前投资决策。尽管重新谈判和签约可能导致事后有效率的配置，但谈判和签约的成本常常会使这个过程进展缓慢。因此，相关各方应当努力以使事前投资扭曲最小化的方式配置所有权。其原则是，在一体化的成本（由一体化引起的专用性投资扭曲所导致的价值损失）和收益（由一体化引起的获得所有权的一方的激励强化所产生的价值上升）间进行权衡。一般地，当企业1的专用性投资较之企业2的特别重要时，由企业1购买企业2是最优的；当两企业的专用性投资都重要时，非一体化是可行的选择。格罗斯曼和哈特的主要贡献是，揭示了由企业纵向一体化和纵向分解所引起的企业所有权结构的重构问题和由此所产生的激励问题。如果说他们的理论有缺点的话，那就是他们没有具体说明所有权，包括剩余控制权和剩余收益权，在什么情况下应该指派给什么人。因为，在特定情景中，所有权的最优指派比激励方案的设计更重要。所有权的最优指派问题可上溯至阿尔钦和德姆塞茨。在他们看来，企业最本质的特征就是其生产的团队性质，此即某个企业成员的边际产品与其他企业成员的边际努力成正比。这将导致正确评估每个成员的边际贡献的成本非常高，难以在企业内建立有效的以绩效为基础的激励制度。结果，“搭便车”策略和卸责行为将在组织内横行。为此，必须授予部分成员监督其他成员的权力。为了克服监督者的偷懒问题，必须授予监督者分享组织剩余的权利以诱致其自我监督（Alchian & Demsetz，1972）。令人遗憾的是，他们没有说明，由什么样的团队成员拥有所有权更有效率。实际上，团队成员在生产中的相对重要性（如其人力资本的价值、成本控制能力等）、对其行动进行监督的难易程度、其拥有的各种资本的价值和团队工作的程度等，都会对最优所有权结构的选择产生不可忽视的影响。

第四，策略优势假说。企业自制—外购决策的策略优势假说，分散在众多的经济学和管理学文献中，主要包括下面一些观点：

其一，纵向一体化的反竞争优势观点。此即纵向一体化可能提高新企业进入市场的资本要求，并使纵向一体化的企业得以垄断核心零部件的供给，从而使其获得市场势力，能够实行价格歧视，榨取垄断租金（Williamson，1981）。在经济生活中，常常有“100 - 1 = 0”效应，此即假设某产品由100个零件构成，但如果少了其核心部件，即使只是一件，该产品也完全不能实现其功能。当存在“100 - 1 = 0”效应时，垄断核心零部件的供给很可能成为企业实行后向一体化的战略意图。

其二，纵向一体化的避免中间产品销售税的避税优势观点和回避政府规制（如政府的数量规制和价格规制）的优势观点（Coase，1937）。

其三，纵向一体化和纵向分解的能力约束观点。这种观点强调，企业的自制—外购决策主要取决于企业的以资源为基础的能力的大小。也就是说，一个企业能生产什么、不能生产什么，主要取决于它有多少资源和这些资源有什么样的特征。一般地，如果企业拥有较多的同时具有四大特征的资源，则它往往有某种较之于对手企业的竞争优势，其纵向规模（企业内的纵向生产环节）就可以较大；反之，如果企业可支配的资源不同时具备这四大特征，其纵向规模就应当较小。这四大特征是：（1）稀少性，此即对手没有；（2）价值性，此即资源对实现企业的战略目标有很高的价值；（3）难以模仿性，此即对手企业难以通过模仿获得同样的资源；（4）不可替代性，此即对手找不到替代性资源。重要的是，生产技术、市场需求和对手企业行为等的快速变化，已经使得企业很难在同一条价值链的所有环节上同时获得和维持竞争优势。因此，放弃自己没有竞争优势的活动，专业化地从事自己有竞争优势的那些活动，对于大多数企业，已经成为一种必然选择。这是回归核心业务战略在 20 世纪 90 年代以来盛行的重要原因。

其四，纵向一体化的信息优势的观点。这种观点强调从外购到自制中间品，有助于下游企业获取有关中间品的生产成本和性能等方面的信息，缓解其和上游企业间的信息不对称，提高其相对于供应商的谈判地位（Arrow，1975）。

其五，纵向一体化的内部化优势。这种观点强调，纵向一体化可以内部化上游企业和下游企业间的信息外部性，对于制药这样的高科技行业关系重大。

由上可见，企业的自制—外购决策，实际上是企业每天都要碰到的重大战略决策之一。对其进行研究，直接涉及企业的本质、效率边界、生产成本、组织成本和交易成本等组织经济学的重大问题，具有重要的实践和理论意义。这是相关的组织经济学文献自科斯以来不断增长的主要原因。令人遗憾的是，迄今为止的各种相关理论都有一个共同缺陷，那就是，为强调某种因素而把其他因素看成可忽略因素。实际上，能够影响企业的生产成本、组织成本、交易成本和中间品购买价格的一切因素，如资产的专用性、交易的不确定性和频率、经济主体的机会主义行为倾向和有限理性、对专用性资产所产生的可占用准租金的争夺、以专业化为基础的报酬递增的性质、生产技术的先进性和复杂性、市场需求的大小和变化率、人力资本的专用性和其贡献的可度量程度、组织内的政治过程和企业竞争中的策略性考虑等，都可能对企业的自制—外购决策产生重要影响。因此，已提出的各种相关理论都是难免被证伪的。因为，已提出的各种相关理论往往具有全称命题的性质，而我们只需找到一个反例，就可证伪一个全称命题，就像我们只需发现一只黑天鹅，就可证伪“所有的天鹅都是白的”一样。下面，我们将提出一个可以包容各种已有理论的企业自制—外购决策的几何模型，从而把各种已有理论变成我们所建立的模型的特例，以提高理论的解释力和预测力。

3.3.2 企业自制—外购决策的几何模型

我们将要建立的模型的主要变量有：

1. 企业的纵向规模

此即以同一企业内生产环节的数量度量的规模。这里的生产环节指的是生产同一种产品的技术上独立或可分的生产工序。

2. 企业的自制成本

此即企业自制某种产品或部件所涉及的成本，主要包括相应的生产成本和组织成本。所谓生产成本指的是为生产某种产品或部件而使用所需生产要素或中间投入品的代价，它主要取决于企业的生产效率和要素市场或中间投入品市场的市场结构。影响企业生产效率的因素主要有：（1）企业所使用的生产设备的技术水平的高低；（2）企业员工素质的高低；（3）企业员工干中学的行为及其效果；（4）企业的所有权结构，主要是企业的剩余控制权和剩余收益权在企业各层次的员工间的配置；（5）企业的组织文化。决定要素市场或中间投入品市场的市场结构的主要因素是市场进入壁垒和市场退出壁垒的高低。市场进入壁垒指的是新企业进入市场的障碍，包括结构性进入壁垒和策略性进入壁垒两大类。结构性进入壁垒是产生于同一行业中的企业间的竞合关系的进入障碍，主要有：（1）规模经济；（2）产品的纵向差异和横向差异；（3）资本要求；（4）购买者的转换成本；（5）获取分销渠道的途径；（6）新进入者的与其生产规模无关的成本劣势，如由在位企业的干中学而形成的新进入企业的成本劣势；（7）政府的政策和规制。策略性进入壁垒是由在位企业的策略行为所产生的进入障碍。所谓策略行为指的是旨在改变对手的预期，从而使对手自愿采取对己有利的行为的行为。在位企业可采取的旨在创造策略性进入壁垒的策略行为主要有：（1）在位企业通过保持过剩的生产能力，使其打价格战的威胁更加可信；（2）在位企业的限制性定价或掠夺性定价行为；（3）在位企业的市场抢先占领行为。市场退出壁垒指的是导致企业即使主观上想离开某一行业，客观上却不得不继续待在该行业里的所有经济的、策略性的和情感的因素，如企业所有的行业专用性资产的高低、企业退出行业的固定成本、企业各业务间的策略性关系、政府和社会的退出限制和企业对特定行业的留恋等。一般地，低进入壁垒的行业，不管其退出壁垒是高还是低，都是价格竞争激烈的行业，这些行业的客户企业的采购成本往往较低。与此相反，高进入壁垒的行业，不管其退出壁垒是高还是低，都是垄断性质的行业，这些行业的客户企业的采购成本往往较高。所谓组织成本指的是使用企业这种特定的科层组织的成本。显然，这是模仿科斯把交易成本定义为“使用市场的成本”的逻辑而对组织成本所下的定义。科斯把企业理解成一种以权威关系为特征的长期合约的网络，我们则把企业理解成一种特定的科层组织，以突出企业与市场的区别。这对于理解企业的自制—外购决策是必要的。因为，科层中的战略决策往往是相关各利益集团间策略性互动的结果，而市场中的决策往往是成本和收益算计的结果。那么，企业与市场的主要区别是什么呢？我们首先把企业和市场看成两种不同的治理机制，然后从这两种治理机制有效运行所必须具有的规范要求和协调机制这两个方面进行说明。根据乌奇的观点，市场的规范要求是互惠对等（reciprocity），如感激和义务，以善对善、以恶对恶，利益对等和行动的条件性等，而科层的规范要求是相互性和合法的权威（Ouchi，1980）。其中，合法的权威可能来源于资产的所有权，也可能来源于职位、个性化的知识、传统或其他。市场的协调机制主要是价格，价格浓缩了供、求双边的重要信息，具有信号传递的功能、利益分配的功能和激励功能，而科层的协调机制是规则和惯例。根据纳尔逊和温特的观点，我们可以把企业看成一个惯例网络，而惯例是个体技能的组织类比物，是组织的知识储存库、组织的记忆，也是组织内的休战协议，遵循惯例可以弥补个体理性的不足和避免冲突（Nelson & Winter，2002）。到此，我们可以给出我们的企业定义：企业是以资本雇佣劳动的雇佣关系为特征的科层组织。这里的雇佣关系实际上是指一种特定的企业所有权配置，此即，资本的所有者拥有企业的剩余控制权和剩余索取权，而劳动力的所有者享有以服从企业家的命令为前提的索取工资收入的权利。显然，可以把资本所有者和劳动力所有者之间的关系看成一种委托—代理关系。因此，企业的组织成本主要由信息成本和代理成本两部分构成。使用企业这种科层组织所涉及的信息成本，主要包括获取信息的成本和在企业内部进行信息沟通的成本（安东尼·唐斯，2006）。获取信息的成本主要有：（1）信息搜寻的资源成本；（2）在信息的搜寻与吸收过程中，停止或延迟执行某种活动所产生的迟滞成本。信息沟通的成本主要有：（1）信息传递失误所产生的组织损失；（2）信息扭曲所产生的组织损失；（3）信息沟通的资源成本；（4）信息沟通渠道超载所产生的组织损失。使用企业这种科层组织所涉及的代理成本指的是在企业内建立和使用代理合约的成本，主要有：（1）委托人的监督支出；（2）代理人的保证性支出；（3）代理人的行动偏离最大化委托人的利益所要求的行动所产生的剩余损失（Jensen & Meckling，1976）。容易理解的是，企业的信息成本和代理成本的高低主要取决于企业的剩余控制权和剩余索取权在企业各层次的员工间的配置。一般地，随着企业决策权的下移，企业的信息成本会降低，而其代理成本会上升。因此，存在着最小化企业的信息成本与代理成本之和的最优的企业分权度。

3. 企业的外购成本

企业的外购成本主要包括供应商企业索取的价格和企业使用市场的成本（交易成本）。影响供应商企业索取的价格的高低的因素主要有：（1）供应商企业的生产成本；（2）中间品市场的市场结构；（3）供应商企业的定价策略。值得一提的是，供应商企业的定价策略正在从成本加成的定价策略，过渡到策略性定价的定价策略。策略性定价（pricing strategically）意味着企业在为其产品定价时，会考虑相关各方——供应商、分销商、竞争对手、消费者等——对其定价行为的反应。影响供应商企业使用市场的交易成本高低的因素主要是经济主体的有限理性和机会主义行为。所谓有限理性或曰受限制的理性，指的是经济主体“主观上想理性，客观上却只能有限地做到”的一种状态。其产生的原因，一是认识对象的复杂性和不确定性；二是认识主体能力的有限性。这里的机会主义行为指的是以欺骗手段追求自身利益的行为。不难理解的是，能够影响交易各方的有限理性和机会主义行为倾向的一切因素，都可以影响交易费用的高低，包括：（1）交易物品质的考核费用。正如巴泽尔所说：“人们只有在意识到他的所得比他所付出的价值更多时才会进行交换。为此，他们必须对所要交易的东西的品质进行考核。有些考核很容易，有些则不然。”实际上，“测量商品有用属性的水平的成本极大”，使得“信息问题是高交易费用的核心”（Barzel，1982）。(2) 界定和保护交易物产权的制度。交易物的产权界定不清、保护不严，必然引起对交易物产权的侵害行为，或诱发大量的“搭便车”行为，提高交易费用。(3) 各交易方间信息不对称的程度。信息不对称往往会诱使具有信息优势的一方，采取有损信息劣势方的机会主义行为。(4) 交易嵌入其中的社会的价值观念和价值取向。容易理解的是，高信任度文化有助于抑制人们的机会主义行为倾向，促进合作和交易的发展，而低信任度文化常常使许多对交易各方均有利的交易无法发生。(5) 交易相关的不确定性，尤其是需求和技术变化所产生的不确定性。(6) 交易发生的频率。重复发生的交易实际上是重复博弈。在重复博弈中，冷酷战略和声誉机制常常可以把一次性博弈中的（背叛，背叛）均衡解转变成（合作，合作）均衡解。(7) 交易专用性投资的大小和资产的专用性程度。一般地，交易专用性投资越大，其所形成的资产的专用性越高，越易引发机会主义行为。其原因，一是专用性投资所产生的锁住效应和敲竹杠的威胁；二是对专用性资产所产生的其产权未得到明确界定的可侵占准租金的争夺（Klein，Crawford，Alchian，1978）。需要指出的是，交易费用并非在任何情况下都会随专用性投资递增。在一些境况中，交易双方相互的专用性投资所形成的相互依赖，有助于抑制各方的机会主义行为，促进双方的合作。

我们将要建立的模型的主要假设有：

第一，供应商索取的价格和企业购买产品时所招致的交易成本与企业的纵向规模无关。这意味着企业的外购成本与企业的纵向规模无关。

第二，企业自制的生产成本和组织成本随企业纵向规模的增大而递增。因此，企业的自制成本随企业纵向规模的增大而递增。这主要是基于对纵向一体化所产生的激励问题和更复杂的组织的控制和协调问题的考虑。用威廉姆森的话说，纵向一体化必然导致用科层的低能激励替代市场的高能激励（Williamson，1971）。

我们的模型如图3.7所示。

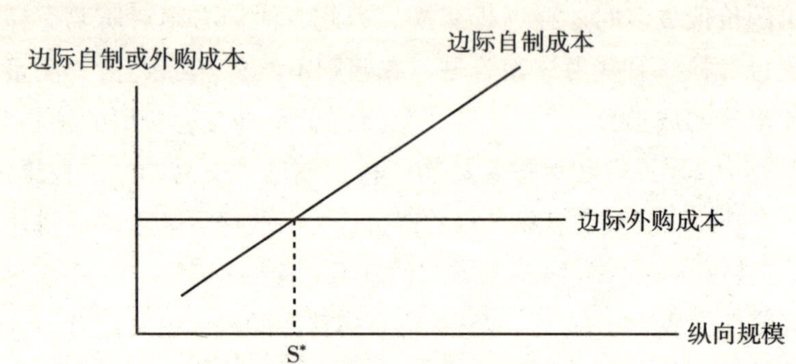

图 3. 7　企业自制—外购决策的几何模型

在我们的模型中，企业纵向规模的均衡条件是企业的边际自制成本等于其边际外购成本。在企业的均衡纵向规模以右，企业的边际自制成本大于其边际外购成本，企业的理性选择是实现某些活动从自制到外购（或曰外包）的转变，其纵向规模将缩小，直至等于均衡纵向规模；在企业的均衡纵向规模以左，企业的边际自制成本小于其边际外购成本，企业的理性选择是实现某些活动从外购（或曰外包）到自制的转变，其纵向规模将增大，直至等于均衡纵向规模。从上面展示的几何模型，我们可以得到几个结论：

（1）如果企业的边际自制成本曲线右移而其边际外购成本曲线保持不变，则企业的均衡纵向规模会增大；反之，如果企业的边际自制成本曲线左移而其边际外购成本曲线保持不变，则企业的均衡纵向规模会缩小。

（2）如果企业的边际外购成本曲线向上移动而其边际自制成本曲线保持不变，则企业的均衡纵向规模增大；反之，如果企业的边际外购成本曲线向下移动而其边际自制成本曲线保持不变，则企业的均衡纵向规模缩小。

（3）如果企业的边际自制成本曲线左移的同时其边际外购成本曲线向下移动，则企业的均衡纵向规模缩小。

（4）如果企业的边际自制成本曲线右移的同时其边际外购成本曲线向上移动，则企业的均衡纵向规模增大。

（5）如果企业的边际自制成本和边际外购成本同时增大或同时减小，则企业的均衡纵向规模的变化取决于这两种相反力量的大小对比。

上述结论的推论是：

（1）在投资的专用性很强的行业，企业的均衡纵向规模较大，反之则反是。

（2）在零部件的设计和生产技术较复杂的行业，企业的均衡纵向规模亦较大，反之则反是。

（3）在需求较大和稳定增长的行业，企业的均衡纵向规模较低，反之则反是。

（4）在需求和技术快速变化的行业，企业的均衡纵向规模主要取决于企业在降低经营风险和保持战略上的灵活性之间的权衡。

（5）企业的均衡纵向规模在低信任文化中较高，在高信任文化中较低。需要说明的是，企业的均衡纵向规模大意味着企业倾向于自制（纵向一体化），而企业的均衡纵向规模小意味着企业倾向于外购（纵向分解）。

下一部分，我们将用这个模型去解释集群中企业的纵向分解。为此，我们必须首先说明产业本地化对集群中企业的生产成本和交易费用的影响。

3.3.3　集群化企业的纵向分解

最早论及企业集群中企业纵向分解的经济学家是马歇尔。他指出，众多企业在特定地理空间聚集，必然会产生外部经济，导致企业生产成本的节约。在马歇尔提到的三种外部经济中，有一种是由于专业化的投入品的可获得性而产生的成本节约（马歇尔，1983）。但马歇尔没有说明，为什么在企业集群（他称为产业区）内，会有许多企业专业化地从事同一种最终产品的不同零部件的生产。1951 年，施蒂格勒在《分工受市场范围的限制》一文中指出，产业的本地化，也就是众多企业在特定地理空间的聚集，必然会扩大市场范围，从而使企业的纵向分解变得有利可图（Stigler，1951）。1999 年，霍曼斯用实证研究证实了斯蒂格勒的产业本地化—纵向分解假说。实际上，有人早在 1982 年就搜集到了有利于斯蒂格勒的产业本地化—纵向分解假说的实证材料：北意大利的纺织行业，1951 年的 700 家企业到 1976 年，已纵向分解成 9 500 家企业，每个企业的平均就业人数从 30 下降到 5，整个行业的总就业量却翻了两倍多（Holmes，1999）。1988

年，哈里略对产业本地化与企业纵向分解的关系进行了比较深刻的理论分析。与斯蒂格勒形成对照的是，他不是用生产成本的降低，而是用交易费用的节约，来解释集群中企业的纵向分解。他的基本假定是，企业自制—外购决策的原则是，当供应商索取的价格（P）与企业承担的交易费用（TC）之和大于企业自制的内部成本（IC）时，企业将自制；反之，企业将外购。其基本结论是，集群中的企业家能够在互动中发展出相互信任，而信任能够降低交易费用至企业纵向分解有利可图的那一点；企业的纵向分解使每个企业能够专业化地从事其有比较优势的活动，获取规模经济、专业化经济和充分利用其特色竞争力的好处，最终形成竞争优势（Jarillo，1988）。显然，哈里略把生产成本的降低看成集群中企业纵向分解的结果而非原因。下面，我们将利用哈里略所提出的企业自制—外购决策的基本原则，去分析集群中企业的纵向分解。与他不同的是，我们将不仅把生产成本的降低看成集群中企业纵向分解的结果，同时，也把生产成本的降低看成集群中企业纵向分解的原因。这意味着我们将把有关集群中企业纵向分解的两种方法——生产成本方法与交易费用方法——结合起来。这对于理解企业集群这种既非市场又非科层的既旧又新的生产组织模式的产生、演变及其竞争优势，有重要的意义。

1. 产业本地化对企业生产成本的影响

产业的本地化，也就是同一条产业价值链上不同环节的企业和它们的相关企业在特定地理空间的聚集，有助于降低企业的生产成本。主要原因如下：

（1）产业本地化有助于形成共享的专业技术工人的劳动市场，可在较大程度上避免对劳动的需求不足或需求过剩，对工人和工厂主都有利（保罗·克鲁格曼，2002）。一句话，产业的本地化有助于化解劳动市场的供求波动对企业的不利影响，降低企业的劳动成本。

（2）产业本地化所导致的需求扩张，使投入品的专业化生产因可达到最小有效规模而变得有利可图，并推动专业化投入品市场的形成；反过来，专业化的原材料和其他投入品市场，又使企业能够以更低的价格获得各种投入品，降低其采购成本。

（3）产业本地化所形成的专业化投入品市场的另一个作用是，降低了企业的运输成本。假设有七个交易者分布在一个正六边形的六个顶点和一个中心，给定每对邻居间的距离是 1，运输成本是每单位距离 1 美元，则在每个交易者在与另一交易者距离的中心进行交易的情况下，每个交易者的总运输成本是（$4+2\sqrt{3}$）美元，而在每个交易者到正六边形的中心进行交易的情况下，每个交易者的总运输成本是 2 美元（杨小凯，2003）。

（4）产业本地化有助于促进企业降低生产成本的技术创新。我们将从企业技术创新的意愿和能力两方面对此进行说明。因为，明显的是，企业必须同时具有创新的意愿和能力，才可能进行成功的创新。集群中的企业所面临的竞争压力直接产生于企业集群的竞争效应：众多的生产紧密替代品的势均力敌的企业，聚集在一个狭小的地理空间所必然产生的一个直接后果，就是激烈的市场竞争；这种竞争必然使市场价格逼近企业的平均成本，导致整个行业的利润从大变小，最后出现零经济利润；不满足于获得零经济利润并且有能力的企业，将致力于产品、技术、组织、市场和对战略性投入品的控制等方面的创新；成功创新的企业将获得超额利润，从而诱致众多的新企业进入并进行模仿创新；结果，整个行业的利润将再度变小，出现零经济利润，并由此孕育着新一轮的创新。这样的创新与模仿创新交替出现的过程，正是企业集群动态演变的典型特征。其结果是，集群内企业在竞争力方面的差距缩小，而集群内企业与集群外企业在竞争力方面的差距拉大。前者可称为集群内企业间竞争力的拉平效应，后者可称为集群内企业与集群外企业间竞争力的分化效应。在这样的动态竞争中，企业获得和维持竞争优势的唯一的方法，就是创新；不愿或不能创新的企业将被市场无情地淘汰。这无疑会使集群中的每一个企业感受到巨大的创新压力。另外，从投入—产出的角度看，技术创新是企业特定的知识创造过程的产出，而各种有形的和无形的创新资源是企业知识创造过程的投入。毫无疑问，创新理念和创新资源的获得是企业成功进行技术创新的关键。集群中的企业较之集群外的孤立的企业刚好在这两方面都具有比较优势。

第一，集群中的企业更易获得好的创新理念。技术创新是技术的首次商业化应用，其目的是获取利润。企业能否实现创新的目的，在很大程度上取决于其环境。因此，企业必须对其环境进行分析，真正搞清楚其优势、劣势、机遇和威胁，然后才可能产生好的创新理念。这是战略管理学派中理性规划学派的观点。实际上，大多数现实中的企业所遵循的不是理性规划的战略，而是应急战略，也就是产生于对环境变化的适应性的临时决策的战略。这意味着同供应商企业、客户企业、对手企业和其他相关组织的直接接触，对于企业产生和获取好的创新理念是非常重要的。显然，企业集群为这种有利于创新理念产生的直接接触提供了良好的条件。研究显示，大多数集群中的企业家都是通过他们的社会关系识别和获得新项目的理念（Elfring & Hulsink，2003）。

第二，集群中的企业更易从外部获得创新所需的技术知识。大量的实证研究显示，企业的研发活动并不是孤立地进行的，在其发展的每一阶段都受到了外部知识源的支持。这些外部知识源包括供应商企业、客户企业、对手企业和其他研究机构如大学、政府资助的实验室、研发企业等。有人发现，导致美国产业的创新活动和创新产出在地理上集中的一个重要原因，是技术知识的溢出。也就是说，技术溢出构成了集群中企业的一个优势（Audretsch & Feldman，1996）。技术溢出的一大特征是本地化，也就是有比较明显的地理边界（Freeman，1991）。造成技术溢出本地化的根本原因是，技术溢出的可能性和效果随创新者与溢出受体间的地理距离的增大而递减（Papageorgiou & Smith，1983）。其主要原因是，技术知识往往有明显的"黏性"，也就是难以获得、转移和使用的性质（von Hippel，1994）。造成技术知识具有黏性的主要原因，是其意会性，如其难以编码性和难以言说性。技术知识的意会性意味着，许多重要的技术知识都很难通过正式的转让过程得到传播，就像一个教练不可能通过讲解，或通过让其队员阅读知识手册，而让其队员学会游泳一样（理查德·R·纳尔逊和悉尼·G·温特，1997）。知识的意会性意味着人们间经常重复的、非正式的面对面的互动，是技术外溢的有效机制。企业集群正是一个巨大的、动态的人际关系网络。这是技术溢出为什么会构成集群中企业的一个优势的重要原因。正如巴普蒂斯塔和斯旺所说："只要大多数技术知识具有意会性，不能通过计划、手册或科学论文编码，预期创新者的更大程度的地理集中就是合理的"（Baptista & Swann，1998）。

第三，集群中的企业更易从外部获得创新所需的互补性资源。进行技术创新的企业必须遵循的一个重要原则是，使其技术创新战略与企业可支配的资源相匹配。也就是说，企业只能在其资源所界定的可能性空间内制定和实施其创新战略。现实中，许多企业之所以失败的根本原因，就是其所追求的战略目标超越了这种可能性空间。通俗一点说，在经济史上，“饿死”的企业很少，“胀死”的企业大把。以资源为基础的企业理论的一个重要结论是，获得、积累和利用资源，尤其是那些战略价值较高的资源，是企业的首要任务。集群中的企业在这方面也是有优势的。因为，嵌入在集群中的企业的关系网络可促进企业搜寻关键的投资和技术伙伴。这些伙伴可能在某个时间、某种境况中，为企业提供获得关键性金融资源、生产诀窍、互补技术和分销渠道的途径。再者，集群中的企业家利用集群内积累起来的社会资本，如友谊、信任和义务（责任）等，往往可以用远低于市场价格的价格获得所需的资源，或优先获得某种战略性资源。希特等发现，亚洲国家，如中国、日本和韩国等，其国家文化较之西方文化，更强调“关系”。其重要表现之一是，关系资本为许多亚洲国家的企业进行商务活动提供了框架。结果，许多亚洲企业的社会资本使它们在全球市场竞争中具有潜在的竞争优势。其建议是，西方企业应当重视建立自己的社会关系资本（Hitt et al. , 2002）。集群中的企业较之集群外的孤立企业的一个优势，正是这种所谓的社会关系资本所带给企业的“特权性的资源”。

（5）产业本地化所推动的规模经济与需求间的互动有助于企业降低生产成本。假设某种历史小事件导致第一批企业在某地聚集。当这种聚集所带来的市场需求的扩大使某种部件的生产因规模经济而变得有利可图时，就会出现这种部件的专业化的生产商。专用性资产的使用、干中学等，会进一步降低这种部件的生产成本，提高其营利性，吸引更多的同类企业进入。供应商之间的竞争必然会导致这种部件的价格下降，吸引更多的客户企业进入。当这种聚集所带来的市场需求的扩大使另一种部件的生产因规模经济而有利可图时，就会出现第二种部件的专业化的生产商，开始新一轮的正反馈循环。这个过程会持续地进行下去，最终产品的生产成本因此会持续地下降。这是集群中的企业享有成本优势的又一重要原因。

（6）产业本地化中企业的最小科层化所产生的所有权激励效应有助于企业控制成本。由此可见，产业本地化的过程同时也是集群中的企业纵向分解的过程，这在本质上是一种财产所有权的转换：负责部件生产的经理被部件的所有者所替换。这必然会产生克罗斯曼和哈特意义上的所有权激励效应，部件的所有者比部件的经理有更强的动力去控制部件的生产成本（Grossman & Hart，1986）。

2. 产业本地化对交易费用的影响

交易费用作为“发现相对价格的费用”或者“在市场上完成交易的费用”（Coase，1937），包括因交易而产生的一切费用，如人们为了确认和评估潜在的交易伙伴而搜集信息所发生的费用，人们进行谈判和签约而发生的费用，人们监督协议以确保各方履行其合约义务而发生的费用，以及人们进行事后谈判和制裁违约者而发生的费用，等等。按照巴泽尔的说法，信息问题是交易费用的核心，因为，“人们只有在意识到他的所得比他所付出的价值更多时才会进行交换。为此，他们必须对所要交易的东西的品质进行考核。”但是，在许多境况中，考核费用太高，使得许多本来对双方有利的交易永远也不会发生（Barzel，1982）。然而，按照威廉姆森的说法，机会主义才是交易费用研究中的核心概念（Williamson，1979）。所谓机会主义指的是人们不择手段追求私利的行为或倾向，如撒谎、偷窃和欺骗等。更普遍地，机会主义指的是不完全的或扭曲的信息披露，尤其是那些旨在误导人们的扭曲、掩盖和混淆事实的算计性的努力（威廉姆森，2002）。实际上，信息问题和机会主义问题都是交易费用研究中的核心问题。由于信息问题在本质上可还原成经济主体的有限理性问题，所以，我们可以这样说，其他因素，如交易的不确定性、频率和所涉及资产的专用性等，之所以是交易费用的影响因素，就是因为它们可以对经济主体的有限理性和机会主义产生影响。基于这样的认识，我们将从有限理性和机会主义两个角度，分析产业本地化对集群中企业招致的交易费用的影响。

第一，产业本地化所产生的导致有限理性相关的交易费用递减的因素主要有：

（1）交易方式的惯例化。在现实中，企业的许多行为实际上是遵循惯例的行为。因此，要理解企业的行为，就要理解其惯例。所谓惯例，是“一种习惯性的、预期的和自我实施的行为模式。每个人都遵守它，每个人也都希望别人遵守它，并且，在给定其他人遵守的情况下，每个人都想遵守它。”（Young，1993）也就是说，每个惯例都是一个人人预期的纳什均衡。惯例之所以重要主要是因为，它不仅是人们之间的休战协议，也是组织的记忆，遵循惯例不仅可以避免冲突，还可以弥补个体理性的不足（纳尔逊和温特，1997）。企业集群中往往存在许多交易惯例。这些交易惯例通常是集群专用的（cluster-specific）有效的交易模式。这些交易模式中所包含的有关如何有效交易的知识常常是集群的“集体知识”。它们通常是分散在众多的集群中企业内的知识，但又不等于每个企业的知识之和，而是集群作为一个有机的整体所拥有的知识。只有作为集群的成员参与其中，个体企业才能充分地受益于它。这显然是集群中的企业较之孤立企业的一个优势。

（2）交易相关服务的专业化。在集群内，往往存在许多专业化从事质量诊断、产品检验和认证、管理咨询和项目可行性研究等的机构。这些提供生产性服务的专业化组织无疑有助降低集群中企业的搜寻成本。

（3）零部件生产的标准化。集群中的企业往往只从事一个或少数几个标准化零部件的生产。产品的标准化无疑有助于降低产品的品质考核费用，提高交易的效率。

（4）企业关系的网络化。集群中的每个企业都处在由它和其供应商、分销商、客户企业、互补品生产企业、专业化研发机构等所构成的关系网络中。这意味着每个企业都有多种渠道获取交易所需的信息，其信息搜寻成本因此较低。

第二，产业本地化所产生的导致机会主义相关的交易费用递减的因素主要有：

（1）利益依存效应。集群中的企业关系的一大特征是，企业在经济利益上有明显的依存关系。此即，每个企业的经济绩效，不仅取决于它自身的行动，还在一定程度上取决于其他企业的行动及其后果。这主要有两方面的原因：一是企业间的投入—产出关系。一个企业集群往往就是一个巨大的分工网络，不同的企业在同一条产业价值链上的不同环节，专业化地生产自己有比较优势的产品。在这种投入—产出关系中，许多企业的产出直接构成其他企业的投入。在这种投入—产出关系中，任何企业的机会主义行为都可能使集群中企业之间的纵向协调失灵，不仅可能造成多个其他企业受损，引起众怒，还可能通过影响最终产品的竞争力，导致整个市场萎缩，最终导致自身受损。二是企业间的资金信用链。集群中的企业大多数是规模很小的企业，由于信息严重不对称、融资中的规模不经济、可用于抵押担保的资产不足、经营中的不确定性和高经营风险等原因，它们往往难以在最佳时限内从正规金融机构获得必要的资金（张捷，2003）。结果，作为对这种现实的一种适应，集群中的企业之间往往存在一种资金信用链。在这种资金信用链中，一个企业可能既是一家企业的债务人，又是另一家企业的债权人。这意味着任何一个企业的机会主义行动都可能中断这种资金信用链，导致人人受损的囚徒困境。利益的依存使得每个企业有更大的激励去惩罚其他企业的机会主义行为，其机会主义倾向也更小。

（2）自己人效应。利益的依存加上企业家在直接的人际互动中所产生的价值观念、行为模式等的相互认同，容易使他们把他们自己归入同一个利益共同体，而把集群外的企业看成另一个利益共同体，对内对外采取不同的行为模式。一般地，对内往往采取合作行为，对外往往采取机会主义行为。这种情况在看重血缘、姻缘、乡缘、地缘、学缘、事缘等的国家更明显（Chao C. Chen et al.，2002）。当然，在同一个集群中还存在许多不同的企业圈子，所以，在集群内部的不同“圈子”间还存在各种机会主义倾向和行为。

（3）近邻效应，包括近邻比较效应和近邻声誉效应。前者指由于交易双方在空间上的靠近，每一方都更容易观察和监督对方的行为，便于把对方的行为同其竞争对手的行为进行比较，从而降低对方的机会主义倾向；后者指每个企业的机会主义行为都会在同一企业集群的众多企业间快速传播，导致其声誉快速贬值，未来的交易机会减少，从而降低其采取机会主义行为的激励。

（4）重复博弈效应。一个可观察的事实是，集群中的企业常常策略性地选择少数几家企业并与之进行重复的交易。这样做的一个好处是，通过避免与地位较低的企业交易而最大化企业在网络中的地位；另一个好处是实现交易中的规模经济。然而，更重要的是，这样做可减少机会主义的危害，降低交易费用。主要理由如下：其一，重复交易有助于企业彼此了解、相互熟悉，从而降低双方间信息不对称的程度，因此降低企业的机会主义倾向。因为，在许多情况下，信息不对称都是机会主义行动的重要诱因。其二，重复交易有助于提高机会主义行为的成本，也就是企业因机会主义地行动而失去的所有未来交易机会的价值。因为，只要重复博弈的终止点不确定，声誉机制在重复博弈中就会比在一次性博弈中更加有效。其三，重复交易有助于企业看重关系本身的价值。新古典经济学的一个明显缺陷是，只关注交易的外在价值，也就是交易所具有的那些可以用货币度量的价值，而不关心交易的内在价值，如交易者在交易中获得的友谊、积极的情感体验等的价值（Granovetter，1985）。这无疑降低了新古典理论的解释力。因为，在现实中可能会出现这样的境况，企业仅仅为了维持与特定企业的合作关系而进行交易。一句话，看重关系自身的价值有助于降低企业的机会主义倾向。其四，重复交易有助于企业在价值观念、情感、做事的方式等方面相互认同，从而产生信任，而信任可降低企业的机会主义倾向。

（5）专用性资产投资风险最小化效应。按照交易费用经济学的逻辑，在资产不具有专用性的情况下，交易费用是很低的。因为，此时，交易可由任一交易方的退出行为进行治理。但是，实现规模经济和专业化经济常常要求进行专用性投资。企业出于某种考虑，可能希望至少有一个供应商进行这种投资。但一旦进行了这种投资，投资企业的资源就会沉没在专用性资产上，就会面临被对方敲竹杠的风险。资产的专用性越高、数量越大，专用性资产所产生的可占用准租金也越大，由此所引起的租金争夺战就会越激烈。结果，交易方对事后租金侵占行为的事前担心会导致专用性资产的投资低于社会最优的水平。因此，高资产专用性在许多情况下都是高交易费用的原因。但是，这种逻辑并不适用于集群中的企业。因为，上述推理的成立在很大程度上依赖于一个隐含的前提，那就是，交易方的退出选择权受到严格的限制。在企业集群中，每个企业都同时面对着众多的供应商，而有巨大的退出选择权。这意味着被察觉到采取敲竹杠行为的企业会被交易伙伴快速而无情地抛弃。显然，集群中企业所享有的巨大的退出选择权可以有效地抑制资产专用性对交易费用的不利影响。

（6）网络治理效应。企业集群实际上是一种动态的过程和一种特殊的交易治理机制。它既不是科层治理，也不是市场治理，而是兼有二者的特性的治理。作为治理机制的企业集群的一个突出特点就是其有效的规范能力。试想如果只有两家企业，则一企业通过终止合同来惩罚对方的机会主义行为的行动，最终也会孤立自己；如果有三家企业，则两家企业可通过终止同第三家企业的合同而同时维护彼此间的关系，成功地孤立“犯规”的企业（Ingram & Roberts，2002）。

（7）市场竞争效应。交易费用经济学的缺陷之一是，忽视市场竞争对机会主义风险的含义。实际上，没有竞争，企业就不会总是努力地去维护其声誉。因为，当交易对方的监督不完善，而其行动又继续取决于其已经形成的有关企业的声誉方面的信念时，企业机会主义地行动的诱惑往往会变得难以抵挡。因此，交易对手退出的威胁是对机会主义的有效约束。这正是企业集群在交易费用方面的一个优势。因为，众多的生产紧密替代品的势均力敌的企业相互靠近的一个直接后果，就是激烈的市场竞争，而这种竞争在长期中，必然会淘汰习惯于机会主义地行动的企业（Hill，1990）。

3. 集群中企业纵向分解的几何模型

企业的纵向规模指的是以同一企业内生产环节的数量度量的规模。这里的生产环节指的是技术上独立或曰可分的生产工序。企业的纵向规模显然取决于企业的自制—外购决策，而企业的自制—外购决策取决于企业在自制成本与外购成本之间的权衡。企业的自制成本等于其内部生产成本与企业在内部组织交易的官僚成本之和，企业的外购成本等于供应商索取的价格与购买者企业承担的交易费用之和。企业内部的官僚成本随企业纵向规模的增大而上升似乎是一个合理的直觉结论。因此，根据前面的分析，我们可以合理地假定，企业的边际自制成本和边际外购成本，都会随企业纵向规模的增大而上升，但边际自制成本增长得更快。我们用图 3.8 来说明集群中企业的纵向分解。

图中，纵坐标表示企业的边际自制成本或边际外购成本，横坐标表示

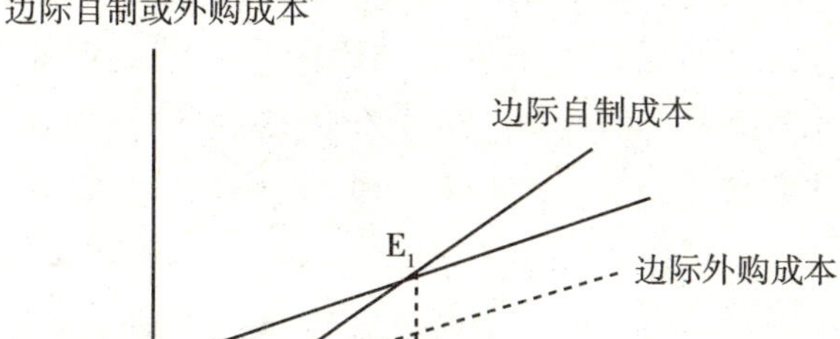

图 3.8　集群中企业纵向分解的几何模型

企业的纵向规模，两条成本曲线的交点所对应的纵向规模就是企业的均衡纵向规模，也就是当企业的边际自制成本与其边际外购成本相等时的纵向规模。显然，当企业的纵向规模小于其均衡纵向规模时，其边际外购成本高于其边际自制成本，此时，企业应选择自制，也就是纵向一体化；当企业的纵向规模大于其均衡纵向规模时，其边际外购成本低于其边际自制成本，此时，企业应选择外购，也就是纵向分解。重要的是，当某种力量导致企业的边际外购成本曲线右移时，其均衡纵向规模将会缩小。这正是企业集群中企业的动态：众多企业的聚集所产生的需求外部性、竞争效应和企业的关系网络，不仅降低了专业化生产零部件的成本，而且降低了企业间的交易费用，其直接的结果是集群中企业的纵向分解和企业的纵向规模缩小；企业的纵向分解又会反过来强化集群的需求外部性、竞争效应和企业的关系网络，导致集群中企业进一步的纵向分解。这个累积性的因果循环过程，也是企业集群中的分工不断加深的过程。

3.3.4　集群化企业的策略性外溢

从上面的分析，我们可以发现，在产业本地化（企业在特定地理空间的聚集）、企业外购零部件的成本（企业的外购价格与交易费用之和）、集群内企业的纵向分解和企业间的分工优势四者之间，存在一种由正反馈所驱动的良性循环。在这个累积的循环过程中，产业的本地化、企业外购零部件成本的降低、集群内企业的纵向分解和集群内企业间的分工优势，都有不断强化的趋势。具体而言，如果某种原因导致某些企业在某地聚集，这种聚集所产生的劳动聚合的优势、专业化市场的优势、运输成本降低效应等，将直接降低专业化生产零部件的成本和其购买价格。重要的是，“贴近对手的竞争”会迫使集群内企业进行降低生产成本的技术创新和过程创新。同时，企业在聚集中所形成的企业关系网络有助于企业获取创新理念、创新所需的技术知识和互补性资源，提高集群内企业降低生产成本的创新的绩效。另外，与企业聚集相随的交易方式的惯例化、企业经营服务的专业化和企业间关系的网络化等，有助于降低因有限理性而产生的企业间的交易费用，而企业聚集所产生的企业间利益依存效应、自己人效应、近邻效应、重复博弈效应、专用投资风险最小化效应、网络治理效应和市场竞争效应等，有助于降低因机会主义而产生的交易费用。所有这些变化，将降低集群内企业的外购价格与其交易费用之和，使集群内企业的纵向分解有利可图。企业的纵向分解将加深集群内企业间的分工，产生分工的优势，如避免重复学习、促进干中学和专用性人力资本的积累，更重要的是，降低了企业的创业门槛、创业风险和固定成本，提高了企业根据市场变化进行适应性调整的柔性。所有这些有助于形成集群内企业较之集群外企业在产品成本和差异化方面的优势，吸引更多企业进入集群。显然，这样的循环过程一旦启动，就具有自我实施的性质，外界力量很难打破这种自我强化的循环。这个循环过程如图 3.9 所示。

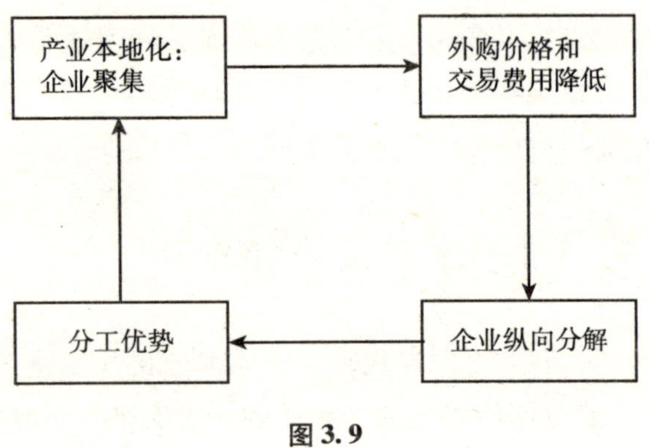

图 3.9

显然，一个企业集群就是一个巨大的企业间分工网络，参与这个分工网络的企业越多，企业间分工所产生的优势就越大。预料到或感受到这种特定形式的企业间利益依存关系的企业，就可能通过策略性外溢，有意地把一些重要的知识和技术外溢给其他企业，以促进整个集群分工网络的发展，并最终从中受益。这种策略性外溢可能是供应商企业对购买者企业的，也可能是购买者企业对供应商企业的，或一企业对其对手企业的，或一企业对其互补品生产企业的。例如，某个供应商企业可能愿意把某种有助于提高其购买者企业的市场竞争力的重要知识外溢给其购买者企业。这样，尽管不存在知识的市场交易，供应商企业的知识也可获得间接的回报。因为，它所提供的知识有助于扩大其购买者企业产品的市场需求，从而间接地扩大了对它自己的产品的需求，此其一；其二，外溢的知识能够降低下游企业的均衡沉没成本，有助于促进下游企业的进入，最终扩大对其产品的需求。另一种情况是，供给部门中的企业可能愿意通过某种形式的知识外溢，支持它们的有市场势力的交易企业的竞争企业去改进产品技术或过程技术，以缓解有市场势力的交易企业所导致的纵向扭曲。这种情况下的策略性外溢是供应商企业影响纵向租金分配的策略动机的表现。反过来，购买者企业也可能为了保证合格投入品的及时供应而主动把某种或某些重要知识外溢给供应商企业。在这种情况下，在购买者企业与供应商企业之间常常存在某种形式的师徒关系。当然，购买者企业也可能愿意通过某种形式的知识外溢，支持它们的有市场势力的交易企业的竞争企业去改进产品技术或过程技术，以缓解有市场势力的交易企业所导致的纵向扭曲。哈霍夫发现，在纵向一体化或合约安排难以执行的地方，往往存在纵向外部性。在这种情况下，一种产品的生产者不一定有足够的激励去提高其产品质量。此时，供应商可能愿意从事一定的研发，以把知识外溢给购买者企业。即使知识市场完全失败，垄断性的供应商这样做也可能是有利可图的（Harhoff，1996）。可以肯定的是，在集群内的企业间普遍地存在策略性外溢的现象。前提是，一企业能够从其他企业的成本降低或产品改进所诱致的需求外部性中受益。这个前提在企业集群中是存在的。因为，集群中企业所构成的市场通常是垄断竞争市场，而在存在大企业的集群中，大企业往往有明显的市场势力。一句话，在集群内的企业间普遍地存在策略性依存关系。

本章参考文献

[1] Scitovsky, T. Two Concepts of External Economies [J]. Journal of Political Economy, 1954, 62 (2): 143-151.

[2] Lee Hsien Loong and Zeckhauser, R. Pecuniary Externalities Do Matter when Contingent Claims Markets are Incomplete [J]. The Quarterly Journal of Economics, 1982, 97 (1): 171-179.

[3] Yew-kwang Ng. Rents and Pecuniary Externalities in Cost-Benefit Analysis: Comments [J]. The American Economic Rexiew, 1983, 73 (5): 1163-1170.

[4] Krugman, P. History versus Expectations [J]. The Quarterly Journal of Economics, 1991, 106 (2): 651-667.

[5] Ernst, D. Inter-organizational Knowledge Outsourcing: What Permits Small Taiwanese Firms to Compete in the Computer Industry? [J]. Asia Pacific Journal of Management, 2000, 17: 223-255.

[6] 迈克尔·波特. 国家竞争优势 [M]. 北京: 华夏出版社, 2003.

[7] Hannan, M. T. and J. Freeman, J. Structural Inertia and Organizational Change [J]. American Sociological Review, 1984, 49: 149-164.

[8] Barbara, L. and March, J. G. Organizational Learning [J]. Annual Review of Sociology, 1988, 14: 319-340.

[9] Arthur, W. B. Competing Technologies, Increasing Return, and Lock-in by Historical Events [J]. The Economic Journal, 1989, 99 (394): 116-131.

[10] Russo, M. Technical Change and the Industrial District: The Role of Inter-Firm Relations in the Growth and Transformation of Ceramic Tile Production in Italy [J]. Research Policy, 1985, 14: 329-343.

[11] Allen, R. C. Collective Invention [J]. Journal of Economic Behavior and Organization, 1983, 4: 1-24.

[12] Coase, R. H. The Nature of the Firm [J]. Economica, 1937, 4 (16): 386-405.

[13] Williamson, O. E. The Vertical Integration of Production: Market Failure Considerations [J]. The American Economic Review, 1971, 61 (2): 112-123.

[14] Williamson, O. E. The Economics of Organization: Market Failure Considerations [J]. The American Journal of Sociology, 1981, 87 (3): 548-577.

[15] Kay, N. M. Markets, False Hierarchies and the Evolution of the Modern Corpora-

tion [J]. Journal of Economic Behavior and Organization, 1992, 17: 315 – 333.

[16] Stigler, G. J. The Division of Labor is Limited by the Extent of the Market [J]. The Journal of Political Economy, 1951, 59 (3): 185 – 193.

[17] Elberfeld, W. Market Size and Vertical Integration: Stigler's Hypothesis Reconsidered [J]. The Journal of Industrial Economics, 2002, L: 23 – 42.

[18] Helfat, C. E. and Teece, D. J. Vertical Integration and Risk Reduction [J]. Journal of Law, Economics and Organization, 1987, 3 (1): 47 – 67.

[19] Grossman, S. J. and Hart, O. D. The Costs and Benefits of Ownership: A Theory of Vertical and Lateral Integration [J]. Journal of Political Economy, 1986, 94 (4): 691 – 719.

[20] Alchian, A. and Demsetz, H. Production, Information Costs and Economic Organization [J]. American Economic Review, 1972, 62: 777 – 795.

[21] Arrow, K. J. Vertical Integration and Communication [J]. Bell Journal of Economics, 1975: 173 – 183.

[22] Ouchi, W. G. Markets, Bureaucracies, and Clans [J]. Administrative Science Quarterly, 1980, March: 129 – 141.

[23] Nelson, R. R. and Winter, S. G. Evolutionary Theorizing in Economics [J]. Journal of Economic Perspectives, 2002, 16: 25 – 46.

[24] 安东尼·唐斯. 官僚制内幕 [M]. 北京：中国人民大学出版社，2006.

[25] Jensen, M. C. & Meckling, W. H. Theory of the Firm: Managerial Behavior, Agency Costs and Ownership Structure [J]. Journal of Financial Economics, 1976, 3: 305 – 360.

[26] Barzel, Y. Measurement Cost and the Organization of Markets [J]. Journal of Law and Economics, 1982, Vol. XXV, 27 – 48.

[27] Klein, B., Crawford, R. D., Alchian, A. A. Vertical Integration, Appropriable Rents, and the Competitive Contracting Process [J]. Journal of Law and Economics, 1978, 21: 297 – 326.

[28] 马歇尔. 经济学原理（上）[M]. 北京：商务印书馆，1983.

[29] Holmes, T. J. Localization of Industry and Vertical Disintegration [J]. The Review of Economics and Statistics, 1999, 18 (2): 314 – 325.

[30] Jarillo, J. C. On Strategic Networks [J]. Strategic Management Journal, 1988, 9 (1): 31 – 41.

[31] 保罗·克鲁格曼. 地理和贸易 [M]. 北京：北京大学出版社，中国人民大学出版社，2002.

[32] 杨小凯. 经济学：新兴古典与新古典框架 [M]. 北京：社会科学文献出版

社，2003.

[33] Elfring, T. and Hulsink, W. Networks in Entrepreneurship: The Case of High - Technology Firms [J]. Small Business Economics, 2003, 21: 409 - 422.

[34] Audretsch, D and Feldman, M. Knowledge Spillovers and the Geography of Innovation and Production [J]. American Economic Review, 1996, 86 (3): 630 - 640.

[35] Freeman, C. Networks of Innovators: A Synthesis of Research Issues [J]. Research Policy, 1991, 20: 499 - 514.

[36] Papageorgiou, Y. Y. and Smith, T. R. Agglomeration as Local Instability of Spatially Uniform Steady States [J]. Econometrica, 1983, 51 (4): 1109 - 1120.

[37] von Hippel, E. "Sticky Information" and the Locus of Problem Solving: Implications for Innovation [J]. Management Science, 1994, 40: 429 - 439.

[38] 理查德·R·纳尔逊和悉尼·G·温特. 经济变迁的演化理论 [M]. 北京：商务印书馆，1997.

[39] Baptista, R. and Swann, P. Do Firms in Clusters Innovate More? [J]. Research Policy, 1998, 27: 525 - 540.

[40] Hitt, M. A., et al. The Importance of Social Capital to the Management of Multinational Enterprises: Relational Networks among Asian and Western Firms [J]. Asian Pacific Journal of Management, 2002, 19: 353 - 372.

[41] Williamson, O. Transaction Cost Economics: The Governance of Contractual Relations [J]. Journal of Law and Economics, 1979, 22: 223 - 261.

[42] 奥利弗·E·威廉姆森：资本主义经济制度 [M]. 北京：商务印书馆，2002.

[43] Young P. The Evolution of Conventions [J]. Econometrica, 1993, 61 (1): 57 - 84.

[44] 张捷. 结构转换期的中小企业金融研究 [M]. 北京：经济科学出版社，2003.

[45] Chao C. Chen, et al. Individualism, Collectivism, and Opportunism: A Cultural Perspective on Transaction Cost Economics [J]. Journal of Management, 2002, 28 (4): 567 - 583.

[46] Granovetter, M. Economic Action and Social Structure: The Problem of Embeddedness [J]. The American Journal of Sociology, 1985, 91 (3): 481 - 510.

[47] Ingram, P. and Roberts, P. W. Friendship among Competitors in the Sydney Hotel Industry [J]. The American Journal of Sociology, 2002, 106 (2): 387 - 423.

[48] Hill, C. W. L. Cooperation, Opportunism and the Invisible Hand: Implications for Transaction Cost Theory [J]. Academy of Management Review, 1990, 15 (3): 500 - 513.

第 4 章

企业集群外部性的影响

外部性在企业集群中无处不在。我们将集中研究那些对于理解集群内的企业行为、企业绩效和企业集群的竞争优势及其演变重要的外部性。本章将从商业模式溢出、技术溢出、集群社会资本效应和拥挤效应四个方面展开分析。

4.1

商业模式溢出与企业集群的生命周期

解释企业集群演变的大多数文献，实际上是解释企业集群形成的文献，其重点大都是在说明“在集群中”带给企业的好处，如马歇尔型外部经济、运输成本和交易费用的降低等。这类文献的一个缺点是，有用结果解释过程的功能主义之嫌。另一个毛病是，忽视需求外部性、不完全竞争和报酬递增等在企业集群的形成和成长中的重要作用，从而看不到历史偶然事件在企业集群演变中的奇特而重要的作用和企业集群演变所具有的路径依赖的性质。忽视历史偶然事件的一个直接后果是，忽视企业家在企业集群演变中的作用。当然，这有经济学传统方面的原因。我们知道，英国的古典政治经济学家没有严格区分提供生产手段的资本家和承担风险进行创新的企业家。结果，亚当·斯密和李嘉图的追随者就把企业家排除在了经济分析之外。到现在为止，经济学家对企业家的理解基本上仍停留在熊彼特 1934 年的水平。在熊彼特的企业家理论中，经济系统被看成瓦尔拉斯一般均衡中的一种循环流转过程。这种过程会自动地趋于均衡，均衡仿佛是整个经济系统的终极目的。企业家为了获取利润，必须打破这种均衡。为此，他们进行各种形式的创新，以实现生产要素的新组合（熊彼特，1997）。其结果是整个经济的发展。在熊彼特看来，企业家之所以选择他们的生活方式，或者是出于梦想，或者是出于建立私人王国和征服的意志，或者是为了证明自己优于他人和为成功而成功，或者是为了享受创造和完成事情的快乐（熊彼特，1997）。显然，熊彼特的企业家是搅乱经济系统均衡的人物。这是他们在关注均衡分析的新古典经济学中没有生存空间的一个重要原因。张均富（译音）认为，实际上，人们不必求助于产业集群的好处，如知识外溢等，去解释集群的形成，企业家精神通过同等人效应（peer effects）的接触传染自身就足以解释集群的出现（Junfu Zhang，2003）。问题是，企业家精神的接触传染本身就是一个知识外溢的过程。所以，问题的关键是，如何在解释集群的演变时，同时兼顾企业家和知识外溢等集群效应的作用。我们将建立一个以商业模式为核心的概念模型去说明企业集群的演变。在我们的模型中，需求外部性、不完全竞争、报酬递增、历史偶然事件、集群效应和企业家等，都有其独特的不能由其他因素代替的作用。

4.1.1 企业集群的形成：成功商业模式的发现和扩散

这里所说的商业模式指的是，企业在研发、采购、生产和销售等经营活动中所形成的稳定的和惯例化的行为方式。惯例化意味着企业在特定情景下几乎是不用思考就会采取某种特定的行动。在企业的商业模式中显然包含着企业的研发战略、产品战略、生产战略和营销战略等成分，也就是包含着企业要不要研发、如何研发、在什么行业生产具有什么特征的产品、怎样生产这些产品和以什么价格进行销售等方面的信息。所谓成功的商业模式指的是能够给企业带来竞争优势的商业模式。企业是否具有竞争优势主要看企业能否获取比其对手企业更高的稳定的利润。每个成功的商业模式都包含着四种基本成分：正确的时间、正确的生产方式、正确的产品和正确的销售方式。这里的“正确”意味着与不断变化的环境条件相契合。企业的环境可分为其内部环境、行业环境和大环境。企业的内部环境主要指企业所拥有的各种资源和能力，企业的行业环境主要指行业的进入壁垒、行业中企业的数量和相对规模、行业产品的差异化程度和总的行业需求的弹性等条件，企业的大环境包括政治法律环境、经济环境、社会文化环境和技术环境等。企业环境的最突出的特征是动态性，也就是说，能够影响企业绩效的各种因素都具有因时间而变化的性质。企业的战略必须与其自身的资源、能力和外部环境中的机遇相匹配才能成功。所以，成功的商业模式就意味着，在正确的时间以正确的方式生产和销售正确的产品。

容易发现的是，每个企业集群都有一个商业模式。也就是说，每个企业集群都是许多特定的企业在特定的时间和地点以特定的方式生产和销售特定的产品。这意味着，企业集群的商业模式实际上是集群中企业所采取的竞争战略的集合。在此意义上，每个企业集群都是卡夫和波特意义上的战略群——为了利用给定行业的相似的结构特征而制定和执行相似战略的企业的集合（Caves & Porter, 1977）。所以，企业集群的形成过程可看成成功的商业模式发现和扩散的过程。那么，企业集群的商业模式是如何发现的呢？答案是，企业集群的商业模式是在竞争中发现的。发现企业集群的商业模式的竞争是一种优胜劣汰的过程：许多个人为了实现自己的利益和梦想而冒险以其独特的方式生产和销售某种产品；在这个过程中，大多数冒险者都失败了，剩下的少数成功的冒险者的做事方式会立即成为他人的模仿对象；一个模仿者在商业上的成功会带动多个人模仿，成功的商业模式就这样被发现了。这种观点强调的是，成功商业模式的产生实际上是众多商业模式相互竞争的结果。在这个过程中，商业模式的多样性和环境的选择压力起了重要作用。没有商业模式的多样性，真正有竞争优势的商业模式可能根本就不存在。在这种情况下，强大的选择压力可能导致所有企业在短期内死亡。有商业模式的多样性，没有强大的选择压力，真正有竞争优势的商业模式可能在很长时间内都难以被发现，甚至可能出现优败劣胜的逆淘汰。成功的商业模式是众多商业模式相互竞争的结果也意味着，其产生过程实际上是众多企业家不断地试错的过程，因而带有某种新奇的性质——人们不能在事前预见到它们的出现。这是为什么每个成功的企业集群都有一个传奇故事的重要原因。发现成功的商业模式的新奇性也意味着，历史偶然事件在企业集群的形成中起着重要作用。但是，离开商业模式的竞争去一味地强调历史偶然事件在企业集群的形成中所起的重要作用，就有浓烈的神秘主义嫌疑。相反，在商业模式竞争的框架内强调历史偶然事件，符合辩证法有关必然性与偶然性的关系的基本原理：偶然性中有必然性，并且，偶然性为必然性开辟道路。

商业模式是企业的行为惯例，是企业对特定刺激的稳定的反应模式，也是企业的记忆，可促进企业的学习和企业对不断变化的环境的适应（Pentland & Rueter，1994）。因为，在商业模式中储存着能够对企业目前的决策产生影响的来自企业的历史的信息，这些信息可节约企业稀缺的注意力和心智资源，形成企业的以商业模式为基础的程序理性（Simon，1978）。也就是说，企业通过编码把得之于历史的结论输入指导其行为的商业模式中而进行学习和适应环境。商业模式作为企业的惯例集合包括企业围绕之而建立和通过之而运行的各种组织形式、规则、程序、传统、战略和技术，也包括企业的信念结构、思维范式、密码、文化和知识（Levitt & March，1988）。企业行为惯例化和模式化的过程也是企业成员的知识客观化和外在化的过程。这意味着个体性主体的离开不会威胁其存在。当然，认为企业的商业模式是企业记忆的一种方式的观念隐含着三个基本假定：第一，企业在职能上类似于一个信息处理系统，具有在功能上与个人记忆相似的记忆；第二，企业是一种解释系统，具有审视、解释和诊断环境事件所需的信息处理机制；第三，企业是一种由共同语言和每天的社会互动加以维持的共享意义的网络（Walsh & Vngson，1991）。正因为商业模式具有信息提炼功能和节约个体稀缺的心智资源的功能，成功的商业模式一旦产生就会立即引起众多企业模仿。那些正在“黑暗”中探索的企业家最缺少的往往不是创业资金和各种可从市场购买的资源，而是难以通过市场购买获得的有关在什么时间以什么方式生产和销售什么产品的信息，也就是关于商业模式的信息。这种信息往往有很大程度的意会性，其价值难以事前确认，因而难以通过市场获取。其扩散的主渠道是人们间面对面的接触，也就是知识外溢。知识外溢服从地理距离衰减律，具有明显的本地化特征。这意味着成功商业模式的扩散具有本地化特征，其直接结果是众多企业在特定地理空间聚集。当然，导致成功商业模式在特定地理空间扩散还有两个重要原因：

（1）处在同一个特定地理空间中的个人往往拥有相似的资源和能力，并面临相似的产业特征，容易形成“他能，我也能”的信念和思维定势，使他们更容易相互模仿。

（2）处在同一个特定地理空间中的个人往往面临同样的不确定性，而不确定性是鼓励模仿的强大力量。因为，在高不确定性条件下，人们的行动更倾向于服从满意原则而非最大化原则（DiMaggio & Powell，1983）。此时，人们会倾向于做他人正在做的事情。

然而，单是商业模式知识的外溢本身还不能充分解释企业集群的形成。实际上，在企业集群的形成中，图 4.1 所示的特定的正反馈放大机制或曰自我强化机制起了非常重要的作用。

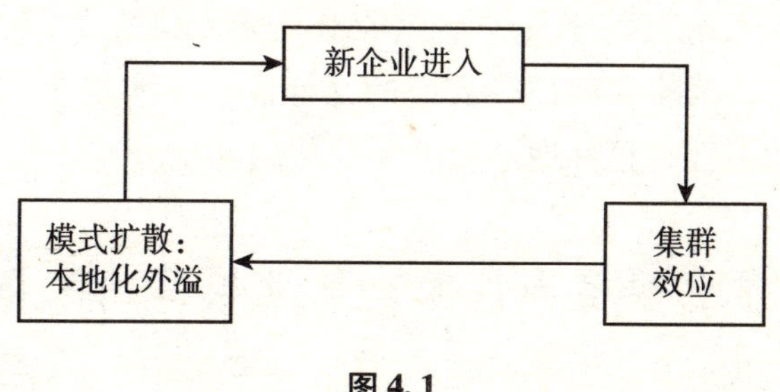

图 4.1

在图 4.1 中，成功的商业模式通过本地化外溢扩散的过程，同时也是众多企业在同一个地理空间聚集的过程。这种聚集所产生的集群效应使集群内企业获得较之于集群外企业的竞争优势，从而能够吸引更多企业采用同样的商业模式。其结果是，更多的企业在同一个地理空间聚集。这种聚集反过来会进一步强化集群效应。这个过程会不断地进行下去，直到企业集群的吸引力与其离心力均衡为止。显然，这是一个自催化过程，一旦启动，就会自动地进行下去。理解这个过程的关键在理解其中的集群效应。我们把集群效应定义为，由众多企业在同一个地理空间聚集所产生的对集群内企业的绩效有重要影响的一切变化和过程，主要包括：

（1）本地化经济。此即由产业本地化所产生的企业成本的节约，如企业的运输成本和交易成本的降低。

（2）集群化经济。此即由于众多企业在同一地理空间聚集扩大了对每一个企业的产出的需求，使每一个企业能够在更大程度上利用生产中的规模经济降低成本。这种集群化经济在本质上是集群中的需求外部性的一种重要表现。集群中的需求外部性的另一种重要作用是，众多企业同时在同一条价值链的不同环节上生产，每个企业采用报酬递增的技术扩大生产，都可能通过企业间的投入—产出关系和集群区域品牌效应，扩大市场对其他企业的产出的需求，从而能够在一定程度上有助于克服区域工业化面临的首要难题——市场需求不足（Murphy，et al.，1989）。

（3）企业网络的创新优势。此即众多企业在同一个地理空间聚集所形成的企业网络有助于企业发现潜在的赢利机会，并调动资源进行创新，以利用这些赢利机会。

（4）企业网络的柔性优势。此即众多企业在同一个地理空间聚集所形成的企业间分工网络有助于集群内企业利用企业间在资源、能力、产品、竞争优势、活动、战略和利益等方面的互补性，去实现企业在组织、战略和产品等方面的柔性，更好地适应不断变化的环境。

4.1.2 企业集群的成长：商业模式的集体创新

企业集群的成长表现为集群作为一个整体的产出在整个地区或国家的行业产出中的份额不断上升。这是集群竞争优势形成和提高的结果和表现。企业集群竞争优势的形成过程是商业模式的创新和模仿不断交替的动态过程，也是集群商业模式的集体创新过程。这个过程可见图4.2。

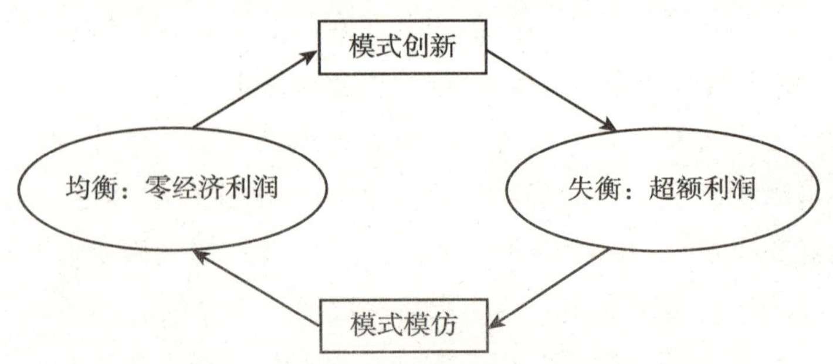

图4.2 企业集群内商业模式的创新与模仿

在图 4.2 中，商业模式的创新使创新企业获得较之其对手企业的竞争优势，其直接结果是创新企业获得高于平均水平的利润——超额利润。创新企业的超额利润作为一种重要的市场信号一旦被对手企业获取，必然引起对手企业进行模仿创新。大量企业的模仿创新的一个直接后果是，采用改进后的商业模式的企业，包括创新企业和模仿创新企业，其利润会不断下降，直至出现零经济利润。不满足于获得零经济利润的企业会努力从事新的创新，引发新一轮的创新和模仿交替的过程。这个过程同时也是均衡和失衡不断交替的过程。因为，超额利润是经济体系失衡的标志，而零经济利润是经济体系均衡的标志。如此，则创新是一种导致经济体系失衡的力量，而模仿创新则是一种导致经济体系均衡的力量。值得说明的是，创新往往发生在经济体系趋于均衡的过程中，而不是只能发生在经济体系均衡中。影响创新企业行为的可模仿性的因素很多，如模仿企业的资源和能力、创新企业优势形成的特定的社会历史和文化条件，尤其是创新企业的行动和其产出间的因果关系的模糊性。一般地，这种因果关系的模糊性越大，竞争对手的模仿壁垒就越高，创新企业的竞争优势的可持续性就越大；反之则反是。影响这种因果关系模糊性高低的因素主要有三：

1. 创新企业的能力和知识的意会性

如果创新企业的以技能为基础的竞争力包含着大量意会性知识（tacit knowledge），则其优势的形成具有因果关系模糊的特征。因为，意会性知识往往只能通过在特定情景下的干中学而累积起来，即使是其拥有者本人也常常并不清楚其形成的原因，也难以用语言去传播。

2. 创新企业优势形成过程的复杂性

如果创新企业的优势产生于大量技术、组织惯例和个人或组织的经验，则组织中的个人往往难以获得理解整个企业的绩效所必要的全部关键知识。在这种情况下，即使企业的员工被对手企业雇佣，相关信息也难以被对手企业攫取。

3. 创新企业资产的专用性

如果创新企业的优势产生于其实物资产和人力资本等的专用性，则其优势常常是情景特定的，因而是对手难以理解和模仿的。

所以，高意会性、高复杂性和高专用性可能导致因果关系是如此模糊，以致即使是优势企业内的经理也不理解其行动和结果间的微妙关系。这将构成对手企业难以克服的模仿壁垒（Reed & Defillippi，1990）。但是，在企业集群中，上述三种基于因果关系模糊性的模仿壁垒都在很大程度上被降低了。首先，地理上的靠近和集群内的各种关系网络，使各种意会性知识能够在集群内企业家间频繁的面对面的接触中流动，有助于克服基于意会性的模仿壁垒。其次，集群内企业的纵向分解所产生的企业科层组织的微型化，降低了企业组织结构的复杂性和规模，有助于克服基于复杂性的模仿壁垒和基于专用性的模仿壁垒。其结果是，任何企业的任何有助于提高企业竞争力的创新，都会在集群内被快速模仿和扩散，导致创新企业的相对优势和超额利润快速被侵蚀。这意味着任何只是想维持现状的集群内企业是注定要很快死亡的。因为，在集群内必然存在一定比例的企业家型的企业，其行为特征是冒险、创新和主动出击，其目的是创造竞争优势，获取超额利润。这些企业家型的企业创造了一种不创新就死亡的竞争环境，迫使集群内企业不断地创新和模仿创新。这些创新可以发生在企业集群内价值链的任一环节上，更多的表现为企业集群商业模式的不断改进。成功地进行创新要求集群内企业家具有一种重要的品质——对赢利机会的机警：能够发现自己或他人过去没有发现的赢利机会，也就是发现自己的十足的或未知的无知——发现自己过去不知道什么。保持对赢利机会的机警实际上是一种习惯：在不知道搜寻什么和没有使用任何搜寻技术的情况下，企业家在所有时间自发地搜寻过去未注意的环境特征，随时准备采取必要的步骤从发现自己未知的无知所产生的惊讶中获取利润。保持对赢利机会的机警也是一种充满着惊讶的过程。因为，在这种过程中，企业家会不断地发现自己过去没有意识到的自己的无知和自己过去没有想到的知识（Kirzner，1997）。保持对赢利机会的机警要求集群内企业家之间存在积极的互动。只有在积极的互动中，才能发现自己和别人的错误，并从纠正这些错误中获取利润。集群内企业家之间的互动，可以是上面所说的由企业家所驱动的创新与模仿不断交替的市场竞争过程，也可以是个体企业家之间知识共享的过程。这个动态过程可见图 4.3。

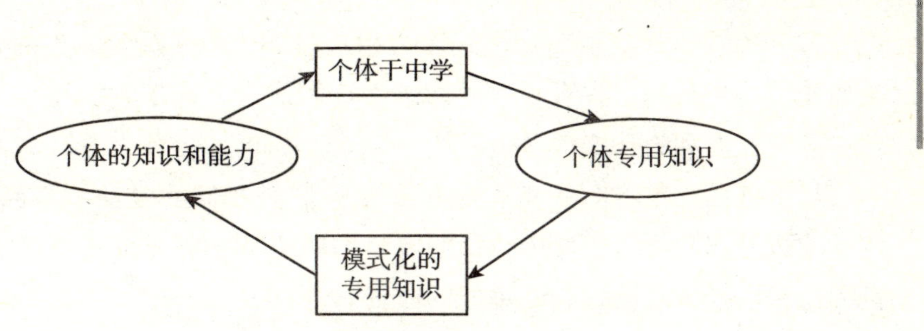

图 4.3　企业集群中的集体学习

在图 4.3 中，个体企业家在干中学中所积累起来的个体专用知识通过模式化储存在集群的商业模式中，再通过个体企业家的学习转化成他们个体的知识和能力，并促进他们在特定情景中的干中学。在这种不断重复的互动中，个体企业家的比较有效的行为模式通过一种集体共享过程，凝聚成集群的商业模式，从而获得一种超个体的集体性。这意味着，集群的商业模式不会因为其创造者的离开而受到威胁。个体企业家的行为模式的集群模式化过程，实际上也是个体和组织记忆程序化的过程，其结果是形成个体或组织的程序记忆。程序记忆与个体的技能和习惯有紧密的联系，它是对相对自动的和难以用词语准确表达的做事方式的记忆，既包含着认知活动，又包含着运动性活动。程序记忆是人类记忆的一个重要特征。一种常见的现象是，人们对过去所解决的特定难题的记忆往往快速衰减，而对当时怎样解决难题的记忆可保留很长的时间（Cohen & Bacdayan，1994）。程序记忆的概念有助于理解组织惯例的产生、稳定化和演变。可以这样说，组织惯例就产生于程序性地记忆的个体间的互动中。作为集群这种特定的产业组织的组织惯例的集群商业模式有几个特征：

（1）多个行动者的性质。集群商业模式是在众多企业家的互动中形成和演变的，而且，同时有许多企业家采用同一个商业模式。因此，它比单一行动者的现象更难以观察和把握。

（2）凸显性。集群商业模式是在众多行动者的自发的学习过程中凸显出来的，具有事前难以预见的性质。因为，从经验中学习是一种逐渐成熟的过程，集群商业模式可能因此“染上”外来的、历史特定的和任意的成分。

（3）意会性。集群商业模式作为相互联结、相互触发的集群内企业的技能化的序列行为，具有难以用词语表达的成分。采用它的企业往往说不清它们做什么和为什么那样做。

从上可见，集群商业模式是在众多集群企业家的互动中不断改进的。这种改进过程同时是集群内企业的竞争力较之集群外企业的竞争力不断提高的过程。其体现就是企业集群的成长。

4.1.3 企业集群的成熟和衰退：商业模式的固化和僵化

商业模式作为生物学中的遗传物质在组织理论中的类比物，其在集群内企业中的扩散会导致集群内企业在主导的思维逻辑、心智模式和组织结构等方面趋同。其有利的影响已在前面进行了分析。其一个不利的影响是，可能导致集群的战略盲点：集群内企业对新的战略机遇或威胁，有视无睹。因为，由商业模式的扩散所导致的集群内企业的同质化会降低集群内知识外溢的功效，而知识外溢是集群竞争优势的一种重要源泉，此为其一；其二，过去的成功很可能转变成企业的难以改变的信念，使企业高估过去的决策规则和分析技术，而低估它们的知识和技能过时的速度。即使企业发现了新的机遇或威胁，它们也难以通过改变已有的组织惯例去趋利避害。因为，组织惯例往往是组织的各类利害相关者之间的一种休战协议，偏离惯例或改变惯例往往会引起组织内的利益冲突。而且，企业绩效的改善是企业利益相关者的公共品，很容易使企业的各种利害相关者陷入一种特定的公共品供给的囚徒困境中：大多数利益相关者都选择等他人去提供新惯例的“搭便车”战略，结果，新惯例的供给不足。当企业集群的商业模式固化和僵化时，企业集群就进入了其生命周期的成熟和衰退阶段。企业集群商业模式的固化主要表现为少有或没有企业集群商业模式的创新，企业集群商业模式的僵化则表现为集群中的企业没办法通过商业模式的创新对新的机遇或威胁作出及时而正确的反应。这些意味着企业集群竞争优势的逐渐消失。

4.2

技术溢出与集群化企业的研发支出

有关技术溢出与企业研发支出的关系的一般看法是，技术溢出必然降低研发成果的独占性和回报率，因此必然会降低企业的研发支出。持这种观点的学者往往会主张，政府应当通过产权的方法内部化技术外溢的外部收益，使研发成为一种在企业看来有利可图的事情，从而促进企业的研发和技术进步，最终实现以技术进步为基础的经济增长。这种观点大致是对的，其最大的毛病是不具体、可操作性低，对实践的指导意义不大。因为，在现实的经济生活中，技术外溢与企业研发支出的关系远非这样简单。例如，这种观点忽视了不同类型的技术其溢出对企业研发支出的影响各有其特殊性，同时，它也忽视了产业组织形式在决定技术溢出与企业的研发支出的关系中所起的重要作用。企业集群正是一种其重要性不断增长而人们对它的重视和理解还非常有限的产业组织形式。本节的目的就是要探讨企业集群这种日益重要的产业组织形式对企业间的技术溢出和企业研发支出的影响。这对于政府有效制定企业集群特定的技术政策是非常重要的。

4.2.1　影响企业研发支出的一般因素

企业的研发支出是企业的技术战略的核心，而企业的技术战略是企业的技术创新战略的具体化和实现。所谓技术创新是技术的首次商业化应用，其目的是提高企业的竞争力，实现企业利润在特定条件下的最大化，其具体表现往往是在企业内引入新产品或新过程。毫无疑问，企业的研发支出服从私人投资的一般原则：在风险水平给定的情况下，使研发投资收益最大化；或者，在投资收益给定的情况下，使研发投资的风险水平最小化。因此，一切能够影响企业研发投资的风险（成本）和收益的因素都可能对企业的研发投资决策产生影响。对这些影响因素进行分类主要有两种方法：一种是把这些影响因素分成宏观因素（如社会之政治、经济、社会文化和技术等方面的因素）、行业因素（如企业所属行业中替代品的威胁、供应商的谈判力、客户的谈判力、新进入者的威胁和对手企业间的竞争等）和企业特定的因素（如企业所拥有的各种有形资源和无形资源的多少和特征等）；另一种是把这些影响因素分成供给边的因素和需求边的因素。所谓需求边的因素实际上是影响企业研发意愿的因素，而供给边的因素是影响企业实际的研发能力的因素。我们采用后一种分类法。

1. 影响企业研发支出的需求边的因素

（1）研发成果的独占性。企业从事研发的主要动机是从研发成果中获取利润。这在很大程度上取决于它们所拥有的对其研发成果的独占程度。一般地，如果研发成果的独占性低，企业预期的研发回报率也低，则企业往往缺乏足够的激励去从事研发。研发成果的独占性主要取决于社会对技术知识产权的界定和保护程度。所谓产权是当法律上的所有者承担其所有物的风险时，所有者或他人实际上所享有的由该所有物所生的权利，它是收益权与控制权的结合体，包括占有权、使用权、受益权和转让权等一系列的具体权利，其本质则是由物的稀缺性所引起的人与人之间的社会关系。（孙鳌和吴江，2006）要全面而深刻地理解产权概念，就必须注意几点：①法律上的所有者是财产的最终的风险承担者。因为，他必须付出成本才能获得财产的所有权，但他可能不能充分受益于其财产。②产权作为由物所生的权利主要是实际权利，而非仅仅是法律上的名义权利。重要的是，人们争夺财产权利的斗争常常使财产的名义权利与其实际权利不一致。某些人的名义权利大而实际权利小，其他人的则可能刚好相反。③产权制度在本质上是人们为争夺财产权利而展开的公开斗争的一种停战协议，或者说是人们从公开的争夺转向隐蔽的争夺的转折点。④根据财产的收益权与控制权是否对称，可以把产权分成完整的产权与残缺的产权两大类。所有这些都是在强调，界定和保护产权是有成本的，而且，这种成本有时候很大。影响技术产权的界定成本和保护成本的因素主要取决于技术产权的所有者、保护者和觊觎者三方间的博弈和力量对比。一般地，如果技术产权的所有者和保护者的力量相对于技术产权的觊觎者的力量更弱，则可能出现技术产权的所有者名义权利大而实际权利小，同时，技术产权的觊觎者的名义权利小而实际权利大的情景。这种技术产权的残缺意味着研发成果的独占性偏低，不利于鼓励企业进行研发投资。需要补充的是，技术产权的界定过程在本质上是一种公共选择过程，怎样在技术发明者的利益和社会整体的利益间实现最佳平衡是这种公共选择过程所面临的最迫切和最困难的任务。

（2）预期的研发利润。预期的研发利润越高，企业越愿意从事研发，这是不言自明的判断。但是，影响企业的预期研发利润的因素却很复杂。一般地，从事技术研发是否有利可图，在很大程度上取决于作为技术研发成果的创新产品出现后，能否在什么程度上被市场所接受，也就是说，取决于消费者是否购买和愿意以什么价格购买。这主要取决于供应商相对于客户的讨价还价能力的高低。如果供应商相对于客户的讨价还价能力高，则供应商往往可通过提高价格实现较高的利润边际；反之则反是。影响供应商相对于客户的讨价还价能力高低的因素主要有：①替代品的威胁。令客户满意的供应商产品的替代品的存在，无疑能有效地削弱供应商的讨价还价能力。在许多情况下，对供应商的最致命的威胁往往不是来自其竞争产品，而是来自其新出现的、创新性的替代品。②客户对供应商的重要性。客户的需求量如果不大或不持续，或客户的身份对供应商不重要等，都可能诱致供应商通过中止交易的威胁抬高其销售价格。③客户所感知到的供应商的产品的价值。从市场营销的角度看，每一种产品都是由许多产品特征所构成的集合，包括核心产品层的特征、基本产品层的特征、预期产品层的特征、放大的产品层的特征和潜在产品层的特征。有些产品特征是有形的，看得见、摸得到的，而有些产品特征是无形的，看不见、摸不着的，只能存在于客户的心中。有趣的是，对客户的购买决策影响较大的往往是一些看不见、摸不着的、只能存在于客户的心中的无形的特征，如存在于购买者心中的产品的品牌意识和形象。客户所感知到的这些特征的价值往往具有很大的主观性，因人而异，在很大程度上反映了它们所处的特定社会环境的影响。但是，可以肯定的是，客户所感知到的供应商的产品的价值越高，它们对供应商的依赖就越高，供应商的谈判力因此也越高。④客户的转换成本。客户放弃旧品牌而购买新品牌的成本越高，其品牌转换行为越加无利可图，它们对原供应商的依赖也就越大，供应商的谈判力因此也越高。

（3）技术创新的类型。不同的企业或同一企业在其生命周期的不同阶段，对不同类型的技术创新，往往具有不同的研发投资倾向。可以从创新对产品的零部件所体现的核心设计概念和产品的零部件间的关联方式两个维度，把创新大致地分成渐进创新、激进创新、框架创新和模块化创新四种类型（Henderson & Clark，1990）。这个分类的前提是，把产品看成一种由产品零部件通过一定的方式联结在一起所构成的系统。零部件是产品的包含着核心设计概念的物质上独特的并执行着良好界定了的功能的部分。因此，成功的产品开发要求两种知识：一种是关于每一个核心概念和它们在特定的零部件中被执行的方式的知识，亨德森和克拉克称为零部件知识；另一种是有关把零部件整合和联结成一种有机整体的方式的知识，亨德森和克拉克称为框架知识。渐进创新的本质特征是，零部件所体现的核心设计概念发生了改进，但把零部件整合和联结成有机整体的方式保持不变；激进创新的本质特征是，零部件所体现的核心设计概念和把零部件整合成有机整体的方式都发生了颠覆性的变化；模块化创新的本质特征是，零部件所体现的核心设计概念发生了颠覆性的变化，但把零部件整合成有机整体的方式保持不变；框架创新的特征是，零部件所体现的核心设计概念保持不变或被改进，但把零部件整合成有机整体的方式发生了根本性的变化。显然，渐进创新以企业已有的知识和能力为基础，有助于提升企业已有的知识和能力，属于图什曼和安德森意义上的提升能力型的创新；与此相反，激进创新摧毁了企业现有的知识和能力，属于图什曼和安德森意义上的毁灭能力型的创新（Tushman & Anderson，1986）。重要的是，对其当前的经济绩效满意的企业往往不愿从事毁灭现有知识和技术的创新，它们一般地更倾向于提升能力型的创新；相反，对其当前的经济绩效不满意的企业通常有更大的倾向从事毁灭能力型的创新。

（4）技术的性质和演变。研发的风险是随技术的生命周期和性质而变化的。与技术的性质和演变密切相关的风险主要有四方面的风险：①与技术的复杂性相关的风险。技术的复杂性可理解为研发主体没有掌控所有技术元素的程度。技术的复杂性高，往往意味着专家间的协调是重要的，但不同研究间的有效协调却很难实现。复杂性可能以多种方式影响研发的风险。一般地，研发的创新性越大，其涉及的学科越多，研发的风险就越高。因为，这样的研究一般要求多学科的研究团队和独特的研究设施，而这种投资的市场前景却有很大的不确定性。结果，企业常常同时面临无效率的研发过程和激烈的以技术为基础的市场竞争而不知如何选择。②与研发的时间安排相关的风险。大多数技术都有以周期性的模式演变的性质，而且，通常是沿一种S形轨道演变。也就是说，技术的潜在的或实际的绩效－价格比一般是随时间提高的，但这种提高往往先递增，后递减。常有的情况是，刚开始，新技术的绩效－价格比低于老技术的，而在面临新技术的挑战时，老技术往往不会不战而败，它们往往会努力沿S轨道向上移动。这些无疑会降低新技术研发投资的估计的净现值，使企业望而却步（Tassey，2005）。与时间相关的另一种障碍是，激烈的市场竞争常常使企业计划的研发时间长度短于成功研发所要求的时间长度。③与研发的规模经济和范围经济相关的风险。许多研发往往涉及巨大的沉没成本，而企业可支配的资源可能非常有限。在这种情形下，企业可能倾向于把其研发资源集中于数量有限的少数几个技术和它们的市场应用，以实现研发中的规模经济。这样的“核心能力”战略可产生专业化收益，降低企业的技术风险和市场风险，但它同时也降低了企业投资的多元化程度，使企业的风险过于集中，其技术应用中的范围经济也难以实现。也就是说，研发的专业化可提高短期绩效，但可能降低企业和整个行业适应新的技术生命周期的能力。④与技术外溢相关的风险。在不存在对创造者给予足够补偿的情况下，技术知识从其创造者流向其他经济主体，很可能降低创造者的研发投资回报。因为，竞争企业可能利用得之于外溢的知识去模仿创新者的行动，窃取其生意。重要的是，技术知识的性质会对外溢的模式产生影响。也就是说，有些技术知识更容易发生外溢，而有些技术知识则难以发生外溢；有些技术知识可通过正式渠道外溢，而有些技术知识主要通过人与人之间面对面的接触外溢。

（5）企业的学习动机。企业的研发实际上有两种作用，一种是创造新产品或新过程；另一种是提高企业同化并利用外部知识源的知识的能力。科恩和利文索尔认为，研发对企业的吸收能力的重要影响在过去一直不受重视的主要原因是，经济学家假定公共领域中的知识是人人可免费获得的公共品，忽视了知识转移的成本（Cohen & Levinthal，1989）。实际上，提高吸收能力的学习动机可能对企业的研发支出决策产生重要影响。因为，吸收能力是企业创新能力的一个非常关键的要素，它有两个特征：①累积性。企业的吸收能力主要是企业以前知识的增函数，而企业以前的知识是企业更早以前的研发投资的增函数。一句话，企业的吸收能力是其以前的研发投资的增函数。所以，我们可以把企业的吸收能力函数表达为 $A_a = f(K(I))$，其中，A_a表示企业的吸收能力，K（I）表示作为企业过去的研发投资 I 的函数的企业过去的知识。这里没有考虑知识外溢对企业的吸收能力的影响。显然，企业的吸收能力和技术创新能力都具有路径依赖的性质，早先在某一领域的专门知识和技能上的投资不足，可能导致企业在该领域中的技术能力的未来发展受挫，甚至永远落后。②对预期形成的重大影响。吸收能力的降低必然降低企业辨识新技术机遇的能力，产生对新技术机遇的系统的和持续的忽视，最终扭曲其对产品和行业发展前景的预期。一般地，企业的学习动机越强，其从事研发的激励越大。影响企业学习动机的因素主要有：①要同化和利用的知识量。要同化和利用的知识量越大，要求的吸收能力越大，企业的学习动机越强。②学习的难易。单位知识的学习成本越大，要求的吸收能力越高，企业的学习动机也越强。③对手的技术进步降低企业利润的程度。对手的技术进步对企业利润的威胁越大，企业技术一旦落后所可能招致的损失就越大，其学习的动机因此也越强（Cohen & Levinthal，1990）。

（6）对手企业的技术战略和行动。市场竞争制胜的基本原则不是把事情做得最好，而是比对手做得更好。因此，每个企业必须根据对手企业的战略和行动来制定和调整自己的战略和行动，也就是要对对手企业的行为变化作出即时的和正确的反应。一般地，当对手企业的技术进步对企业赢利能力的威胁增大时，企业的研发投资倾向会随之上升。但是，在赢者通吃的研发竞赛中，“注定的”输家或由于对手企业的策略性行动而对研发前景形成不利预期的企业，可能倾向于技术许可或技术窃取战略，其研发投资因此会受到负面影响。

（7）公共政策和政府规制。政府通过政策对企业研发过程及其成果的市场应用进行直接的干预会强力地影响企业的研发决策，这是为什么各国政府都有自己的研发政策的一个重要原因。最近几年发生在我国的一个比较典型的也是很有研究价值的例子是，一些大城市相继出台了禁止电动自行车上公路的地方法规。这无疑会直接导致改进电动自行车绩效的研发投资大幅度降低。

2. 影响企业研发支出的供给边的因素

影响企业研发支出的供给边的因素主要是企业的技术创新能力。技术创新是技术的首次商业化应用，也是一个发现技术机遇，然后动员资源对其加以利用的过程。技术机遇有两个维度：一个是行业外技术知识的数量，如产生于政府实验室或大学实验室的知识；另一个是单位新知识对企业产品的绩效—价格比和利润的边际影响。企业技术创新能力的高低主要取决于其所拥有的资源和以这些资源为基础的能力。重要的是，当且仅当企业拥有的技术创新资源的数量足够多并同时具有四大特征时，企业才具有较之于对手的技术创新优势，这四大特征是：稀有性、战略价值性、不可替代性和难以模仿性。如果企业拥有某种对手企业没有的资源，则它可能具有某种竞争优势。但是，如果企业拥有的这种资源的战略价值很低，也就是对企业战略目标的实现所可能作出的贡献低，也不能形成企业的竞争优势。所以，企业拥有的这种资源还必须具有第二个特征——战略价值性。然而，如果对手企业尽管没有这种资源，但它可以用其他资源来代替这种资源，或者，模仿企业的行动以获得这种资源，则企业已有的优势是不能持久的。所以，要形成可持续的竞争优势，企业拥有的资源必须同时具备稀有性、战略价值性、不可替代性和难以模仿性四大特征。那么，什么资源最可能成为企业在技术创新方面的竞争优势的基础呢？答案是企业的具有技术天赋的人力资本和鼓励创新的组织文化。这个结论并没有否定其他资源的重要性。因为，各种资源往往是互补的，一种资源再重要，离开了其互补资源，也不能发挥作用。在现实的经济生活中，技术创新企业经常感受到的约束往往是研发资金不足。许多资金需求仿佛是在研发过程中创造出来的，具有事前难以预料的性质和不得不投入的性质。因为，投入研发的资金往往具有沉没成本的性质，只有通过研发成果的成功的市场应用加以补偿，半途而废只能意味着完全的损失（孙鳌，2005）。容易理解的是，拥有技术创新能力优势的企业其研发投资的倾向更高，反之则反是。

4.2.2 企业集群中的技术溢出对企业研发支出的影响

从交易的角度看，几百家或几千家中小企业按专业化分工的原则聚集在一个狭小的地理空间所形成的企业集群的一大特征，就是交易的本地化和企业间持续的、重复的互动。这对于理解集群中的企业行为有非常重要的意义。因为，在持续的和重复的互动中，企业往往可以发展出一些有效的交易惯例，降低其在未来从事同样交易的交易费用，诱致更多的交易，或吸引更多的企业加入使用同样交易惯例的企业关系网络中。企业关系网络的扩大和交易的重复进行，有助于在为不同企业工作的人们间发展出信任，缩小他们间的心理的和社会的距离，使他们更愿意进行以互利互惠为原则的信息交换。当一个在生产部门中工作的工程师遇到意外的技术问题时，他可以通过向另一个在使用同样生产设备的竞争企业中工作的工程师咨询，解决其碰到的技术问题。后者愿意向前者提供技术信息的一个重要原因是，将来的某一天，他可能需要前者的类似的帮助，以解决他可能碰到的意外的技术难题。当然，一个工程师向另一个在对手企业中工作的工程师提供技术信息的倾向还受到许多其他因素的影响。如果他提供的技术信息对他为之工作的企业的竞争力无啥损害，或两企业有不同的竞争目标，或对方有其他的技术信息源，则一个工程师向另一个在对手企业中工作的工程师提供技术信息的倾向较强；如果企业政策禁止工程师与其他企业的人谈论工作的细节，则其提供信息的倾向较低（Schrader，1991）。有必要强调的是，一个非常重要的塑造在不同企业的工程师间相互提供技术知识的惯例的因素是，技术知识市场的失灵——工程师们常常很难从技术知识市场这样的正规渠道获取他们急需的技术知识。根本原因是用货币考核技术知识的价值的困难。造成这种困难的一个重要原因是所谓的信息悖论问题：当一个人不知道技术信息的价值时，他无法下决心购买；当他知道技术信息的价值时，他已没有必要购买（Stiglitz，2000）。造成技术知识市场失灵的另一个重要原因是，技术知识只能意会不能言传的意会性常常使一些重要的技术知识只能存在于人力资本之中，是一种可租用但不能购买的资产。一句话，不同企业的工程师间相互提供技术知识的惯例，在许多企业集群中，实际上是工程师们对技术知识市场的低效率的一种理性的反应。明显的是，早期的研究技术外溢的文献常常把技术知识处理成一种“黑匣子”。实际上，每一种技术知识都是由不同成分构成的一种区别于其他技术知识的系统。比如，每一种技术知识都包含着技术信息和个体在干中学中积累起来的经验或技能等个体特定的成分。这是复杂技术的转让通常伴随着人力资本的转移的重要原因。从技术知识所包含的要素的可排他性看，每一种技术知识又都同时包含着可排他性强的私人物品要素和可排他性弱的公共物品要素，不同类型的知识间的区别往往可归结为这两种要素间比例的不同。依照乌奇和博尔顿的逻辑，可以把技术知识分成私人财货型的技术知识、泄露财货型的技术知识和公共财货型的技术知识（Ouchi & Bolton，1980）。顾名思义，私人财货型的技术知识包含着很少的不可排他性的公共物品要素，公共财货型的技术知识包含着很少的排他性的私人物品要素，泄露财货型的技术知识处在私人财货型的技术知识和公共财货型的技术知识这两个极端之间，但它所包含的公共物品要素与私人物品要素之比还是远大于一。容易理解的是，追求利润的经济主体一般不愿在泄露财货型的技术知识和公共财货型的技术知识上进行投资。因为，这两类技术知识的独占性太低，会使其投资无利可图。企业集群中的技术外溢主要就是这两类技术知识的外溢。许多经验研究表明，技术外溢的一个重要特征是外溢的本地化，也就是说，技术外溢往往有明显的地理边界。根本原因是，技术知识中总是包含着难以编码、难以言说的意会成分，此即所谓意会性知识。与编码的知识不同，意会性知识难以通过正式渠道流动，其转移的有效渠道是面对面的接触。重要的是，由于其稀有性、价值性、难以模仿性和非替代性特征，构成企业竞争优势基础的常常是其员工所拥有的意会性知识，而非企业所拥有的能够编码的显明知识。注意了这一点，就不难理解这样的事实：经济绩效良好的企业集群的一个共有特征是，在其中存在着多种多样的非正式的人际关系网络和支持这些人际关系网络的文化及各种社团活动。从上面的分析可得出的一个可靠的结论是：影响技术外溢强度的因素主要是技术知识的性质、提供方与接受方间的地理距离或社会距离、接受方的吸收能力等。在企业集群中，集群共性技术（generic technologies）属于泄露财货型的技术知识，集群技术基础设施（infra-technologies）属于公共财货型的技术知识，而企业专利性技术（proprietary technologies）属于私人财货型的技术知识。所谓共性技术是同时具有共享性、基础性和关联性等特征的技术（李纪珍，2004），或简单地理解为可应用于多个产业或工艺的技术，“它也是将基础科学推向市场应用的第一步成果，是核心的产品和工艺。在此基础上，相互竞争的公司开发专有产品和工艺。”（乔治·泰奇，2002）与作为技术平台的共性技术不同，技术基础设施是所有阶段的研发、生产控制过程和以技术为基础的市场交易等必要的技术工具的集合（Tassey，2005）。在企业集群中，从技术基础设施到共性技术到专利技术，技术知识的外溢强度依次递减。地理距离对外溢强度的影响通常表现为距离衰减律：技术知识外溢的强度随技术知识提供方与接受方间的地理距离的增大而递减，反之则反是。社会距离即人们间的心理距离，其对集群中技术知识外溢强度的影响常常表现为，外溢强度随时间上升。因为，集群中的信任随时间增强，缩小了人们间的社会距离。我们在前面没有解释的是，接受方的吸收能力对技术外溢强度的影响。但这似乎是不言自明的，高价值的技术知识在缺乏必要的吸收能力的接受者面前也等同于无。重要的是，接受者的吸收能力是动态变化的，随着接受者技术知识的增长，其吸收能力会提高。这意味着，单从吸收能力的动态变化考虑，集群中的技术外溢强度也是随时间递增的。

集群中高强度的技术外溢直接意味着技术研发成果的低独占性和因此而有的研发激励不足。重要的是，对技术发明者的通常保护，如专利、诀窍、先动者优势等，所提供的独占性经常很弱。结果，发明者只有在能够垄断生产和分销等后期阶段时，才能充分受益于其发明成果。企业集群中发生在同一条产业价值链上的各环节间的激烈竞争，使这样的垄断难以实现。但我们不能因此得出结论说，集群中的企业注定研发投资的激励不足。因为，在企业集群中常常存在一些有利于企业进行研发的集群特定的因素。其中的一个因素是技术外溢对企业技术创新能力的积极影响。主要原因是技术外溢有助于企业发现技术创新机会，降低研发中的不确定性和风险。研发的不确定性和风险可能来自政府政策的变化、市场价格和需求的变化、企业研发的经验不足、技术和融资的困难等方面。要克服这些不确定性和风险，需要在研发生命周期的不同阶段投入不同类型的技术知识。比如，在研发的早期需要投入基础科学知识和技术基础设施方面的技术知识；在研发的中期和后期，需要投入集群共性技术知识和企业专用性技术知识。单个的企业通常不能拥有或在技术机会的有效期内获得所有这些技术知识。它们需要从合作者、供应商、客户、竞争对手、大学和其他研究结构获得这些技术知识。技术知识市场的无效率意味着产生于集群中非正式的接触渠道的技术外溢是获得这些技术知识的一种有效途径。

技术外溢与企业技术创新能力之间的关系可表达为：

$$A_i = I_i(\theta) + \mu(I_i)(\theta \sum I_j + T)$$

其中，A_i代表企业 i 的技术创新能力，I_i（θ）代表作为技术外溢强度 θ 的函数的企业 i 的研发投资，μ（I_i）表示作为企业研发投资函数的企业 i 的吸收能力，$\sum I_j$ 表示所有非企业 i 的研发投资之和，T 是行业外的技术知识存量。这个函数有一个明显的假定，企业的技术创新能力与其研发投资成正比。I_i（θ）中的 θ 代表技术外溢对企业研发投资的负激励效应，$\theta \sum I_j$ 中的 θ 代表着技术外溢对企业研发的直接效应。显然，技术外溢对企业技术创新能力的影响有两面性，存在一个使企业的技术创新能力最大化的技术外溢强度 θ^*。当 θ 小于 θ^* 时，技术外溢会导致企业的技术创新能力提高；当 θ 大于 θ^* 时，技术外溢会导致企业的技术创新能力下降。有趣的是，当 θ 小于 θ^* 时，技术外溢强度的增大对企业的技术创新能力的边际影响是先递增后递减的。因为，技术外溢的效果也服从随时间递减的规律。根本的原因是存在一个能够使外溢效果最大化的外溢方和外溢对方间的最优的认知距离。随着外溢的进行，外溢对方的知识存量会不断增大，双方间的认知距离会不断缩小，外溢的效果也会不断下降。当一方知道的也是对方知道的时，外溢的效果将为零。因此，可以用图 4.4 中的曲线来描绘技术外溢强度 θ 影响企业技术创新能力 A 的动态过程。

影响集群中企业研发投资的另一个集群特定的技术外溢相关的因素是，集群中的技术外溢通常具有互利的性质：企业 1 的技术知识在时间 T_1 外溢给企业 2，从而增进了企业 2 的技术创新能力的发展和研发成果的产

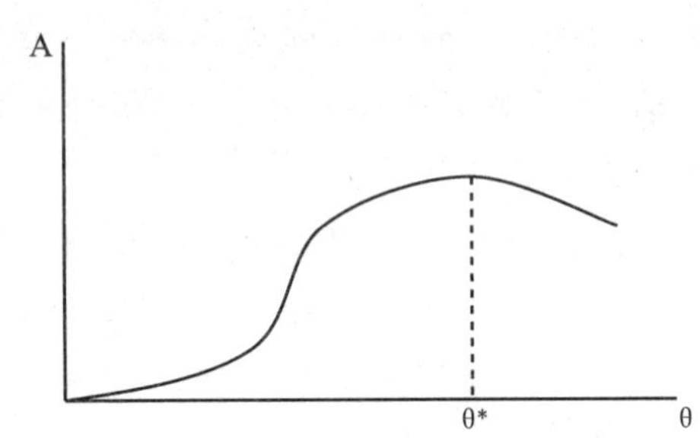

图 4.4　技术外溢强度对企业技术创新能力的影响

生；反过来，在时间 T_2，企业 2 的技术知识又外溢给企业 1，又增进了企业 1 的技术创新能力的发展和研发成果的产生，如此不断地循环下去，但每一次循环都提高了相关企业的技术创新能力和其技术水平。这实际上是一种典型的正反馈放大机制。其关键性前提条件是企业间互动的重复性。这种重复性在集群中是由交易的本地化给予保证的。一句话，外溢的本地化实际上是集群内部化其知识外部性的一种机制。

上面分析的知识外溢对集群内企业研发支出的影响可用图 4.5 来展示。

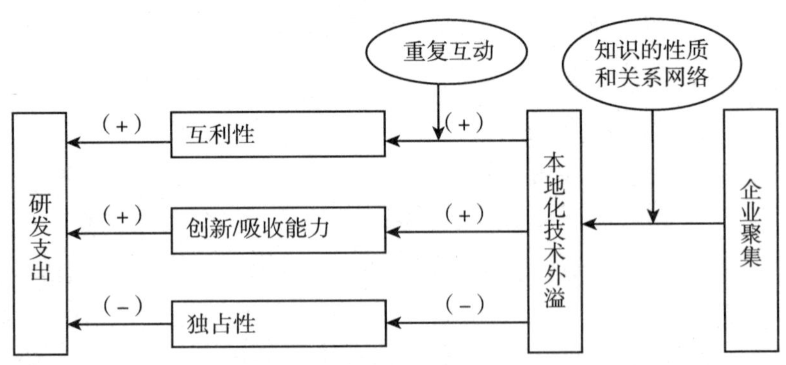

图 4.5　知识外溢与集群内企业研发支出的概念模型

从图 4.5 可见，企业集群中技术溢出的一大特征是本地化，这个特征在很大程度上决定了技术溢出对集群中企业的研发支出的影响具有两面性。从它对研发成果的独占性的影响看，技术溢出会降低企业的研发支出；从它对集群中企业的创新能力的影响和外溢的互利性看，技术外溢又会造成集群中企业的研发支出上升。所以，一个合理的推论是，存在一个能够使集群中企业的研发支出最大化的最优的技术外溢强度。对于非集群化的企业，这样的最优的外溢强度也是存在的。然而，对于集群化的企业，它无疑更大。所以，对集群中研发成果的保护更要注意这种保护的静态效率与其动态效率间的冲突：对研发成果的严格保护有助于鼓励其未来投资，实现动态效率，但不利于发挥已有知识的与共享相关的价值，如提高其他企业的技术创新能力的价值，实现其静态效率。另一个重要结论是，技术溢出对企业研发支出的影响还具有因技术类型变化的性质。一般地，企业是不愿在集群技术基础设施相关的技术和共性技术的研发上进行投资的，但可能愿意在企业专用技术上进行投资。所以，政府的旨在保护技术产权的政策的对象应当是企业专用性技术，而非集群共性技术或技术基础设施相关的技术。

4.3

企业集群中的信任与交易费用：社会资本的视角

囚徒困境这个博弈论的专业术语正在被社会中不同层次、不同领域的人们广泛使用。① 一个重要原因是，在社会生活的不同领域，如政治、经济、文化和军事等，都普遍地存在各种各样的囚徒困境。所谓囚徒困境指的是这样一种情景，处在这种情景中的人们努力要摆脱这种处境，并且，他们知道只要他们都采取合作策略，他们就可以摆脱这种处境，实现帕累托改进，使每一方的景况变好，但是，他们做不到。为什么？因为，囚徒困境中的每一个人都知道，博弈对方所做出的承诺——在他们采取合作策略的情况下，对方也将采取合作战略——是不可置信的。一句话，社会生活中存在各种各样的囚徒困境的根本原因是，人们间缺乏必要的信任。可以毫不夸张地说，人们在相互信任中的景况严格优于他们在互不信任中的景况。今天，许多经济学家、心理学家、社会学家和管理学家似乎已在信任对于人类事务的重要性方面达成了共识：没有任何单一的变量会像信任那样如此深刻地影响人际的和群体的行为。但是，他们至今未在信任的定义上达成共识。霍苏尔认为，信任是一个经济主体依靠另一个经济主体自

① 本节部分内容曾在《贵州社会科学》2007 年第 11 期发表。

愿接受的责任，去认可和保护所有利益相关者的权利和利益的行为（Hosuer，1995）。“依靠另一方自愿接受的责任”自动地使信任方易受其不可控制的被信任方行为的伤害。所以，信任行为也可理解为，一方在如果对方采取机会主义行为时他将遭受的伤害大于对方不采取机会主义行为时他将得到的益处的情景中，自愿地提高他对他不能控制其行为的另一方的易受伤害性的行为。例如，一个母亲为了看电影而雇用一个临时保姆的行为就属于信任行为。因为，在离开家后，这个母亲不能控制临时保姆的行为，此为其一；其二，如果这个临时保姆采取机会主义行为，这个母亲所遭受的负效用（如严重地影响其余生的悲剧）远大于这个临时保姆的值得信任行为所可能带给她的益处（看电影的愉悦）。显然，信任就意味着承担风险。风险是受损的可能性，也是决策者所感知到的损失的主观概率。没有对机会主义风险的易受伤害性，就没有必要去信任。而且，必须存在一定程度的风险以考验信任。所以，对于信任研究重要问题是，是什么导致经济主体自愿地提高他们的易受伤害性呢？然而，对于我们的研究重要问题是，作为企业集群社会资本的信任如何有助于降低企业集群内的交易费用？这对于集群研究是非常重要的。因为，如果集群中的企业家不能在互动中发展出相互信任，就不能有效地降低集群内的交易费用；没有交易费用的降低，就不能形成集群中企业纵向分解的充分条件——供应商索取的价格与企业所承担的交易费用之和小于企业自制的生产成本与官僚成本之和；没有集群中企业的纵向分解，就没有集群内企业间分工的深化，大多数企业就不能专业化地从事其有比较优势的活动，整个集群的竞争优势，无论是其成本优势还是差异化优势，就难以形成。本节的目的就是要从社会资本的角度，去说明集群中的信任，以及其形成的条件和其降低集群内交易费用的作用。

4.3.1 作为企业集群社会资本的信任的特征

这里之所谓企业集群社会资本指的是，由企业集群中所有企业所共享的社会资本。必须指出的是，尽管目前很流行，不同的人对社会资本这一术语却有不同的理解和态度。雅各布斯最早在其书《美国大城市的生死》

中使用社会资本的概念，但他未给出社会资本的定义。布尔迪厄把社会资本定义为“同拥有持久的或多或少制度化了的相互熟悉或相互认识的关系网络联系在一起的实际的或潜在的资源的总体。”（转引自 Coleman，1988）这个定义表明，社会资本包含两个要素：使个体获得他们的伙伴所拥有的经济资源的社会关系本身和这些资源的数量及质量。显然，布尔迪厄所强调的是经济主体可通过社会资本得到获取经济资源的直接途径，此为其一；其二，在布尔迪厄看来，所有形式的社会资本最终都可还原为经济资本。但是，把社会资本等同于通过它而获得的经济资源具有套套逻辑的味道。科尔曼根据社会资本的作用把社会资本定义为“具有两个要素的实体：其一，它们都由社会结构的某些方面构成；其二，它们促进经济主体在社会结构中的特定行动。”（Coleman，1988）这个定义其实是相当含糊的，并开启了把许多不同的甚至是相互矛盾的过程，都贴上社会资本的标签的大门。但是，科尔曼所起的作用是重要的。因为，正是他把社会资本的概念引入了美国的社会学中，从而使这一概念在学术界流行起来。当然，社会资本的概念能够流行还有其他原因：一个原因是它把注意力集中于个体的社会性的积极结果上，而把其不那么吸引人的特征放在一边，另一个原因是它把那些积极的结果放在对资本的更广泛的讨论框架中，从而缩小了社会学与经济学之间的距离，吸引了寻求社会问题的成本更低的非经济的解决办法的政策决策者的注意。帕特南把社会资本定义为“促进互利行为和合作的社会组织的特征，如关系网络、行为准则和信任。”（Putnam，1995）但这个定义也具有套套逻辑的味道。希特等把社会资本定义为促进合作行为和创造价值的个人间或组织间的关系，并指出，许多亚洲企业所享有的潜在的竞争优势归根到底是其所拥有的社会资本的优势（Hitt et al.，2002）。如此看来，到现在为止，社会资本仍只是个体社会性的积极影响的标签，是“从糟糕的类比中获得可信度的一种尝试”（罗伯特·M·索洛，2005）。但是，这并不妨碍我们使用这个术语去思考，并得出一些有用的结论。值得注意的是，在科学发展史中不乏这样的事例：科学家们使用一些在后来被完全证伪的名词性的实体概念进行研究，结果却促进了科学的进步。众所周知，至今，科学家们除了把力定义为物体间的相互作用外，就不能告诉我们更多的东西，但是，如果不用这个含糊其辞的概念，整个科学的进步肯定会遭遇极大的障碍。我们把集群信任看成集群社会资本的一种特定形式。因为，集群信任与其他形式的集群社会资本都共有下列特征：

（1）嵌入性或曰根植性。嵌入性或根植性这一概念最早由波拉尼于1944年提出，但把其引入社会学中的是格拉诺威特。所谓嵌入性或根植性所强调的无非是具体的人际关系和这样的关系结构或网络在产生信任和阻止个人或组织的机会主义行为中的作用（Granovetter，1985）。按照嵌入性或根植性观点，集群社会资本或信任作为人与人之间的一种关系，只能存在于关系网络中。与属于个人的属性和技能的人力资本不同，集群社会资本是社会性互动和社会性关系网络的性质，不能由个人独占（Cooke & Wils，1999）。

（2）公共品性质。由集群社会资本或信任的嵌入性（根植性）所决定，集群社会资本或信任一旦形成，就没有人能够排除任一网络成员享有它，而且，在一般情况下，增加一个网络成员享有它，没有任何人会因此受损。换种说法，集群社会资本或信任同时具有消费的非排他性和非竞争性特征，是通常意义上的公共品，但它不是全社会的公共品，而是具有一定地域性的公共品。这意味着，不能克服集群进入壁垒进入集群的企业不能受益于它。

（3）凸显性。集群社会资本或信任是在集群成员间积极的互动中从无到有地形成的，在集群成员发生互动前，并不存在集群社会资本或信任。这是集群社会资本或信任的凸显性的基本含义。这同经济主体的社会性的观念是一致的。

（4）不可还原性。由集群社会资本或信任的凸显性所决定，集群社会资本或信任不可还原成构成集群的企业或个体的特征，但这并不否认构成集群的企业或个体（如企业家）的特征和行动能够对集群社会资本或信任的形成产生重要影响，它所强调的是这种影响过程的复杂性和不可对这种复杂性作机械性的理解。

（5）信息性。集群社会资本或信任作为从集群成员间积极的互动中从无到有地形成的经济资源不可能是有形资源，而只能是无形资源。重要的是，任何无形资源在本质上都是信息。尽管人们在信息的本体论本质是什么的问题上还未达成共识，但可以肯定的是：①信息的基本功能是消除人们对某种对象的不确定性；②复制信息的边际成本为零；③信息不会因使用而磨损。实际上，信任（社会资本）会因使用而增加（Hirschman，1984）。

（6）动态性。在人际互动中所产生的集群社会资本或信任具有随时间变化的性质。因为，人际互动的内容、方式和性质是随时间变化的。变化自然有增加和减少两个方向，但无论是什么方向的变化，都意味着集群社会资本或信任的形成具有累积的性质，需要人们不断地在其上进行时间的和其他经济资源的投资。

（7）投资回报的不确定性。与其他形式的资本的投资不同，集群社会资本或信任的投资回报是难以在事前预见的。不仅如此，集群社会资本或信任的投资的功利性越强，其投资的效果越差。

（8）投资的相互专用性。集群社会资本或信任上的投资的另一特点是其相互的专用性。因为，集群社会资本或信任归根到底是一种能够带来经济价值的社会关系，维持这样的社会关系不仅需要双方的共同努力，而且，承担这种社会关系的主体一旦改变，其价值就会大部分丧失。

（9）毁掉容易创造难的不对称性。集群信任或社会资本的建立往往需要长期的努力，而一个小小的失信行为，甚至一个误解，都可能使其破坏，而且，集群信任或社会资本一旦被破坏，往往要花很长时间才能重建到过去的状态。在某些情景中，失去的信任永远也不能重新获得。

（10）网络外部性。集群社会资本或信任作为一种社会关系，实际上是一种结构化的社会关系网。在这个关系网中活动的人越多，集群社会资本或信任的价值就越大（Burt，1997）。

（11）排他性。集群社会资本或信任同时具有认知的、情感的和行为的三个维度。这意味着要受益于它，必须满足一定的门槛条件。不能满足这些门槛条件的经济主体自然会被排除在外。

4.3.2 集群信任产生的条件

可以根据其产生的信任的类型把集群中信任产生的条件分成三类：弱

式信任的条件、半强式信任的条件和强式信任的条件。所谓弱式信任是机会主义地行动的机会很少或有限条件下的信任，半强式信任是通过治理机制而产生的信任，强式信任是产生于内在原则的信任。也就是说，在弱式信任中，信任之所以可能，是因为不存在交易的易受伤害性（vulnerabilities）；在半强式信任中，尽管存在交易的易受伤害性，但信任也是可能的，因为交易方所建立的治理机制能够有效地把明显的社会的和经济的成本强加于机会主义地行动的交易方；在强式信任中，尽管存在明显的交易的易受伤害性，信任也会出现，不管是否存在精心设计的社会的和经济的治理机制，因为，机会主义行为违背了被交易方内在化了的价值观念、行为原则和标准（Barney & Hansen，1994）。强式信任也称为原则化的信任。它所反映的是指导交易各方行为的原则和标准，而这些原则和标准可能反映了交易方独特的历史、文化和个人信念。在此意义上，它外生于特定的交易结构，其主要激励是回避交易方内心自我施加的成本，如个人的失败感和内疚感。

1. 产生集群弱式信任的条件

（1）更少的结构洞。伯特 1992 年在《结构洞：竞争的社会结构》一书中提出了他的结构洞理论。所谓结构洞指的是一种三边关系。在这种三边关系中，一个经济主体同时与两个相互间没有联系的主体保持着某种关系。这个经济主体就叫占据着结构洞的主体。占据着结构洞的主体可能通过操纵信息，如对相互间没有联系的两个主体中的一个说另一个愿意出更高的购买价等，获取经济租金。这种经济租金可称为伯特租金（Kogut，2000）。容易理解的是，结构洞丰富的企业网络能够提供更多的伯特租金，但会抑制网络中信任的发展。反过来，结构洞少的企业网络尽管不能提供更多的伯特租金，但有利于信任的产生和减少机会主义行为（Ahuja，2000）。集群中的企业网络就是一种结构洞少的关系网络。在企业集群的关系网络中，更常见的是，不仅两个企业间有关系，而且，它们分别与相同的第三个企业间也有关系。这意味着集群中的企业较之松散网络中的企业，更少机会去通过操纵信息获取伯特租金。

（2）更低程度的不对称信息。众所周知，阿克洛夫的柠檬市场模型说明，不对称信息常常是交易者机会主义地行动的必要条件，也常常是高交易费用的重要原因（Akerlof，1970）。集群中的企业在地理上的靠近和积极的互动，使购买者通常具有有关供应商的成本、生产方法、技术和其竞争对手的营销策略等的详细信息。在这种情况下，供应商无法通过掩盖重要信息从机会主义行动中获利。

2. 产生集群半强式信任的条件

（1）更强的声誉效应。企业的声誉是能够产生未来租金的无形资产。在不完全信息的情景中，建立声誉的行动在策略上是重要的（Weigelt & Camerer，1988）。因为，在现实的经济生活中，许多重要的策略性相互作用都是一种动态博弈。动态博弈中的序贯均衡不是仅仅把一个纳什均衡界定为一个行动，而是一个信念和行动的集合：给定特定的信念，特定的行动是最优的。这里的信念主要是有关博弈对手类型的信念。所谓类型指的是博弈者所知道的有关博弈对手的信息的集合。一般地，一个企业的类型包括它的成本函数、生产能力、区位、管理能力、营销计划、研发支出和高层经理的价值观念，等等。在序贯均衡中，不管过去发生过什么，每个博弈者必须依靠他对过去行动的信念和他对对手未来行动的猜测，去选择自己的未来行动。一句话，在涉及序贯均衡的博弈中，声誉非常重要。它能够有效地传递交易者类型的信息，影响其未来的交易机会。但是，声誉机制要有效地发挥作用必须具备几个条件：①能够及时地发现什么人采取了什么样的机会主义行动；②什么人采取了什么样的机会主义行动的信息能够快速在机会主义者潜在的和现实的交易伙伴间传播；③机会主义者因其机会主义行为的信息快速传播而招致的未来损失的贴现值大于其一时的机会主义行为所可能带来的所得。企业集群是一种高效的搜集和传播信息的人际网络，任何企业的机会主义行为都会被即时发现，并在同行中快速传播，导致其声誉快速贬值。同样重要的是，企业集群也是一种本地化的交易关系，它延长了“未来的阴影”（Heide & Miner，1992），提高了企业未来接触——尤其是那种事前难以预料的不确定性的接触——的频率，使交易者能在未来相互奖励和惩罚：如果一个交易者在一个回合中合作，另一个交易者可能通过在下一回合中的合作来奖励这种合作行为；如果一个交易者在一个回合中背叛，另一个交易者可能通过在下一回合中的背叛来报复这种机会主义行为。交易行为的可见性和其信息的可获得性，所有这些都使得企业集群中的即使是一次性的交易实际上也是无限重复的未来交易中的一个。也就是说，在企业集群中，在企业 Y_1与企业 X 的一次性博弈中，企业 Y_1实际上不是单一的博弈者，而是某个博弈者集合中的一员。一个无形的信息网络把他们联系在一起，使他们能够分享有关 X 的声誉的信息。所以，另一个企业 Y_2将怎样行动在很大程度上取决于 X 在过去的交易中如何对待 Y_1（Hill，1990）。企业集群中更强的声誉效应无疑有助于企业在互动中培养信任，减少机会主义行为。

（2）建立信任关系的投资的专用性。信任具有认知的、情感的和行为的三个维度。如果把所有认知的内容从信任中消除，则剩下的是盲目的信心和一成不变的希望。另外，如果把所有的情感内容从信任中排除，则剩下的只能是冷血的预测和理性地算计的风险（Lewis & Weigert，1985）。重要的是，建立信任的认知基础（如相互理解、程序和惯例的发展等）和情感基础都涉及大量的关系专用性投资。这些投资所费具有沉没成本的性质。正因为如此，建立信任关系的投资具有抵押的功能，能够促进信任的发展。

（3）激烈的产品市场竞争。众多的生产紧密替代品的势均力敌的企业在地理上靠近的重要后果之一，就是供应商之间激烈的市场竞争。这种竞争使每一个交易者时时面临着交易对方退出交易的巨大威胁。这种威胁对于交易者的机会主义倾向和行为无疑是一种有效的约束。

（4）网络治理。在企业集群中，企业更容易感受到它们间的相互依赖和共同利益，因而，也更容易发展出各种专业性的民间组织，如各种行业协会。这些民间组织的重要功能之一，就是要对少数企业的机会主义行为采取某种集体行动，尤其是当这些机会主义行动有损大多数企业的利益时。这实际上是一种网络治理机制。

3. 产生集群强式信任的条件

（1）相互认同。集群中交往关系的本地化有助于人际的持续的互动，这种互动不仅会导致人们交往习惯的养成和交往行为的制度化，而且会直接导致集群中的企业家在价值观念、情感和做事的方式等方面的相互认同，从而促进集群中信任的产生。

（2）看重关系自身的价值。新古典经济学的缺陷之一是，只关注交易中的可用货币度量的价值，而忽视其不可用货币度量的价值，如人们在持续的交易中所形成的友谊的价值等。这同其把每个交易都处理成相互分立的而不是相互联系的，以及其明显的效率主义导向，密不可分。实际上，只有当经济分析的单位从交易转换到关系时，经济理论才能更深刻地理解企业的行为和绩效。注重关系本身的价值在中国、韩国和日本这样的亚洲国家更加突出。但中韩之间有明显的区别。与韩国人的地理导向的关系观不同，中国人的关系观是血缘导向的。也就是说，中国人赋予关系的权重随交往者间的基因距离的递增而递减。在一般中国人的心中，从血缘关系到姻缘关系到乡缘关系到学缘关系到事缘关系，其重要性递减。梁漱溟称为中国人的近爱主义。这种近爱主义的一种表现是，中国人对与自己有“缘”的人容易产生信任，甚至是盲目的信任，而对与其没有“缘”的人通常取不信任的态度。李新春称为家族主义信任（李新春，2002）。不管我们如何评价这种现象，一个不可否认的事实是，交易关系自身是有价值的，而且，在持续的关系中会内生出义务感、友谊和信任。

（3）对以互补性为基础的共同利益的感知。集群中企业间的互补性是个明显的事实，这种互补性包括技术的互补性、资源的互补性、产品的互补性和活动的互补性。前两种互补性使得每个企业都在一定程度上依赖于由其他企业所控制的资源成了集群中企业的一大特征。后两种互补性归根到底产生于集群中企业纵向分解所形成的企业间的分工关系。这些互补性使集群中每个企业的经济绩效不仅取决于它自身的行动，而且，还在一定程度上取决于其他企业的行动和结果。比如，每个供应商的成功都在一定程度上取决于集群最终产品的市场竞争力，而这在很大程度上取决于所有其他供应商以低价格销售其优质产品的能力。对这种共同利益的感知将有助于约束集群中企业的机会主义行为，培养集群信任。

4.3.3　集群信任对交易费用的影响

交易费用，顾名思义，是由交易而生的费用，是在一个人的鲁滨逊世界里不存在的费用。从合约的角度观之，市场交易过程其实就是一个交易各方签订和执行合约的过程。所以，可以把市场交易费用分成签订合约的费用和执行合约的费用。前者包括草拟合约的费用、就合约内容进行谈判的费用和确保合约条款得以履行所付出的费用等，后者包括由交易行为逐渐偏离合作方向所产生的双方互不适应带来的费用、交易双方为纠正事后的不合作行为而谈判所付出的费用、为了解决合约纠纷而建立治理结构并保持其运转所付出的费用、为确保合约中的各种承诺得以兑现而付出的费用等（威廉姆森，2002）。集群中的信任有助于降低交易费用，原因如下：

（1）集群中的信任有助于集群中的交换采取共同解决问题的而非斤斤计较的讨价还价的方式。多尔发现，道德化的交易关系使得“机会主义”在日本是个较小的危险，交易费用因此在日本较低。一个重要原因是，在日本企业间往往有一种共同解决问题的合作关系。当一家企业发现其供应商的价格较高时，它不是马上中止已有的交易关系，它的经理会对其供应商说：“看你的对手企业如何降低了它的价格。我们希望你能做同样的事。因为，如果差价持续几个月的话，我们将不得不重新考虑我们的选择。如果你需要银行融资去获得新的设备，我们或许可提供贷款担保方面的帮助。”（Dore，1983）也就是说，在日本的企业间存在一种进行价格和数量协商的惯例：第一，“坏时光”时的损失和“好时光”时的所得应共同分摊和分享；第二，核心企业不应在衰退期利用其谈判优势或供应商之间的竞争去打压供应商，把它们逼向破产的边缘。乌西发现，共同解决问题的安排实际上是嵌入性或根植性关系的三大特征之一，另两个特征分别是信任和信息转移（Uzzi，1996）。也就是说，在企业集群中，新古典市场中的“退出否则待着”的反应模式很可能被“发表意见而非退出”的行为模式所取代。这种交易模式的变化无疑有助于降低集群中企业签订和执行合约的成本，节约交易费用。

（2）集群中的信任提供了更多的机会去实现交易公平。集群中的企业关注的通常是“公平的”价格而非“最佳的”价格。但是，公平的价格实际上是一种主观价格，其“公平”在很大程度上取决于购买方对卖方利益的认同。这在一定程度上取决于购买方对卖方的生产过程的复杂性、生产成本、产品性能和竞争环境等的感知，而这是需要时间的。当集群中的卖方感到交易条件不公时，它们通常有一种选择，那就是把当前的不公留待未来解决。因为，在买方获得更多的有关卖方的信息后，可以在未来的交易中实现公平的交易。一句话，集群中的企业为了长期的公平，对即期的不公有更大的忍耐力。显然，这依赖于两个前提：第一，存在未来的交易机会；第二，卖方相信买方在获取更多的信息后不会继续损害自己的利益。集群化企业交易的本地化和集群信任的存在意味着这两个条件对于集群中的企业都是成立的。集群化企业的这种未来导向的交易模式，无疑有助于降低集群中企业签订和执行合约的成本，节约交易费用。

（3）集群中的信任有助于集群中的企业家保持最优的社会距离。在人际关系的层次上，本地化的生产网络中的信任是以企业家间最优程度的社会距离为特征的，这有助于降低集群中的交易费用。因为，如果经济主体是完全的陌生人，则双方缺乏建立非合约交换的信息前提，他们必然会招致交易费用，如为建立一个覆盖了所有可预见的偶发事件的正式合约而可能产生的所有费用。另一方面，如果经济主体因为友谊或血缘而联系得太紧密，则非经济的义务会进入交易安排并腐蚀经济理性，提高合约执行中的费用（Carney，1998）。

（4）集群中的信任有助于实现关系治理。所谓关系治理实际上就是依靠自我实施的协议进行治理。按照特尔塞的说法，自我实施的协议的最重要的特征是，“如果一方违约，另一方在发现这种违约后的唯一的求助对象是中止协议。”（Telser，1980）也就是说，合约方不能把合约安排的重要条款还原成很好地界定了的义务。合约条款的含糊性，或者是因为要事先界定在未来的各种偶发事件下各方的权利和义务所需费用太高，或者是因为各方更看重在未来根据可观察但不可证实的信息进行适应性调整的灵活性。显然，关系治理实际上也是依靠信任和声誉进行治理，它有助于节约交易费用。因为，第一，它节约了界定难以预见的偶发事件下各方的权利和义务的费用。因为，既然我信任你，我就没有必要设计详细的合约以防止你损害我。实际上，注重合约的细节还会传递我不信任你的信息，有损友谊和相互信任。第二，它节约了建立各种合约保护措施的费用。在我不信任你的情况下，我可能要求你作出某种可置信承诺，如一定的财产抵押和某种专用性投资等，以让我相信违约对你而言是不理性的。这必然涉及一系列谈判、签约和监督的费用。第三，它节约了重新谈判和签约的费用。在古典合约的情况下，进行重新谈判和签约的费用太高，合约各方常常会因此失去适应不断变化的环境的灵活性。在这方面，自我实施的合约有巨大的优势。

（5）集群中的信任有助于节约下列费用：①搜寻可靠的交易伙伴的费用。在集群化的网络关系中，身份是重要的。所以，在某种情况下，重要的是与谁交易而非交易什么。集群中企业较之集群外企业的一个优势是，它们有更大的可能性通过已有的交易伙伴去发现新的可靠的交易伙伴。在缺乏信任的情况下，找到合适的交易伙伴的费用常常很高。②监督合约履行的费用。如果我信任你，则我相信你会作出考虑了我的利益和感受的决策，因此没有多大的必要去搜集你的行为的相关信息，以证实你的行为。

4.4 拥挤效应对企业集群竞争力的影响

企业集群的研究者较少注意的一个问题是，企业集群在发展中所产生的拥挤效应对集群竞争优势的不利影响。本节的主要目的是，分析各种拥挤效应对集群竞争力的不利影响，并探讨其政策含义。

4.4.1 企业集群的竞争优势：关系的观点

企业竞争力的高低取决于企业最大化客户所感知到的价值与客户购买和使用产品所招致的成本之比的能力。客户所感知到的价值，包括产品价值、服务价值、个人价值和形象价值等，既取决于产品本身所具有的特征，又取决于客户的特定偏好和复杂的社会心理活动。客户购买和使用产品所招致的成本，既包括购买价格，也包括客户购买产品而招致的交易费用和一些难以用货币度量的心理成本。从产生过程看，企业的竞争优势，或者产生于企业在保持客户所感知到的企业产品的价值不低于对手企业的产品的价值的前提下，降低客户所感知到的企业产品的成本的活动，或者产生于企业在保持客户所感知到的企业产品的成本不高于对手企业的产品成本的前提下，使客户所感知的企业产品的价值高于对手企业的产品的价值的活动。企业通过前一类活动所获得的竞争优势就是人们通常所说的成本优势，而企业通过后一类活动所获得的竞争优势就是人们通常所说的差异化优势。毫无疑问，对于追求利润最大化的企业而言，企业的一切战略和行动只有在能够有助于形成企业的成本优势或差异化优势时才有意义。在产业经济学和企业战略管理理论中，分析企业竞争优势的文献主要有两类：产业结构的观点和以资源为基础的观点。企业竞争优势的产业结构的观点的主要代表是迈克尔·波特。这种观点强调，企业的竞争优势主要取决于企业所属行业的有利特征，如企业相对的谈判力和行业进入壁垒等（迈克尔·波特，2001）。所以，持这种观点的许多学者把行业作为分析的单位就不奇怪了。企业竞争优势以资源为基础的观点的主要代表有韦纳菲尔特和巴尼等。这种观点强调，企业在经济绩效方面的差异主要产生于企业在获取、积累和利用资源方面的异质性而非行业结构，能够有效获取、积累和利用战略资源的企业就可形成相对于对手的竞争优势。这里的战略资源主要指同时具有稀缺性、价值性、难以模仿性和不可替代性四大特征的资源。而且，维护企业的以资源为基础的竞争优势的机制主要是企业层次上的模仿壁垒，包括资源的产权、因果关系的模糊性、时间压缩的不经济和企业资产存量的相互联结性等（Wernerfelt，1984；Barney，1991）。显然，以资源为基础的观点把企业作为分析的单位。令人遗憾的是，产业结构的观点和以资源为基础的观点都不足以解释企业集群中企业的竞争优势。因为，明显的事实是，众多中小企业聚集而成的企业集群，不仅进入壁垒低，而且企业间存在激烈的竞争，企业间的谈判力往往势均力敌，此为其一；其二，集群中的企业大多数规模小，企业能够调动和支配的资源有限，一般没有以资源为基础的竞争优势。但是，另一个普遍的事实是，在全球范围内，大多数企业集群中的企业都具有较之同样的但相对孤立的企业的竞争优势。因此，必须从集群中的企业所形成的企业间的关系网络中，去寻找集群中企业的竞争优势的源泉。这就是集群中企业的竞争优势关系的观点。按照这一观点，集群中企业的竞争优势产生于集群中企业所进行的关系专用性投资、企业间知识共享的惯例、集群内的互补资源禀赋和对集群内机会主义的有效的网络治理。我们将从集群内企业的成本优势或差异化优势形成的角度，说明这四个特点对集群内企业的竞争优势的贡献。

1. 影响集群内企业的成本优势和差异化优势的共性因素

影响集群内企业的成本优势和差异化优势的共性因素是创新，包括技术创新、生产组织形式的创新、产品创新、原材料或中间投入品来源的创新和分销渠道的创新等。有利于集群中企业创新的因素主要有：

（1）集群内企业间知识共享的惯例。集群中的企业在持续的互动中容易发展出知识共享的惯例，也就是使企业间的知识交换制度化的过程。集群中的每个企业所拥有的知识既有编码的知识，又有意会性的知识。意会性的知识通常是企业通过干中学积累起来的、“黏性的”、复杂的和难以模仿的知识。凭借了这些特征，意会性知识更易成为企业可持续竞争优势的源泉。同样是因为这些特征，意会性知识在不同企业间的转移需要来自不同企业的人员间的面对面的接触。集群中的各种人际关系网络无疑为这种重要但非正式的人际互动提供了良好的条件。再者，集群中的企业在持续的互动中容易发展出伙伴专用性的吸收能力，也就是企业认识到和同化来自特定伙伴企业的非常有价值的知识的能力，如知道什么企业的什么人知道什么的能力。知识共享的惯例使企业集群实际上变成一个巨大的学习型的企业网络，每个企业的成功的创新都可能通过共享，很快地成为集群内所有同类企业的行为模式。与个体企业孤立地进行创新比较，集群内创新的频率大大提高，创新的时间大大缩短。这些反映在产品上就是，集群中企业的产品的成本快速下降，而质量快速改进。

（2）集群内企业间互补的资源禀赋。在当前全球化的新竞争情境中，每个企业都可能在某种特定类型的资源上具有优势，但很少有企业能够同时在各种类型的资源上具有优势。当众多企业聚集在某个特定的地理空间形成企业集群时，它们实际上同时形成了一个巨大的互补资源库，企业得以通过各种以信任为基础的关系，从这个资源库中获取它们在正式的生产要素市场上难以获取的资源，其创新也就更容易成功。

（3）集群内企业间有效的治理形式。与相对孤立的企业比较，集群中的企业更多地使用特尔塞意义上的自我实施的协议。其原因主要有三：

①利用第三方（如法庭）实施法律合约的成本对于集群中的中小企业而言常常太高，不可行。②利用第三方（如法庭）实施法律合约通常会导致企业间合作关系的终止，不宜用。③集群中企业在长期互动中发展起来的信任使自我实施的合约具有可行性和适意性。使用自我实施的协议有助于降低集群内的交易费用，理由主要有：①回避了签订详细合约时界定细节的缔约成本。②避免了使用法律上可实施合约时的部分监督成本。③降低了为应对未预料到的环境变化而对合约进行修订的成本。④自我实施的合约通常也是长期合约，从而避免了许多重新缔约的成本。交易费用的降低使集群中的企业能够快速建立各种合作关系，对集群内的资源进行灵活的重组，这样的资源重组正是熊彼特意义上的创新的本质（熊彼特，1997）。

2. 影响集群内企业的成本优势的特定因素

有助于实现集群内企业的成本优势的特定因素很多，主要有：

（1）集群内存在的专业技术工人的劳动市场有助于化解劳动市场的供求波动对企业的不利影响，节约其劳动成本。

（2）集群内存在的原材料和中间品投入市场有助于降低企业的采购成本。

（3）集群内企业在空间上的彼此靠近有助于降低企业的运输成本和存货成本。

（4）集群内企业在空间上的彼此靠近所产生的需求的集中和扩大有助于企业利用生产中的规模经济降低生产成本。

（5）集群中企业纵向分解所产生的小科层（mini-hierarchy）的所有权激励效应有助于企业控制其成本。

3. 影响集群内企业的差异化优势的特定因素

影响集群内企业的差异化优势的特定因素主要是企业间的关系专用性投资。经济学的一个基本道理是，没有经济租金，经济主体就没有热情去从事经济活动。要产生经济租金，就必须进行关系专用性投资（Amit & Schoemaker，1993），对形成以企业的差异化优势为基础的经济租金而言尤其如此。威廉姆森确认了三类资产专用性：地点的专用性、实物资产的专用性和人力资产的专用性（威廉姆森，2002）。地点的专用性指本质上不能移动的前后联结的生产阶段在空间上彼此靠近。这显然有助于降低协调不同企业的经济活动的成本。实物资产的专用性指使组织过程适应特定交易对象的交易专用性资产投资。这种投资直接地有助于实现产品的差异化优势。人力资产的专用性指交易者通过长期关系积累的交易专用性的诀窍和技能。这些诀窍和技能有助于交易各方间的有效沟通和提高产品进入市场的速度。更高的产品进入市场的速度在以时间为基础的竞争中是企业差异化优势的一种重要来源。但是，对关系专用性投资所产生的准租金的争夺，有可能使专用性资产的投资者暴露在交易对方敲竹杠的威胁之下（Klein et al.，1978）。预见到这种可能性的投资者可能不愿进行关系专用性投资。集群内企业间的信任有助于克服企业对不公平的租金分配的担心，使企业愿意进行关系专用性投资。这种专用性投资作为信任和可置信承诺的信号反过来又会促进企业间信任的强化和交易费用的降低（Dyer，1997）。结果，在企业集群中有可能出现相对高的资产专用性投资与低交易费用并存的情形，使企业集群兼有专业化生产的优势和弹性（柔性）生产（flexible production）的优势。集群作为一种特定的生产系统的柔性主要有速度柔性和范围柔性两种（Garud & Kotha，1994）。集群的速度柔性指的是集群能够在正确的时间递送产品，满足买者的时间要求，并且，集群能够根据不断变化的产品组合，调整其制造过程。集群的范围柔性指的是集群所生产的产品定制化的程度，也就是集群所生产的产品满足买者的个性化需求的程度。

4.4.2 拥挤效应对企业集群竞争力的有害影响

拥挤效应对企业集群竞争力的不利影响主要有以下几方面的表现：

1. 企业集群产品市场的拥挤效应

集群内企业间竞争的一个显著特征是“贴近对手的竞争”（李新春，2002）。每个企业从采购到生产到营销的全部活动，在很大程度上是对手可观察的、可模仿的。这意味着创新企业获得的超额利润会因大量对手的快速模仿而迅速减少，直至消失。这种竞争效应对于维持集群内企业的创新动力是不利的。另一个后果是，集群中不能通过创新获取利润的企业，在走投无路时，很可能通过偷工减料、降低产品质量等手段，维持其生存利润。在买方存在集群品牌忠诚，或买方不能及时发现卖方的机会主义行为的情况下，这种策略对集群中的部分企业有较大的诱惑力。其结果是机会主义企业驱逐非机会主义企业。集群产品市场拥挤效应的另一种后果是，集群中企业普遍陷入价格战中而不能自拔。因为，集群中企业间的相互模仿会使集群内不同企业生产的产品在质量上快速趋同，买者需求的价格弹性因此会不断提高。当买者的需求富有价格弹性时，降价以窃取对手的生意这种策略的有效性就会变得明显。在这种情况下，企业是降价还是不降价呢？答案是，不管对手是降价还是不降价，每个企业的最佳策略都是降价。当集群中的大多数企业采取降价的策略时，整个集群就会陷入价格战的囚徒困境中：价格战导致每个企业受损，但没有企业能够通过改变其打价格战的策略而改善其处境。要摆脱这种困境，众多企业间必须相互信任，并采取合作性的、一致的集体行动。但是，产品市场的拥挤会使集群内企业展开争夺生存空间的竞争，使它们的利益相互冲突。在利益相互冲突的情况下，企业间是难以建立信任的。所以，解决问题的根本之途是，彻底缓解集群产品市场的拥挤状况。

2. 企业集群要素市场的拥挤效应

企业完全可以被看成一种把一定的投入转变成一定的产出的动态过程。企业的产出，或者是有形的产品，或者是无形的产品。企业的投入主要有劳动、土地和各种形式的资本。所以，当众多中小企业聚集在一个狭窄的地域而形成企业集群时，必然会形成对各种生产要素的相对巨大的需求，并且，随着新企业的不断进入，这种需求还会不断增大。在供给不能保持同等比例增大的情况下，各种生产要素的价格就会随着企业集群规模的增大而上升，尤其是那些供给缺乏弹性的生产要素，如土地和土地相关的产品如房地产等。在企业的生产效率保持不变的情况下，生产要素价格的上升将直接地反映在企业生产成本的上升中。要维持企业利润不下降，其产品价格必须与生产成本同步上升。在激烈的集群内企业与集群外企业间的市场竞争中，这种要素成本驱动的价格上升，将直接导致集群产品失去市场竞争力。其后果之一是，企业集群的市场份额缩小。另一个后果是，集群内的部分企业搬迁到要素价格相对较低的其他地方进行生产。集群内企业对要素成本驱动的产品成本上升的另一种可能的适应性反应是，压低工人的工资。在工人跨地区流动的经济成本、心理成本和机会成本保持不变甚至上升的情况下，工资的相对下降会导致工人流失到集群之外的地方就业。即使工人不流失，他们的工作热情也会流失。因为，经济学的一个重要结论是，没有经济租金，就没有热情。当工资的降低缩小了工人获得的租金，甚至把其租金变成负租金时，工人对工作的热情和他们对企业的忠诚也随之一起被毁掉了。企业为了“锁住”工人，可能会采取一些违法的手段，如强制扣留工人的身份证、部分工资等。企业应对要素成本驱动的产品成本上升的另一种手段是，延长工人每天的工作时间，而对工人加班时间内的工作所支付的报酬远远低于法定的最低工资。所有这些都会直接恶化劳资关系，对企业集群的竞争力产生有害影响。所以，解决问题的根本之途是，企业通过降低成本的创新，或提高买者感知到的产品价值的创新，克服企业集群要素市场拥挤所产生的不利影响。

3. 企业集群环境资源的拥挤效应

集群中企业的生产活动像集群外企业的生产活动那样必然会产生各种负环境外部性。这些负外部性长期累积的结果必然是集群内人类生活的自然环境质量不断恶化，如空气中有害物含量不断提高，清洁河流逐渐变成了令人窒息的污水沟，悦目的自然景色永远地消失，而代之以单调的厂房，等等。这种情况在发展中国家的企业集群中尤其严重。其直接的后果则是降低整个企业集群对劳动者的吸引力。因为，清新的空气、清洁的河流、悦目的自然景色等都是高收入弹性的公共品，人们对这些东西的需求会随着他们的收入的增长以更快的速度增长。这种现象在具有高人力资本价值的劳动者身上非常明显。劳动者对生活环境质量评价的降低会迫使企业提高工资，以留住那些想离开企业集群的具有高人力资本的劳动者。这将对集群内企业的成本优势产生不利影响。当整个企业集群变成一个巨大的污染场所时，竞争力对污染敏感的企业的生存就会受到严重威胁。因为，消费者会在心里把食品、服装、化妆品等物品的品质与产地的污染联系起来，而降低对污染严重的企业集群所生产的产品品质的评价。所有这些不利影响会迫使地方政府采取更严厉的环保措施，如更严格的技术标准和绩效标准等。这些无疑会直接提高不能成功进行适应性创新的企业的生产成本，甚至危及其生存。

4. 企业集群基础设施的拥挤效应

尽管基础设施对地方经济发展的贡献率的定量分析还是一个未解决的和有争议的问题，而且，基础设施的投资回报在很大程度上取决于针对私人投资的公共政策，一个可观察的事实是，成功的企业集群往往都有比较完善的基础设施。研究基础设施投资的许多文献表明，基础设施的投资不仅会促进经济增长，还有助于缓解贫困和实现环境的可持续性。企业集群相关的基础设施包括物质性的基础设施和信息性的基础设施两大类。企业集群相关的物质性的基础设施主要有供水、供电、供（煤）气、交通、电话、互联网等系统和中小学学校、医院、公园等设施。这些基础设施的一个重要特点是，在未达到其临界点时，其消费往往具有正网络外部性，此时，每个使用者的效用会随着其他使用者人数的增加而增大。但是，当达到其临界点时，其消费就会表现为负网络外部性，此时，每个使用者的效用会随着其他使用者人数的增加而减少。供水、供电、供（煤）气、交通、电话、英特网等系统的拥挤，或者会直接提高企业的生产成本，尤其是在地方社区分区停电、停水和交通堵塞等情况下，或者会直接降低企业及时地对市场变化作出正确反应的能力。所有这些无疑会降低整个集群的竞争力。集群相关的信息性基础设施主要是企业集群内那些以知识为基础的基础设施，如各种研发机构、大学、旨在保护知识产权的法律制度、专业化的培训技术工人或企业家的机构和企业家的社会基础设施等。企业家的社会基础设施是组织的群体层次上的互动方面，它存在于符号和互动中，而非存在于个体中或事物中，主要包括象征性的多样性、资源的动员和关系网络。象征性的多样性实际上是企业集群集体的或共同体层次上的包容性而非排他性，其基本特征有四：①宽容争执。在有企业家的社会基础设施的企业集群内，意见分歧不会变成道德问题，而是被看成看世界的不同方式；人们可以相互不同意，但仍相互尊重。②政治的去个人化。在有企业家的社会基础设施的企业集群内，不同意不会被看成出于邪恶的本性。③关注进步而非输赢。④开放的共同体边界。这意味着在有企业家的社会基础设施的企业集群内，“我们”越来越多，“他们”越来越少（C. B. Flora & J. L. Flora，1993）。资源的动员指企业集群中的企业能够为了共同利益而动员私人资源，共同承担风险，采取集体行动。有企业家的社会基础设施的企业集群的关系网络，包括水平网络和纵向网络，其主要功能是促进资源和信息的集群内流动。值得强调的是企业集群内保护知识产权的资源的拥挤效应。其表现是，给定保护知识产权的资源数量，集群内企业数量的增大会导致对集群内企业知识产权的保护减弱。这对于知识和技术密集性的企业集群危害极大。因为，知识产权是知识和技术密集性的企业的核心竞争力的基石，其一个突出的特征是外溢性非常高，很容易被对手企业快速模仿和竞争性地加以利用，使知识产权的创造者难以通过知识产权的市场应用实现满意的投资回报率。当企业集群中重要的企业都采取“窃取”而非创造的策略时，知识和技术密集性企业集群的竞争力的基石就动摇了，其竞争优势的消失就不会遥远了。

4.4.3 结论和政策含义

企业集群的可持续的竞争优势，无论是其成本优势，还是其差异化优势，主要产生于由企业集群内企业间积极的互动所推动的创新。然而，在企业集群发展中所产生的各种企业集群拥挤效应，如产品市场拥挤效应、要素市场拥挤效应、环境资源拥挤效应和基础设施拥挤效应等，都会以某种方式对企业集群的竞争力产生不利影响。政府可以采取一些措施来缓解这些不利影响，如帮助集群内企业提高其创新能力，引导它们从零和性质的价格竞争转向正和性质的差异化竞争；放弃以低价土地吸引企业进入集群的政策，或实行区别对待的政策，鼓励产品附加价值高的企业进入集群；严格环保标准，或实行以市场为基础的环境政策，缓解环境资源拥挤效应对企业集群竞争力的不利影响；通过政府、企业和个人多方参加的战略联盟，改善企业集群物质性基础设施的供给状况；随着企业集群从劳动力密集的企业集群转变成技能密集和技术密集的企业集群，地方政府进行基础设施投资的重点应当从物质性基础设施的投资转向信息性基础设施的投资，尤其是要加强对创新企业的知识产权的保护。

本章参考文献

[1] 约瑟夫·熊彼特：经济发展理论 [M]. 北京：商务印书馆，1997.

[2] Junfu Zhang. Growing Silicon Valley on a Landscape: An Agent-based Approach to High-Tech Industrial Clusters [J]. Journal of Evolutionary Economics, 2003, 13: 529 – 548.

[3] Pentland, B. T. and Rueter, H. H. Organizational Routines as Grammars of Action [J]. Administrative Science Quarterly, 1994, 39 (3): 484 – 510.

[4] Simon, H. A. Rationality as Process and as Product of Thought [J]. The American Economic Review, 1978, 68 (2): 1 – 16.

[5] Levitt, B. and March, J. G. Organizational Learning [J]. Annual Review of Sociology, 1988, 14: 319 – 340.

[6] Walsh, J. P. and Vngson, G. R. Organizational Memory [J]. The Academy of Management Review, 1991, 16 (1): 57 – 91.

[7] DiMaggio, P. J. and Powell, W. W. The Iron Cage Revisited: Institutional Isomorphism and Collective Rationality in Organizational Fields [J]. American Sociological Review, 1983, 48 (2): 147 – 160.

[8] Murphy, K. M., et al. Industrialization and the Big Push [J]. The Journal of Political Economy, 1989, 97 (5): 1003 – 1026.

[9] Reed, R. and DeFillippi, R. J. Causal Ambiguity, Barriers to Imitation, and Sustainable Competitive Advantage [J]. Academy of Management Review, 1990, 15 (1): 88 – 102.

[10] Kirzner, I. M. Entrepreneurial Discovery and the Competitive Market Process: An Austrian Approach [J]. Journal of Economic Literature, 1997, 35 (1): 60 – 85.

[11] Cohen, M. D. and Bacdayan, P. Organizational Routines are Stored as Procedural Memory: Evidence from a Laboratory Study [J]. Organization Science, 1994, 5 (4): 554 – 568.

[12] 孙鳌、吴江．政策工具、产权残缺与国企改革 [J]. 云南社会科学 . 2006 (1): 58 – 61.

[13] Henderson, R. M. and Clark, K. B. Architectural Innovation: The Reconfiguration

of Existing Product Technologies and the Failure of Established Firms [J]. Administrative Science Quarterly, 1990, 35 (1): 9 - 30.

[14] Tushman, M. L. and Anderson, P. Technological Discontinuities and Organizational Environments [J]. Administrative Science Quarterly, 1986, 31 (3): 439 - 465.

[15] Tassey, G. Underinvestment in Public Good Technologies [J]. Journal of Technology Transfer, 2005, 301 (2): 89 - 113.

[16] Cohen, W. M. and Levinthal, D. A. Innovation and Learning: The Two Faces of R&D [J]. The Economic Journal, 1989, 99 (397): 569 - 596.

[17] Cohen, W. M. and Levinthal, D. A. Absorptive Capacity: A New Perspective on Learning and Innovation [J]. Administrative Science Quarterly, 1990, 35 (1): 128 - 152.

[18] 孙鳌. 政府在产业集群共性技术供给中的作用 [J]. 南方经济. 2005 (5): 40 - 42.

[19] Schrader, S. Informal Technological Transfer between Firms: Cooperation through Information Trading [J]. Research Policy, 1991, 20: 153 - 170.

[20] Stiglitz, J. E. The Contributions of the Economics of Information to Twentieth Century Economics [J]. Quarterly Journal of Economics, 2000, 115 (4): 1441 - 1478.

[21] Ouchi, W. G. and Bolton, M. K. The Logic of Joint Research and Development [J]. California Management Review, 1980, Vol. XXX, 3: 9 - 33.

[22] 李纪珍. 产业共性技术供给体系 [M]. 北京：中国金融出版社，2004.

[23] 乔治·泰奇. 研究与开发政策的经济学 [M]. 北京：清华大学出版社，2002.

[24] Hosuer, L. T. Trust: The Connecting Link between Organizational Theory and Philosophical Ethics [J]. The Academy of Management Review, 1995, 20 (2): 379 - 403.

[25] Coleman, J. S. Social Capital in the Creation of Human Capital [J]. American Journal of Sociology, 1988, 94: 95 - 120.

[26] Putnam, R. D. The Prosperous Community: Social Capital and Public Life [J]. The American Prospect, 1993, 13: 35 - 42.

[27] Hitt, M. A., et al. The Importance of Social Capital to the Management of Multinational Enterprises: Relational Networks among Asian and Western Firms [J]. Asian Pacific Journal of Management, 2002, 19: 353 - 372.

[28] 罗伯特·M·索洛. 关于社会资本与经济绩效的评注 [A]. 社会资本：一个多角度的观点 [C]. 北京：中国人民大学出版社，2005.

[29] Granovetter, M. Economic Action and Social Structure: The Problem of Embedded-

ness [J]. The American Journal of Sociology, 1985, 91 (3): 481 –510.

[30] Cooke, P. and Wils, D. Small Firms, Social Capital and the Enhancement of Business Performance through Inovation Program [J]. Small Business Economics, 1999, 13: 219 –234.

[31] Hirschman, A. O. Against Parsimony: Three Easy Ways of Complicating Some Categories of Economic Discourse [J]. American Economic Review, 1984, 74: 88 –96.

[32] Burt, R. S. The Contingent Value of Social Capital [J]. Administrative Science Quarterly, 1997, 42 (2): 339 –365.

[33] Barney, J. B. and Mark H. Hansen, M. H. Trustworthiness as a Source of Competitive Advantage [J]. Strategic Management Journal, 1994, 501 (15): 175 –190.

[34] Kogut, B. The Network as Knowledge: Generative Rules and the Emergence of Structure [J]. Strategic Management Journal, 2000, 21 (3): 405 –425.

[35] Ahuja, G. Collaboration, Networks, Structural Holes, and Innovation: A Longitudinal Study [J]. Administrative Science Quarterly, 2000, 45 (3): 425 –455.

[36] Akerlof, G. A. The Market for 'Lemons': Quality Uncertainty and the Market Mechanism [J]. The Quarterly Journal of Economics, 1970, 84 (3): 488 –500.

[37] Weigelt, K. and Camerer, C. Reputation and Corporate Strategy: A Review of Recent Theory and Applications [J]. Strategic Management Journal, 1988, 9 (5): 443 –454.

[38] Heide, J. B. and Anne S. Miner, A. S. The Shadow of the Future: Effects of Anticipated Interaction and Frequency of Contact on Buyer-Seller Cooperation [J]. The Academy of Management Journal, 1992, 35 (2): 265 –291.

[39] Hill, C. W. L. Cooperation, Opportunism and the Invisible Hand: Implications for Transaction Cost Theory [J]. Academy of Management Review, 1990, 15 (3): 500 –513.

[40] Lewis, J. D. and Weigert, A. Trust as Social Reality [J]. Social Forces, 1985, 63 (4): 967 –985.

[41] 李新春. 信任、忠诚与家族主义困境 [J]. 管理世界. 2002 (6): 87 –93.

[42] 奥利弗 · E · 威廉姆森: 资本主义经济制度 [M]. 北京: 商务印书馆, 2002.

[43] Dore, R. Goodwill and the Spirit of Market Capitalism [J]. The British Journal of Sociology, 1983, 34 (4): 459 –482.

[44] Uzzi, B. The Sources and Consequences of Embedded-ness for the Economic Performance of Organizations: The Network Effect [J]. American Sociological Review, 1996, 61 (4): 674 –698.

[45] Carney, M. The Competitiveness of Networked Production: The Role of Trust and

Asset Specificity [J]. Journal of Management Studies, 1998, 35 (4): 457 -479.

[46] Telser, L. G. A Theory of Self-enforcing Agreements [J]. The Journal of Business, 1980, 53 (1): 27 -44.

[47] 迈克尔·波特. 竞争战略 [M] 北京：华夏出版社，2001.

[48] Wernerfelt, B. A Resource-Based View of the Firm [J]. Strategic Management Journal, 1984, 5 (2): 171 -180.

[49] Barney, J. B. Firm Resources and Sustainable Competitive Advantage [J]. Journal of Management, 1991, 17: 99 -120.

[50] Amit, R. and Schoemaker, P. Strategic Assets and Organizational Rent [J]. Strategic Management Journal, 1993, 14: 33 -46.

[51] Klein, B. et al. Vertical Integration, Appropriable Rents, and the Competitive Contracting Process [J]. Journal of Law and Economics, 1978, 21: 297 -326.

[52] Dyer, J. H. Effective Inter-firm Collaboration: How Firms Minimize Transaction Costs and Maximize Transaction Value [J]. Strategic Management Journal, 1997, 18 (7): 535 -556.

[53] Garud, R. and S. Kotha, S. Using the Brain as a Metaphor to Model Flexible Production Systems [J]. The Academy of Management Review, 1994, 19 (4): 671 -698.

[54] 李新春. 企业家协调与企业集群 [J]. 南开管理评论. 2002 (3): 49 -55.

[55] Flora, C. B. and Flora, J. L. Entrepreneurial Social Infrastructure: A Necessary Ingredient [J]. Annals of the American Academy of Political and Social Science, 1993, 529: 48 -58.

第 5 章

企业集群外部性的治理：集群公共品的有效供给

企业集群外部性的治理意在克服由企业集群外部性所产生的低效率。因为，不管是企业集群中的负外部性（如企业集群中的环境外部性、拥挤效应、负区域品牌效应等），还是企业集群中的正外部性（如企业集群中商业模式和技术知识的溢出、正区域品牌效应等），都会导致私人最优的经济活动量偏离社会最优的经济活动量。区别仅仅是，负外部性会导致太多的相关活动，而正外部性会导致太少的相关活动。重要的是，治理企业集群外部性本身在本质上就是提供企业集群中所有企业所共享的公共品。因为，企业集群外部性的治理一旦发生，承担了治理费用的主体就无法通过收费制度禁止不付费者分享治理集群外部性所产生的好处，同时，增加一个人分享治理集群外部性的好处不会导致任何人受损。也就是说，企业集群外部性的治理本身具有公共品的两个定义性特征：消费的非排他性和非竞争性。另一方面，公共品所具有的消费的不可排他性意味着公共品一旦提供，没有承担其提供成本的相关经济主体也可以免费受益于它。换种说法，公共品提供者即使增进了他人的利益，也无法从受益者那里得到补偿。因此，公共品问题在本质上是正外部性问题的特例。所以，本章讨论的既是企业集群层次上的外部性的治理问题，也是企业集群层次上的公共品的有效供给问题。

5.1

集群公共品困境：类型、因素与对策

顾名思义，集群公共品是企业集群中的所有企业所共享的公共品，包括实物性集群公共品和无形的集群公共品。[①] 前者如企业集群中的免费的道路、桥梁、公园等各种集群相关的实物性社会经济基础设施，后者如集群相关的社会治安、环保、社会资本、区域品牌、基础或共性技术、企业家创新网络等。目前，制约我国企业集群转型升级的一大因素就是集群公共品的供给不足。可以毫不夸张地说，我国的大多数企业集群目前正陷在集群公共品困境中而不能自拔。我国企业集群目前的这种困境在本质上是一种具有集群产业特征的公共品困境。

公共品困境是社会困境中的一种重要形式。所谓社会困境指的是大多数个体个体理性地行动却导致集体非理性的结果的情况。一句话，是个体理性与集体理性相冲突的境况，如人口过剩、资源耗竭和环境破坏等困境。所以，可以把公共品困境理解为由公共品受益的非排他性所引起的个体理性与集体理性相冲突的境况。在这样的境况中，每个个体不贡献于公共品较之他贡献于公共品对个体而言是理性的。但是，如果所有的个体都不贡献于公共品，则每个个体的境况就会严格地帕累托劣于每个个体都贡献时的境况。符合这个定义的公共品困境在社会生活中随处可见。比如，当学校当局要求学生维护每个宿舍的清洁卫生时，学生们便遭遇了提供小范围内共享的集体公共品的困境问题；当城市地方政府为了净化已被严重污染的城市空气，或者为了缓解城市交通的严重拥堵，号召市民少使用私家车、多使用公交车时，城市居民便遭遇了提供城市公共品的困境问题；当国际性组织为了缓解全球气候变暖呼吁各国减少温室气体排放时，各国便遭遇了提供全球公共品的困境问题。

遗憾的是，尽管公共品困境在现实社会生活中不仅普遍，而且常常关系重大，并且，国外已有大量研究，国内的研究却非常少见。直到现在，

---

① 本节部分内容曾在《江淮论坛》2009 年第 4 期发表。

在我国的公共品理论中占主导地位的仍然是一次性二人公共品囚徒困境模型。在这个模型中，每个博弈者在背叛和合作两种策略间选择，产生了四种可能的得益：双方都合作时的奖励得益 CC、自己合作而对方背叛时的傻瓜得益 CD、自己背叛而对方合作时的诱惑得益 DC 和双方都背叛时的惩罚得益 DD。其得益结构是 DC > CC > DD > CD，且 CC > (DC + CD)/2。所以，模型中各方的占优战略是背叛。结论是，在缺乏强制的情况下，私人提供的公共品必然远远低于社会最优的水平。因此，应当由国家来提供公共品。然而，这个结论的理论基础是相当脆弱的。因为，这个结论中的公共品只能是全体社会成员共享的公共品，而当公共品是所有社会成员共享的纯公共品时，发生的就不是一次性二人公共品博弈，而是多人重复的公共品博弈，博弈的性质和结构就有了相当大的不同。然而，多数人头脑中的国家提供公共品的理念还是建立在一次性二人公共品囚徒困境模型之上的。这或许是因为，它与人们的国家的基本经济职能是提供公共品的政治信念相一致。基于这种信念，出现了许多研究国家提供公共品的激励机制、融资方式、生产方式和定价问题的文献。在这一节和下一节，我们将偏离这种传统的思路而分别从公共品困境和公共品的自愿贡献两个角度思考集群公共品相关的问题。

5.1.1 集群公共品困境的类型

我们可以根据卷入集群公共品困境的人数，把集群公共品困境分为二人公共品困境和多于二人的 N 人公共品困境。这两类集群公共品困境间存在一些重要区别：第一，在 N 人公共品困境中，一个个体的行动不会必然地被其他个体观察到。这种匿名性意味着个人搭他人贡献的便车而无人注意到他的行动。与此不同，在二人公共品困境中，每个人确切地知道另一人是怎样行动的。第二，一个人背叛而施加的成本在二人公共品困境中完全集中于其伙伴身上，在 N 人公共品困境中则由整个群体承受。第三，在二人公共品困境中，个人对其伙伴的得益有显著的控制力。也就是说，每个博弈者可以通过在随后的互动中选择背叛以“惩罚”对方过去的背叛，或者选择合作以“奖励”对方过去的合作。所以，每个博弈者都能尝试性通过选择背叛和合作而塑造对方的行为，同时通过同样的选择部分地决定自己的收益。在N人公共品困境中，个人对他人的得益往往很少或无直接的控制力，不可能通过明智地选择自己的行为去塑造特定他人的行为（Dawes，1980）。更加分散的伤害、更高的个体行动的匿名性和缺乏对他人行动的控制力意味着，诱致合作在N人公共品困境中往往比在二人公共品困境中更困难。

我们也可以根据卷入集群公共品困境中的个体在集群公共品相关的资源和利益上是否相同，把集群公共品困境分为对称的公共品困境和不对称的公共品困境。一般地，拥有更多的可支配资源和在公共品上有更大利益的个体，其公共品贡献倾向往往更大；相反，拥有更少的可支配资源和在公共品上有更小利益的个体，其公共品贡献倾向往往更小。整合上述两种分类，我们可以根据对称性和人数两个维度，把集群公共品困境分成四种类型：二人对称的集群公共品困境、二人不对称的集群公共品困境、N人对称的集群公共品困境和N人不对称的集群公共品困境。

我们也可以根据卷入集群公共品困境的个体之间的一般的和非具体的社会交换的性质，把集群公共品困境分为群体一般化交换的（group-generalized exchange）公共品困境和网络一般化交换的（network-generalized exchange）公共品困境（Yamagishi & Cook，1993）。所谓一般的和非具体的社会交换指的是一方给予另一方不取决于他从对方得到什么的交换，这是相对于受限制的交换而言的交换。所谓受限制的交换指的是一方给予另一方直接取决于他从对方得到什么的交换。在群体一般化的交换中，群体成员把资源聚合在一起，然后得到资源聚合所产生的收益。这种群体一般化的交换涉及一些典型的公共品困境，如维持共同居住的公寓中的清洁的厨房的公共品困境。在网络一般化的交换中，每个参与者向网络中的某个人提供某种好处，而不能直接从对方得到回报。相反，提供者从网络的某个其他参与者得到好处。其最简单的形式是一种三人构成的单向链条：成员A使成员B受益，成员B使成员C受益，成员C使成员A受益。在这种网络一般化的交换中，每个行动者给予和得之于特定的个体而非作为整体的群体。这两类集群公共品困境的主要区别如下：第一，群体一般化交换的公共品困境涉及N人囚徒困境的激励结构，而网络一般化交换的公共品困境涉及更像信心博弈的激励结构。在信心博弈中，“搭便车”是不可能的。因为，“搭便车”者的非合作行为会毁掉公共品，因此也毁掉了“搭便车”的机会。在 N 人囚徒困境中，如果只有少部分成员“搭便车”，“搭便车”可持续很长时间而不会减少“搭便车”者的收益。另一方面，在单向网络一般化的交换中，某个参与者持续的“搭便车”最终将使每个参与者停止合作。结果，“搭便车”者将失去得之于其他合作者的收益。第二，在网络一般化交换的公共品困境中，每个参与者完全依靠他与之联结的其他行动者去获得收益。相反，在群体一般化交换的公共品困境中，一参与者对另一参与者的依赖只有网络结构中的 1/（N－1）。因此，群体一般化交换的公共品困境中的参与者相信，他们的行动不会比网络结构中的那样更严重地影响其他参与者，其责任感也更低。

我们也可以根据卷入集群公共品困境的个体之间的博弈的性质，把 N 人公共品困境分为 N 人囚徒困境性质的集群公共品困境、N 人斗鸡博弈性质的集群公共品困境和 N 人信心博弈性质的集群公共品困境。在 N 人囚徒困境性质的集群公共品困境中，背叛的得益总是大于合作的得益，即 $D_j > C_{j+1}$（$j = 0, \cdots, N-1$），并且，所有人合作时合作的得益大于所有人背叛时背叛的得益，即 $C_N > D_0$。因此，背叛是占优战略。在 N 人斗鸡博弈性质的集群公共品困境中，仅当不止 P 个博弈者选择合作时，背叛的选择才会产生最佳得益，即 $D_j > C_{j+1}$（$j = P+1, \cdots, N-1$），$D_j \leqslant C_{j+1}$（$j = 0, \cdots, P$）。在 N 人信心博弈性质的集群公共品困境中，如果少于 P 个其他博弈者选择合作，背叛的选择会产生最佳得益，即 $D_j > C_{j+1}$（$j = 0, \cdots, P$），$D_j \leqslant C_{j+1}$（$j = P+1, \cdots, N-1$）。显然，只要人们能够确信有足够多的人合作，他们就愿意合作。反之，如果人们相信有足够多的人背叛，他们的最佳选择也是背叛。换句话说，信心博弈有两个均衡：相互合作和相互背叛。与囚徒困境博弈不同，在 N 人斗鸡博弈和 N 人信心博弈中都无占优战略，自身得益的最大化取决于预期会选择合作的其他博弈者的人数。

我们也可以根据集群公共品的生产函数的性质，把集群公共品困境分为递减生产函数的集群公共品困境、递增生产函数的集群公共品困境、线性生产函数的集群公共品困境和台阶形的分段函数性质的（step-level）集群公共品困境。在递减生产函数的集群公共品困境中，初始贡献的边际报酬最大，但增加的最后一单位贡献所产生的报酬不断递减。在递增生产函数的集群公共品困境中，初始贡献的边际回报很小，但随着贡献的增加，贡献的边际回报递增。在线性生产函数的集群公共品困境中，每单位贡献产生的边际回报相等。在台阶形的分段函数性质的集群公共品困境中，很少或无公共品产生直到对公共品的贡献达到一定的临界水平——公共品提供点。在提供点，贡献水平的一个小小的增加也会产生巨大的回报。这种阈值效应是分段函数性质的公共品困境最重要的特征之一。

5.1.2 影响集群公共品困境中的合作的因素

影响集群公共品困境中的合作的因素非常多，主要有：

第一，相互信任。信任是一方基于对方将采取对其特别重要的行动的预期而自愿处在易被对方伤害的状态的意愿，而不管其有无能力监督或控制对方（Mayer et al.，1995）。信任能够促进公共品困境中的合作似乎是不言自明的。因为，在个人的得益不仅取决于自己的行动，而且还取决于他人的行动的策略情形中，个体行动的选择取决于他人的行动，并最终取决于他人的偏好。具体而言，囚徒困境中的囚徒应理性地做的事取决于他与另一囚徒的信任关系。如果囚徒有理由信任对方，追求共同利益的最大化对他们来说就是理性的。反之，在缺乏信任的情形中，追求自身利益的最大化是理性的。因此，对囚徒而言，真正重要的问题是他们能否相互信任。实际上，对相互关怀和信任的人们而言，背叛的诱惑消失了，公共品困境也消失了。所以，当博弈者信任他人，并感到被他人信任，且把群体体验为自我的一部分时，他们对公共品的贡献就会提高（Cremer & Stouten，2003）。

第二，感知到的公平。许多实验结果显示，人们对公共品的贡献倾向与他们感知到的公平程度成正比。因为，根据 GEF 模型，公共品困境中的人们在决策时同时受到贪婪（G）、效率（E）和公平（F）三个动机的约束。贪婪动机表现为尽可能少地贡献于公共品，效率动机表现为贡献在数量上与创造和维护公共品所需资源相等的资源，公平动机表现为在感受到公共品的分配是公平的时候较之在感受到公共品的分配是不公平的时候，人们愿意更多地贡献于公共品。由于贪婪受到感知到的公平的约束，即使博弈者不贡献会更好，他们也会倾向于贡献，而且，公平的考虑会使他们的贡献倾向明显地受到他人将贡献多少的预期的影响。如果博弈者预期他人将不贡献，他们可能认为只有他们贡献是不公平的，因而也不贡献。当然，博弈者也可能认为在他人贡献时他们不贡献是不公平的，而贡献于公共品。重要的是，公共品的分配原则对人们感知到的公平有明显的影响，而且，这种影响会因不同的公共品情形而变化（Eek et al.，1998）。公共品的分配原则主要有三：所有人得到相同份额的公共品的平等原则、所得公共品份额与贡献对称的公正原则和所得公共品份额与需求强度成正比的需求原则。比尔等发现，当要求实验对象评价作为公共品的社会服务的质量分配时，平等被认为是最公平的分配原则，而公正被认为是最不公平的分配原则（Biel et al.，1997）。其原因或许是所分配的社会服务是由政府提供的。如果所分配的资源是由私人提供的，有关平等原则的共识可能会受到挑战。梅西克和谢尔发现，当人们发现博弈不对称时，如一些人有更高的承担提供公共品的成本的能力，他们可能会转向公共品的公正原则，前提是人们在支付能力上的不对称被认为是公平的（Messick & Schell，1992）。但是，分配原则仅仅是有关什么是正当的分配结果的标准，其本身不能保证公共品的收益分配和成本分担的公平。要实现这些目标，必需程序正义。要确保程序正义，所进行的仔细考虑和安排必须在罗尔斯的“无知之幕”之后进行。这意味着负责发展公平过程的参与者一定不能知道一致同意的程序一旦实施，他们在新的社会制度中的处境是什么（罗尔斯，1988）。如果没有无知之幕，权势者必然会行使权力，以促进对他们最有利的最终安排。程序正义可以从制度层面保证人们在公共品困境中感到公平。因为，人们一般地假定公平的过程会导致公平和正义的结果。

第三，群体规模。大量研究发现，合作率随公共品相关人员构成的群体规模的增大而降低。其可能的原因很多，主要有：①群体规模的增大分散了背叛导致的伤害，同时，也使通过策略性行为塑造他人的行为变得更加困难，而匿名地背叛却变得更容易。②组织集体行动的成本也会随群体规模的增大而上升。因为，沟通和协调各群体成员的行动会变得更加困难。③个人行动的效能和可见性会随群体成员的增多而被稀释，同时，监督和制裁他人的行为也会变得更有挑战性（Kollock，1998）。

第四，有效的沟通。许多实验研究发现，有效的沟通能够显著地提高公共品困境中的合作，或者说，能够有效沟通的群体其合作也更多，主要原因是：①有效的沟通有助于人们交换对他们所面临的困境的博弈结构的理解，说明相互合作是对大家有利的，而相互背叛是对大家不利的，以协调他们对相互合作均衡的预期。②有效的沟通使人们有机会对他们的合作行为作出承诺，减少对方对背叛的恐惧，诱出对方的承诺，减少对方背叛的恐惧。③有效的沟通有助于人们说明他们在过去为什么会那样决策和他们如何从错误中学习。④有效的沟通提供了道德劝说的机会，如诉诸什么是要做的“正确的”或“恰当的”事情。⑤有效的沟通可能创造或强化群体身份意识（Dawes et al.，1977；Messick & Brewer，1983）。值得注意的是，沟通对合作的影响因博弈的性质而异。在信心博弈中，“没赢”与“赢”一样好，博弈者不能从单方面的背叛中获益，背叛的唯一理性的理由是对竞争性的或非理性的对手的恐惧，或曰对对手的恐惧的恐惧。沟通可通过向每一方保证另一方最大化其绝对的而非相对的得益的企图而分散恐惧，从而促进合作。在斗鸡博弈中，“赢”是最重要的事，沟通无助于合作。一句话，沟通似乎是解决因恐惧而出现的背叛而非因贪婪而出现的背叛的较好的机制（Majeski & Fricks，1995）。

第五，社会价值导向。社会价值导向指的是人们对自己的得益和他人的得益的相对稳定的偏好。根据价值导向的不同，可把公共品困境中的博弈者分成四类：努力最大化他人得益的利他主义者、努力最大化共同利益的合作者、努力最大化自身绝对利益的个人主义者和努力最大化自己的得益与他人的得益之差的竞争者。实验研究表明，在公共品困境中，亲社会的利他主义者和合作者更倾向于合作，而亲自我的竞争者和个人主义者更倾向于以自私的方式行动。因为，具有亲社会动机的人们往往从道德的角度界定什么是正确的行为和什么是错误的行为，而具有亲自我动机的人们往往以“权力”或“起作用的是”这样的术语界定什么是正确的行为和什么是错误的行为。这意味着亲社会的个人通常从集体的视角界定理性行为，此即把对集体利益有利的行为看成理性行为，并把合作行为归因于明智，而亲自我的个人通常仅仅把能增进个人得益的行为看成理性的行为，并把合作行为归因于不明智（Weber et al.，2004）。

第六，奖惩制度。公共品困境中的背叛者之所以背叛常常是出于对合作行为所进行的成本—收益的理性计算。因此，如果公共品困境中的博弈者有能力惩罚背叛者，则合作更加可能（Caldwell，1976）。然而，执行奖惩制度有几个问题：①提供和运行这些制度是有成本的。②奖惩制度本身是人们可享受其收益而无须承担其提供成本的公共品。"搭便车"的激励将使其本身供给不足（Yamagishi，1986）。③严格的奖惩制度可能把社会责任问题变成冷冰冰的成本—收益的算计而毁掉自愿合作的基础。研究发现，当在公共品实验中无奖惩制度时，美国的参与者比日本的参与者更多地合作。其理由是，日本无处不在的、严密的相互监督和明确的奖惩制度的现实使日本人习惯于信任其奖惩制度而非他们与之互动的人（Yamagishi，1988）。

第七，群体间的冲突或竞争。研究群体间冲突对合作的影响的文献最常见的结论是，群体间冲突会提高群内合作。其主要理由是，群体间竞争能改变群体成员的激励，使其更加关心群体的目标，也可修正实际的激励，使自私的个体为追求其私利而以符合其群体的集体利益的方式行动。这种基于个体利益与集体利益的融合的群体认同意味着从"我"到"我们"的视角转换，也意味着从最大化自身利益的竞争战略到最大化共同利益的共同战略（communal strategy）的转变。其结果是，"我们应当做什么"的问题取代了"我应当做什么的问题"。巴伦使用两群体的重复囚徒困境—单一群体的囚徒困境设计进行实验发现，群内合作率在两群体的重复囚徒困境中比在一群体的囚徒困境中更高。他把这种"群体的狭隘主义效应"归因于"作为私利的道德幻觉"——人们相信实现群体目标的自我牺牲行为实际上符合个人的私利。他声称在存在群体间冲突的情形中，这种私利的幻觉更大。处在私利幻觉中的人愿意为了他们的群体牺牲他们的私利。因为，他们没有把他们正在做的事感知为自我牺牲（Baron，2001）。应当说明的是，群体间冲突中群内合作的增加并不意味着群内"搭便车"问题是可以忽略的。伯恩斯坦等发现，参与者在两群体重复囚徒困境中比在单一群体的囚徒困境中更可能贡献于公共品。然而，随着博弈的进行，贡献率方面的差异会逐渐减少，直至最终消失。这表明群内"搭便车"

问题会逐渐抬头，“集体主义”会随时间衰落（Bornstein et al.，1996）。

第八，社会的赞许。公共品困境中的一些重要的合作行为直接地产生于对社会赞许的期待。一个事实是，一些人在合作时会体验到对他们有重要激励效应的“温暖的满足心情”（Andreoni，1989）。因为，在诱出合作中最重要的效用是与利他主义、遵守社会行为准则和服从良心等相关的效用。一个明显的事实是，人们在决策时不仅会考虑他们自己的利益，也会考虑他人的利益。而且，在所有的社会中，妇女都更喜欢利他主义的和勇敢的男人，而非以自我为中心的和胆小的男人。实际上，尽管良心可能仅仅是警告我们某人正在看着我们的内在的声音，但在整个人类史中，它都是激励人类行为的有力的力量（Dawes，1980）。与人们的直觉不同的是，在公共品困境中，看重与成本—收益的理性算计直接相关的货币效用往往会导致博弈者背叛，而看重利他主义、服从行为准则和良知等产生的效用往往会导致博弈者合作。重要的是，离开了社会的赞许，利他主义、服从行为准则和良知等产生的效用就会大大地打折扣。所以，可以说，社会赞许是公共品困境中一些重要的合作行为的重要原因。实验研究也表明，在实验对象间的社会距离降低的情况下，获得社会赞许的激励会显著地减少“搭便车”行为（Göchter & Fehr，1999）。对社会赞许的合作激励效应的另一种解释是，当人们知道他们的选择和行动将受到他人的评价和讨论时，对声誉的关心就会起作用。这意味着他们可能出于维护自尊、促进社会认同等理由而合作（Cremer & Bakker，2003）。大量的实验研究表明，拥有良好的声誉和令人愉快的人际关系、得到他人的尊重等是促进对公共品的贡献的重要的非经济动机（Cremer，2003）。

第九，策略性行动。阿克塞尔罗德（1984）在《合作的演进》一书中提出了出现合作的三个前提：①个人卷入持续的关系中。如果人们只遇见一次，或这仅仅是他们的最后一次见面，则囚徒困境博弈中背叛的占优战略会使合作无望。如果人们在未来还会见面，合作至少还有希望。②个人必须能够相互确认。③个人必须拥有关于他人过去如何行动的信息。如果身份是未知的或不稳定的，如果无过去互动的记录，个人会有激励机会主义地行动。因为，他们不必为其行为负责（转引自 Kollock，1998）。因此，策略性行动能够比较明显地促进合作的情形是重复的二人囚徒困境。然而，实验研究表明，在重复的 N 人公共品困境中，使用以牙还牙策略（TFT）也可促进合作。其前提是，博弈者对合作者的数量而非特定的个体作出反应。也就是说，他们在首轮博弈中合作，如果至少 m 个其他博弈者也合作，他们就继续合作，否则，他们就在以后的博弈中选择背叛。这种以牙还牙策略被称为基于群体的互惠策略。显然，以牙还牙策略（$N=2$，$m=1$）是基于群体的互惠策略的特例。在 N 人公共品困境中互惠策略基于群体而非个体的理由主要有二：①当群体成员众多时，难以追踪要互惠对等的个人的行动，也难以确认正在策略性地行动的任何人（Parks & Komorita，1997）。②公共品困境中的任何反应性行为，在所有其他个人将受益或受损于其结果的意义上，都是对整个群体的反应。作为对合作者人数不足的反应的背叛将不仅伤害那些背叛者，而且也会伤害那些在过去的博弈中合作的人。同样的道理，作为对合作者人数充足的反应的合作将使合作者和背叛者都受益。当然，不能对 N 人公共品困境中的合作者和背叛者作出不同的反应，也是为什么 N 人困境中的基于群体的互惠策略没有二人囚徒困境中的以牙还牙策略有效的重要理由（Hens，2000）。

5.1.3 集群公共品困境的对策

集群公共品困境的对策主要有结构性解和激励性解两大类。这两者间的根本区别是它们与博弈者的实际的和有形的得益的联系程度不同。对于结构性解，囚徒困境结构参数的任何变化都将导致博弈者合作得益的变化。同时，由囚徒困境结构变化诱致的合作具有“工具的”价值。比如，当合作得益扩大时博弈者愿意贡献更多。另一方面，激励性解与博弈者得益的任何有形变化无直接关系。比如，感到其贡献对公共品的提供很重要的博弈者更愿意贡献于公共品，即使这样做并不必然地扩大他自己的物质性得益。

最可靠的结构性解是改变博弈的得益矩阵（Ming Zeng & Xiaoping Chen，2003）。得益矩阵的最可靠的指数之一是 K^* 指数。这一 N 人社会困境的 K^* 指数可用下列公式计算：$K^*=(C_n-D_0)/(D_{n-1}-C_1)$。其中，$C_n$ 代表当所有博弈者合作时合作的得益，D_0 代表当没有人合作时背叛的得益，D_{n-1}代表当（n-1）个其他博弈者合作时背叛的得益，C_1代表只有一人合作时合作的得益。对于任何给定的N人社会困境，K^*值的变化范围是0到1，并且，K^*值越大，合作的激励越大。因此，人们在K^*值较高的博弈中较之在K^*值较低的博弈中更愿意合作。当K^*值为零时无合作的激励，当K^*值为1时无背叛的激励（Komorita，1976）。显然，K^*指数意味着改变得益矩阵以提高K^*值将促进社会困境中的合作。其办法有二：一是在其他条件不变时，最大化（C_n-D_0）；二是在其他条件不变时最小化（$D_{n-1}-C_1$）。最小化（$D_{n-1}-C_1$）的途径有二：一是通过降低当（n-1）个其他博弈者合作时背叛的得益D_{n-1}以弱化背叛者的贪婪；二是通过提高只有一人合作时合作的得益C_1以降低对背叛的恐惧。值得注意的有二：一是必须根据各种公共品困境的特殊性设计与之契合的特定的结构性解。二是要充分估计设计和执行结构性解的困难。因为，提供结构性解本身就面临如何克服“搭便车”问题的难题，而且，调动资源设计和执行结构性解本身是有成本的。

最可靠的激励性解是在博弈者间增进沟通和建立长期目标。有关沟通的合作激励效应在前面已有说明，在此，要强调的是，在N人集群公共品困境中更需要的是惯例化和制度化的沟通。如在旨在提供某种多企业共享的公共品的企业战略联盟中，惯例化和制度化的沟通有助于克服由于联盟成果的产权模糊而产生的联盟租金的耗散问题。建立长期的共享的目标实际上就是要使博弈者在决策时采取更长的时间维度，以提升公共品困境中的合作。因为，由于博弈者了解困境的性质需要时间，合作经常产生于旨在建立和维护持久合作目的的长期思考（Pruitt & Kimmel，1977），此为其一。其二，在长期关系中，博弈者更可能有效实施对等互惠策略。其三，长期的互动有助于在博弈者间发展出信任关系。其四，较长的时间维度延长了“未来的阴影”，使非合作行为有更多的无形的成本，如声誉损失和未来合作机会的减少等（Heide & Miner，1992）。

5.2

集群公共品的自愿贡献Ⅰ：声誉、利他主义、公平和有条件的合作

公共品早已是经济学文献中一个使用频率很高的概念。但是，直到今天，它仍然是一个具有某种误导性的概念。因为，正如爱伦·斯密德（2006）所说，“公共品”这一名词在分析结果得出之前，就已隐含着某种政策结论——由政府而非私人提供。人们对公共品的这种误解，在很大程度上，要归功于已经在人们的头脑中根深蒂固的公共品供给的自私的理性模型。因为，在理性模型中，公共品所具有的消费的非排他性意味着，自己不提供以搭他人提供的便车是每一方的占优战略或曰上策，其纯策略纳什均衡是（背叛，背叛），公共品的自愿贡献率为零。私人不提供，那由谁去提供对人们的生活往往非常重要的各种公共品呢？人们在思考这个问题时自然会想到国家。因为，人们实际上早已普遍地把国家看作人们创造来解决各种社会困境（如公共品困境和共同财产资源的困境）的手段。这种国家观或政府观可上溯到霍布斯（1651）。因为，霍布斯的利维坦在本质上就是人们创造来避免像“一切人对一切人的战争”这样的社会困境的手段。但是，在现实的社会生活中，“一种公共品并不一定要由公共部门来提供，也可以由私人部门来提供”（Samuelson，1969，转引自爱伦·斯密德 2006）。这种判断和主张成立的重要前提是，公共品困境中的自愿贡献率大于零。幸运的是，许多公共品实验，如由基姆和沃克以及由伊萨克等所进行的实验，都证实了这个前提的存在。这些公共品实验的主要结论是，在有限重复的 N 人公共品博弈中，在初始实验中观察到的自愿贡献率一般是 40% ~60%，尽管实验越接近终结，自愿贡献率越低（Kim & Walker，1984；Isaac et al.，1985）。尽管公共品的自愿贡献率会随实验接近尾声而降低，但这些实验结果毫无疑问已经在一定程度上证伪了公共品供给的自私的理性模型。当然，这并不意味着经济学家必须完全放弃公共品供给的自私的理性模型。因为，经济学家完全可以通过修改其理论假设对证伪性证据作出特设性说明。再者，科学史也不是波普尔所说的一系列猜

测与反驳的过程，而是科学家在其理论与事实相矛盾时仍然坚持其理论，使其理论在大量的反常中成长的历史（伊·拉卡托斯，1986）。尽管如此，这些公共品实验已经足以说明，我们必须对公共品供给的自私的理性模型保持必要的谨慎。本节的基本目的是，对散见于大量的公共品英文文献中的各种公共品自愿贡献的观点进行述评，以期为更好地理解企业集群中集群公共品的自愿贡献提供理论基础。

5.2.1 声誉假说

公共品自愿贡献的声誉假说是克雷普斯等在一篇讨论不完全信息下的囚徒困境的论文中提出的（Kreps et al.，1982）。众所周知，公共品自私的理性模型中的“搭便车”均衡依赖这样一个假定：所有的博弈者都相信所有的其他博弈者会理性地行动。然而，在正信息成本的真实世界中，每个博弈者拥有的有关其他博弈者的策略、激励、行动或得益的信息都可能是不完全的。特别地，博弈者张三或许会相信他的博弈对方可能会“非理性地”行动，如他的对手可能正在玩以牙还牙策略——刚开始时合作，然后一直采用对手在最后一轮博弈中所采用的策略，或者他的对手有利他主义倾向，会从合作中得到额外的效用。那么，如果张三“搭便车”，他的行动就会教育他的博弈对手，导致对手采取对他不利的行动。结果，任何初始的合作都好于“搭便车”均衡。再者，如果张三相信他的对手认为他不理解博弈的激励结构，则“搭便车”会暴露他是自利理性的，从而再次导致对手采取对他不利的行动。这样，任何初始的合作再次优于“搭便车”均衡。因此，即使所有的博弈者都理解“搭便车”是一次博弈中的占优策略，他们也可能采用在公共品上进行适当投资以掩盖他们是自利理性的这一事实的策略。然而，在共知的最后一轮博弈中，“搭便车”总是最优的策略。因此，在博弈的早期合作但在博弈的后期“搭便车”可能是一种不完全信息纳什均衡策略。换种说法，对公共品的自愿贡献随博弈的重复而衰减可能是一种理性的策略。克雷普斯等对公共品自愿贡献的上述解释的关键是，博弈者愿意并且能够通过在公共品上投资这种策略行动建立他们是合作者这样的声誉，以获取公共品博弈中的策略优势。因此，他们的解释又被称为公共品自愿贡献的序贯均衡声誉假说。

5.2.2 利他主义假说

为探讨怎样使人们在各种社会困境中合作的问题，道斯在《社会困境》一文中首先对社会困境这一术语进行了界定（Dawes，1980）。按照他的理解，社会困境有两个重要的定义性特征：第一，当 m 个博弈者合作时背叛者在 N 人博弈中的得益 D（m）大于当（m+1）个博弈者合作时合作者在同样博弈中的得益 C（m+1），即 D(m)>C(m+1)。第二，所有博弈者都背叛时背叛者在 N 人博弈中的得益 D（0）小于所有博弈者都合作时合作者在同样博弈中的得益 C（N），即 D(0)<C(N)。为了进一步说明他的概念，道斯比较了他的社会困境和普拉特的社会陷阱——产生当期奖励的行为却导致了长期的惩罚（Platt，1973）。他指出，在个体的层次上，吸烟、暴饮暴食、酗酒等都是社会陷阱；在社会的层次上，绝大多数社会困境都是社会陷阱，但是，并非所有的社会困境都像社会陷阱那样涉及时滞。道斯还强调他所说的社会困境不同于两人重复的囚徒困境，其因为是：(1) 在两人囚徒困境中，背叛所造成的所有有害影响完全落在另一博弈者身上。相反，在大多数社会困境中，背叛所造成的有害影响是分散在众多的博弈者身上。(2) 在大多数社会困境中，人们往往难以知道背叛者的姓名。相反，在两人囚徒困境中，每个博弈者确切地知道另一博弈者是怎样行动的。(3) 在两人囚徒困境中，每一方都可能通过策略性行为塑造对方的行为。此即，每个博弈者可通过在随后的决策中选择背叛以“惩罚”对方的背叛，或者选择合作以“奖励”对方的合作。因此，每个博弈者都可以通过选择背叛或合作而影响对方的决策。相反，在多人卷入的社会困境中，博弈者不能通过明智地选择他自己的行为去塑造特定的另一个人的行为。在良好界定社会困境概念的基础上，道斯讨论了卷入、沟通、集团规模、选择的公开披露、对他人行为的预期和道德化（moralization）等各种具体因素对社会困境中的合作行为的影响。其基本结论是，对大多数人而言，道德需求的满足所产生的效用与货币所产生的效用是以某种补偿性的方式组合在一起的。换种说法，人们行动的根本目的是最大化道德

的效用和货币的效用之和。道斯得出的最后结论是，在诱出社会困境中的合作行为时，最重要的效用是与利他主义、遵守社会行为准则和服从良心的命令等相关的效用，承诺、公开披露和道德化等之所以重要，正是因为它们可提高这些效用的重要性和提升人们对这些效用的理解。到此，道斯实际上已经完整地提出了他的公共品自愿贡献的利他主义假说。①

5.2.3 公平假说

卡尼曼等发现，客户对企业的短期定价决策的公平性有强烈的感觉，这或许可以解释一些企业在定价时为什么不充分利用它们的垄断权力（Kahneman et al.，1986）。布林德和乔发现，企业拒绝在经济衰退时削减工资的重要理由是，害怕工人认为削减工资是不公平的，从而导致被雇佣的工人以偷懒、怠工等各种形式报复，这说明工人对是什么构成公平的工资的看法约束着工资的制定（Blinder & Choi，1990）。到现在为止，已有大量的证据显示，公平动机影响人们的行为。这方面的最有力的证据或许是来自最后通牒博弈实验的证据。在最后通牒博弈中，一个提议者和一个回应者为分割一个大小固定的利益而进行谈判。设要分割的利益在量上等于1，s是回应者的份额，（1－s）是提议者的份额。谈判规则是，提议者向回应者提议0≤s≤1，回应者可接受或拒绝s。如果回应者接受，则提议者得到的货币得益是（1－s），回应者得到的是s。如果回应者拒绝，则提议者和回应者都得到等于零的货币得益。自私的理性模型预测，回应者将接受任何大于零的s，且在接受和拒绝等于零的s间无差异。但是，有大量的明确反驳这种预测的来自不同国家的具有不同大小的要分割利益的和不同实验程序的实验研究（Thaler，1988；Guth et al.，1990）。这些实验的共同结论是：第一，实际上无s大于0.5的提议；第二，在几乎每个实验中，s都处在区间［0.4，0.5］中；第三，几乎无s小于0.2的提议；第四，s

① 利他主义这一术语是由贝克尔引入经济学中的，其基本含义是“以他人之乐为乐”（Becker，1974）。按照安德罗尼和米勒的说法，利他主义有三种基本形式——纯利他主义、责任和互惠的利他主义，各种利他主义模型或者是这三种形式中的一种，或者是这三种形式的某种组合（Andreoni & Miller，1993）。

低的提议频繁地被拒绝，拒绝的概率随 s 上升而下降。

为解释上述现象和事实，费尔和施密特建立了他们的不平等厌恶模型。他们假定，除受自利动机激励的人之外，在人群中还有一定比例的人是受公平考虑激励的，这些人可称为以自我为中心的不平等厌恶者。说他们是不平等厌恶者，因为他们习惯性地抵制不平等的结果，为了实现更大程度的平等，他们甚至愿意放弃某种物质性得益。说他们是以自我为中心的，因为他们仅仅关注他们的物质性得益相对于他人的物质性得益的公平性，而不关心在他人之间存在的不平等。在这个假定下，博弈者 i 的效用函数为

$$U_I = x_i - (\alpha_i \sum_{j \neq i} \max\{x_j - x_i, 0\})/(n-1) - (\beta_i \sum_{j \neq i} \max\{x_i - x_j, 0\})/(n-1)$$

当只有两个博弈者时，$U_I = x_i - \alpha_i \max\{x_j - x_i, 0\} - \beta_i \max\{x_i - x_j, 0\}$。其中，$\alpha_i$和 β_i是博弈者 i 的偏好参数，并且，$\alpha_i \geqslant \beta_i$，而 $0 < \beta_i < 1$。效用函数中的第二项和第三项分别代表对博弈者 i 不利的不平等和对他有利的不平等带给他的效用损失。因此，$\alpha_i \geqslant \beta_i$的假定意味着博弈者 i 从对他不利的不平等中遭受比对他有利的不平等带给他的效用损失更大的效用损失，而 $0 < \beta_i$的假定意味着没有博弈者想比他人有更多的得益。费尔和施密特的主要结论是：第一，如果博弈是不对称的，比如公共品对某些博弈者更有价值，则在效率和公平间通常存在冲突，要实现持续的合作就很难。第二，在特定人群中的偏好分布和策略环境间存在复杂的相互作用。在某些环境中，少数纯自私的人的行动会迫使大多数不平等厌恶者以完全自私的方式行动。相似地，在有惩罚的公共品博弈中，少数不平等厌恶者会迫使多数自私的人进行充分的合作（Fehr & Schmidt, 1999）。

公共品自愿贡献的公平假说的另一个模型是博尔顿和奥肯菲尔斯的 ERC 模型。[①] 这个模型的核心是一个他们称为激励函数的预期效用函数。博尔顿和奥肯菲尔斯解释说，他们使用术语激励函数的目的是为了强调，激励函数是对在实验中激励实验对象行动的目标的陈述。按照激励函数，

---

① 也可以根据含义，把 ERC 模型叫做公平—互惠对等—竞争模型。我们把 reciprocity 译成互惠对等的理由是，其基本含义是“以善对善，以恶对恶”。

博弈者 i 的预期效用为 $v_i = v_i\ (y_i,\ \sigma_i)$。其中，$y_i$是博弈者 i 的货币得益，$\sigma_i$是其得益的相对份额。并且，$\sigma_i = \sigma_i\ (y_i,\ c,\ n)$，其中，c 是总货币支付。当 $c > 0$ 时，$\sigma_i = y_i/c$，当 $c = 0$ 时，$\sigma_i = 1/n$。激励函数有几个基本假定：第一，函数在（y_i，σ_i）范围内是连续的和可微的。这个假定是为了数学上的方便。第二，函数的一级导数不小于零，二级导数不大于零。这意味着，给定相对得益，博弈者的选择与货币偏好的标准假定一致。而且，当面对相对得益相同的两个备选方案时，博弈者将选择货币得益较高的那一个。第三，给定货币得益，激励函数是相对得益的严格凹函数，且在个体的相对份额等于平均份额时，个体的预期效用最大。① 在界定好激励函数的基础上，博尔顿和奥肯菲尔斯具体探讨了困境博弈中的互惠对等、谈判博弈中的公平和市场博弈中的竞争等各种相关问题，成功地用货币得益与相对得益的互动这条主线把来自各种实验博弈的数据组织成了一个一致的行为模式。其主要结论是，各种博弈中行为的许多方面都可从最后通牒博弈和独裁者博弈这两个最基本的博弈中推导出来。因为，这些博弈显露了自私的动机被对相对的处境、地位的关注所降伏的阈限。这些阈限与特定的公平、市场和困境博弈的结构一起影响着策略性行为，而 ERC 均衡的成功说明人们的确是策略性地行动的。所有这些意味着，要从公平、互惠对等和竞争三者的互动中理解公共品困境中的自愿贡献（Bolton & Ochenfels，2000）。

公共品自愿贡献的公平假说的第三个模型是 GEF 模型。这个模型最早是由威克发展来解释当与相互依存的他人互动时，人们在有关共同财产资源的决策中如何受到贪婪、效率和公平三个动机的影响（转引自 Eek et al.，1998）。后来，埃克和比尔等用它来解释公共品领域中的合作（Eek & Biel，2003）。在公共品困境中，贪婪动机表现为尽可能少地贡献于公共品，效率动机表现为贡献在数量上与创造和维护公共品所需资源相等的资源，公平动机表现为在感受到公共品的分配是公平的时候较之在感受到公共品的分配是不公平的时候，人们愿意更多地贡献于公共品。根据 GEF 模型，由于贪婪受到感知到的公平的约束，即使博弈者不贡献会更好，他们

① 显然，像不平等厌恶模型一样，ERC 模型强调平等的相对得益的效用意义，因此，同属公平假说。

也会倾向于贡献，而且，公平的考虑会使他们的贡献倾向明显地受到他人将贡献多少的预期的影响。如果博弈者预期他人将不贡献，他们可能认为只有他们贡献是不公平的，因而也不贡献。当然，博弈者也可能认为在他人贡献时他们不贡献是不公平的，而贡献于公共品。重要的是，公共品的分配原则对人们感知到的公平有明显的影响，而且，这种影响会因不同的公共品情形而变化。公共品的分配原则主要有三：平等原则——所有人得到相同份额的公共品、公正原则——所得公共品份额与贡献对称和需要原则——所得公共品份额与需求强度成正比。比尔等发现，当要求实验对象评价作为公共品的社会服务的质量分配时，平等被认为是最公平的分配原则，而公正被认为是最不公平的分配原则。其原因或许是所分配的社会服务是由政府提供的（Biel et al.，1997）。如果所分配的资源是由私人提供的，有关平等原则的共识可能会受到挑战。梅西克和谢尔发现，当人们发现博弈不对称时，如一些人有更高的承担提供公共品的成本的能力，他们可能会转向公共品的公正原则，前提是人们在支付能力上的不对称被认为是公平的（Messick & Schell，1992）。GEF 模型的核心理念是，当人们必须在个体利益与集体利益的冲突中决策时，公平是个关键因素，而公共品的分配原则对他们的公平感受有重要影响。

5.2.4　有条件的合作假说

有条件的合作假说认为，公共品困境中的自愿贡献实际上是一种有条件的合作，它有两个特征：第一，它是未来导向的行为，也就是主要由对未来互动的看法所诱致的行为。第二，它是简单的反应性行为，如互惠对等形式的反应性行为。根据有条件的合作假说，自愿贡献率在有限重复的公共品博弈中衰减的主要原因是，实验对象可能认识到投资于他与其他组成员的关系不再值得，或者，实验对象可能预期他人会这样推理。克泽尔和温登认为，利他主义的博弈者只能进行无条件的合作，因为，他们的效用随着他人的得益而增加（Keser & Winden，2000）。他们强调，基于利他动机的理论不能解释自愿贡献率衰减的实验事实。

几年以后，莱瓦蒂用演化博弈的方法探讨了有条件的合作是否和何时能够解释经常在公共品实验和实际生活中观察到的公共品自愿贡献现象。他假定在人群中存在一定比例的有条件的合作者，在公共品博弈中，他们受群体的相关参照条件而非机会主义的理性推理的驱动去决定是否贡献和贡献多少。莱瓦蒂的另一个重要假定是，个体对其低于平均水平的贡献常常会感到内疚，而且，因其贡献少于平均水平而感到的内疚往往会产生有条件的合作。在这些假定下，博弈者 i 的效用函数为 $u_i = v_i(c) - r_i \max\{0, c^* - c_i\}$，其中，$r_i$是内疚参数，$c^*$是平均贡献，$c_i$是博弈者 i 的个人贡献，$v_i$（c）是博弈者 i 的用货币度量的成功。在初始禀赋为 e 时，$v_i(c) = e - c_i + \alpha c^*$。莱瓦蒂得出的主要结论是：第一，当 $r_i > (n-\alpha)/(n-1)$ 时，贡献低于平均水平就不再是最优策略。第二，如果在人群中存在低内疚参数的博弈者，他们将机会主义地行动并什么都不贡献。但是，如果博弈者的类型是所有博弈者间的共同知识，高内疚参数的博弈者也会选择什么都不贡献。第三，有条件的合作主要取决于个体的信息条件。如果有关群体成员是机会主义地理性的还是有条件合作的类型的信息是共同知识，则有条件合作者构成的社会是演化稳定的。但是，在类型信息是私人的条件下，如果出现一个“搭便车”的变异者，他将被当成有条件的合作者，并获取更高的成功。结果，有条件的合作者将变得易受“搭便车”的变异者的伤害而不能生存。因此，有条件的合作更容易出现在像乡村和受到限制的城市社区这样的小社会中（Levati, 2006）。

5.2.5 评 价

公共品自愿贡献的声誉假说的主题是，公共品的自愿贡献随博弈的重复而衰减。与声誉假说关心同样主题的另一种假说是学习假说。其核心观点是，参与公共品博弈实验的对象不能立即理解博弈的激励结构，需要重复博弈去帮助他们理解。一旦理解了“搭便车”的占优策略性质，他们就会采取“搭便车”行为。因为一些实验对象比其他实验对象学得更快，所以，观察到的现象是，公共品的自愿贡献随博弈的重复而衰减。然而，伊萨克和沃克发现了学习假说不能成立的实验证据。他们发现在第十和最后一轮博弈中 80% 多的实验对象会选择不贡献的占优策略（Isaac & Walker,

1988）。这似乎意味着博弈者的确是学会“搭便车”。但是，当他们用过去参加过公共品实验的有经验的人做实验时，他们再次观察到了博弈早期高水平的自愿贡献和自愿贡献随博弈重复而衰减的现象。这意味着学习自身不足以解释自愿贡献随博弈重复衰减的现象。但伊萨克和沃克的实验结果却为声誉假说提供了某种支持。安德罗尼和米勒专门设计了一个公共品实验以直接检验声誉假说，结果，实验结果有力地支持声誉假说（Andreoni & Miller，1993）。然而，声誉假说的问题是，它不能解释在某些一次性囚徒困境中观察到的合作行为，其结论也不一定适用于涉及众多人的公共品博弈。因为，在涉及众多人的公共品博弈中，下一轮的博弈对手总是陌生者，以牙还牙策略、触发策略等旨在获取合作的策略性优势的策略中的报复机制的可信性会受到了极大的损害。但是，在这样的情形中，人们还是常常可观察到对公共品的自愿贡献。这些似乎意味着，对作为社会困境的公共品困境中的自愿贡献的解释，可能要借助于关注利他主义、信任和社会行为准则等的非标准行为的理论。

公共品自愿贡献的利他主义假说最早是由道斯提出来的（Dawes，1980）。然而，道斯对公共品自愿贡献的利他主义解释从表面上看，是有悖新古典经济学的经济人这一核心假设的，因而是难被主流经济学家接受的。或许正是这个原因使他和特尔塞一起在 8 年后以《反常：合作》这样醒目的标题发表了一篇文章，再次强调了利他主义作为公共品自愿贡献的一个重要解释因素的价值（Dawes & Theler，1988）。实际上，道斯的道德效用的观点是得到了其他经济学家的采用的，不过，在他们那里，道德效用变成了“温暖的满足心情”（warm glow）。在公共品自愿贡献的非纯利他主义的经济模型中，个体 i 的效用取决于其所消费的私人品 x_i、公共品 Y 和对公共品的自愿贡献 g_i。此即，个体 i 的效用函数是 $U_i = U_i$（x_i，Y，g_i）（Andreoni，1989）。显然，对公共品的自愿贡献 g_i 两次进入个人的效用函数中：一次是作为部分公共品，另一次是作为私人品。对公共品的自愿贡献 g_i 作为私人品进入个人效用函数的根本原因是，个人从对公共品的自愿贡献中体验到了“温暖的满足心情”。于是，个体决策的核心问题仍然是如何在特定约束条件下最大化其个人效用的问题。显然，一旦把利他主义行为所产生的心理满足纳入个人的效用函数中，就可以用新古典经济学的效用理论部分解释对公共品的自愿贡献。但这只是说明，所谓的纯利他行为，实际上可看成特定价值观下的自利行为（孙鳌、陈雪梅，2005），并没有构成对道斯的公共品自愿贡献的利他主义观点的否定。实际上，利他主义是人和动物都有的普遍可观察到的行为倾向。社会生物学的核心任务就是解释利他主义在自然选择下何以可能（Becker，1976），而且，社会生物学家已经在这方面取得了富有成果的进展，如其血亲选择模型和群体（种群）选择模型。按照社会生物学家的群体选择模型，利他主义行为有助于提高种群意义上的基因的适应性，因而可以在自然选择下随时间演进。要在这里强调的是，公共品博弈的自私的理性模型不能成功解释公共品自愿贡献的根本原因是，它忽视了在社会困境中人们的价值判断和意识形态往往起着至少与经济利益的考虑同样重要的作用这样的事实。究其原因，是它忽视了新古典经济学的经济人假设是有适用范围方面的限制的，那就是，经济人概念主要适用于以经济利益为动力的经济系统。与此对照，道斯的利他主义假说因考虑到了在复杂的公共品困境中人性的多面性而具有更高的解释力和预测力。但是，利他主义假说不能解释最后通牒博弈中回应方对正的但“不公平的”提议的拒绝，也不能解释有惩罚的和没有惩罚的公共品博弈中巨大的行为差异。

费尔和施密特在其公共品自愿贡献的公平假说中的不平等厌恶假定是以许多人的研究成果为基础的，如阿格尔和伦德伯格的有关相对得益的考虑对企业内部工资结构的影响的研究（Agell & Lundberg，1995），以及克拉克和奥斯瓦尔德的有关比较收入对工作满意度的影响的研究（Clark & Oswald，1996），等等。正因为相对收入假定是他们的不平等厌恶模型的核心假定，费尔和施密特的模型又被称为相对收入解释。与费尔和施密特不同，拉宾强调“意图”对博弈决策和博弈均衡的影响（Rabin，1993）。其基本假定是，人们有喜欢帮助那些帮助他们的人、伤害那些伤害他们的人的行为倾向，他称之为互惠对等。其基本结论是，博弈者对博弈对方行为意图的感受会影响他们的行为和均衡结果。例如，在性别战中，如果女方相信男方将选择拳击，而且男方知道女方正在选择歌剧，则女方可能得出结论，男方正在降低他自己的得益以伤害她。女方可能因此想报复和伤害男方。如果这种敌意足够强，女方可能选择歌剧而非拳击。同样的误解和相似的反应可能发生在男方身上。结果，（歌剧，拳击）变成了一个纳什均衡。拉宾的主要贡献是通过模型化意图在偏离标准理论的行为中的作用，比较成功地把经济主体对公平的感受并入到了经济分析中。但这是有代价的。因为，它要求采用比标准博弈论更加难以应用的心理博弈论。再者，拉宾的模型局限于二人正常形式的博弈，不能用来分析像市场博弈和多人公共品博弈这样重要类型的博弈。正因为如此，我们未在公共品自愿贡献的公平假说的标题下介绍拉宾的基于互惠对等的意图模型。我们想强调的是，像拉宾的模型那样，不平等厌恶模型的大多数结论是在完全信息的情形中得出的。但大多数经济学实验是匿名地进行的，一个特定的实验对象如何在货币得益和相对得益间权衡显然是私人信息，此为其一。其二，不平等厌恶模型和意图模型在本质上都是静态模型，不能解释在许多博弈中观察到的学习行为。如博尔顿和奥肯菲尔斯自己所言，ERC模型的主要局限有二：第一，在解释相对简单的博弈的静止模式的意义上，它是“局部行为”的理论；第二，其“相等的分割”意义上的社会参照点的定义或许过于简单（Bolton & Ochenfels，2000）。ERC模型的主要贡献是突出了公平动机、互惠对等动机和竞争力量三者间的互动，实际上，也就突出了人们间的策略性互动对理解公共品困境这样的社会困境的意义。GEF模型实际上是在理性模型的自私假定的基础上添加了公平动机和效率动机，其最有价值的贡献是强调了公共品的分配原则和公共品博弈的不对称性等对人们的公平感受和公共品贡献倾向的影响。

公共品自愿贡献的有条件的合作假说明显地综合了声誉假说和互惠对等假说的主要内核。由于反应性行为可能受到行动者对他人行为的公平性感受的支配，所以，在考虑感知到的公平对决策和行为的影响后，有条件的合作假说也可包容公平假说。但是，克泽尔和温登只是提出了一个框架，还没有完成用这个框架统摄其他假说的任务。莱瓦蒂的努力无疑是这方面的一个成功的尝试。然而，至今还没有一个数学模型能够成功地模型化影响公共品自愿贡献的所有重要因素。

5.3

集群公共品的自愿贡献Ⅱ：私有化、绿色市场和使用者参与

利他主义行为在社会生活中是一个普遍可观察的事实，也是许多事业能够成功的重要原因，但主流经济学家宁愿让社会学家、心理学家和政治科学家去研究。这实际上有损经济学的社会影响力和声誉。在此，我们要考察集群公共品的私人提供，但不是出于利他主义动机的私人提供，而是出于利己动机的私人提供。因为，我们坚信可以追溯到曼德维尔和亚当·斯密的信条——私利的自由发挥是使一国强大、人民富裕的根本之途。让人们在提供集群公共品的过程中实现其私利是克服集群公共品供给不足的一条重要途径。其关键是设计和建立使个人理性与集体理性兼容的社会机制。具体而言，这种社会机制主要有三：私有化、绿色市场和使用者参与。

5.3.1 通过私有化提供集群公共品

在大多数情况下，私人之所以不愿投资于公共品，归根到底是公共品消费的不可排他性意味着，投资者不能通过收费机制收回其投资，获得满意的投资回报。但是，一个普遍被人们所忽视的事实是，公共品所具有的消费的不可排他性是有条件的，那就是特定的技术和产权制度条件。换种说法，公共品所具有的消费的不可排他性是特定的技术或产权制度下的不可排他性。在相应的技术或产权制度发生改变的情况下，公共品消费的不可排他性就可能转变成消费的可排他性。比如，在电视节目信号转换器发明之前，电视节目信号一旦被提供，其提供者就没办法禁止人们免费收看。然而，在电视节目信号转换器发明之后，电视节目信号的提供者禁止人们免费收看就不再是一件难以做到的事了。一句话，电视节目信号转换器的发明使电视节目信号本身从公共品变成了具有消费的非竞争性但不具有消费的非排他性的物品。城市里的人行天桥之所以是公共品，归根到底

是因为城市当局禁止其提供者向使用者收费。显然，如果城市当局允许人行天桥的提供者向使用者收费，则人行天桥就会变成一种具有消费的非竞争性但具有消费的可排他性的物品。与纯私人物品不同的是，在这种情景中，使用者实际上是租用而非购买人行天桥。至于允许人行天桥的提供者向使用者收费会如何影响人们的福利和资源的配置效率，则是另一回事，与我们这里的讨论不甚相关。

容易从上面的讨论得出的一个结论是，一种由私人提供社会公共品的重要方式是，通过技术发明，尤其是产权制度安排的创新，暂时改变公共品消费的不可排他性，使其成为具有消费的非竞争性但不具有消费的非排他性的物品，然后让自利的人们去提供，并允许其通过某种形式的收费机制弥补其费用，获得满意的投资回报；在政府和私人投资者间的特许权协议到期后，由私人投资者把项目无偿移交给政府，再由政府把其作为公共品向社会提供。这种公共品的私人提供方式特别适合于企业集群中各种有形的基础设施（如道路和桥梁等）的提供。企业集群的地方当局，尤其是处在集群生命周期的早期阶段的企业集群的地方当局，在促进企业集群发展中所面临的一个困难往往就是缺乏提供各种有形的集群公共品所需要的资金。这里所说的建造—经营—移交的公共品私人提供模式刚好有助于这个问题的解决。因为，它是一种吸引民间资本投资于社会基础设施的有效方法。具体做法是，企业集群所属的地方当局同私营项目公司签订合同，由私人项目公司筹资建造某项社会基础设施，并在特许权协议期内拥有、经营和维护该项目设施，通过收取使用费或服务费回收其投资，获取合理的投资回报。在特许权协议到期时，由私人公司把项目无偿移交给地方当局。

集群公共品的建造—经营—移交这种私人提供方式可能遇到的问题主要有：

第一，政府的社会责任问题。一般人的信念是，作为征税者的政府的基本的经济责任就是提供社会公共品，因此，由私人提供本该由政府提供的社会基础设施，并实行收费制度，无疑是政府失职的表现。人们头脑中的这种根深蒂固的观念意味着，集群公共品的建造—经营—移交这种私人提供方式的政治可行性在很多情况下会受到质疑和挑战。

第二，垄断定价问题。在企业集群社会基础设施的建造—经营—移交模式中，具有特许权的私人公司无疑是相应社会基础设施的垄断经营者，它们一定会利用其垄断势力操纵价格，使其索取的价格过高，造成社会无谓损失。所以，必须对其定价行为进行规制。但是，由于社会基础设施的生产具有规模经济的性质，私人公司实际上是自然垄断者，能够产生最大可能产出的规制价格是私人公司的平均成本曲线与其需求曲线的交点所对应的价格。不幸的是，正确地决定这个最小的可行价格在实践中经常是困难的。因为，私人公司的需求曲线会随市场条件变化。结果，对私人公司的规制通常不得不还原为对其投资回报率的规制。其本质是，由规制机构决定一个允许的价格，以保证私人公司的回报率在某种意义上是“竞争性的”或“公平的”。但是，执行这种回报率规制会面临新的困难。首先，难以评价私人公司的未贬值的资本存量的价值。其次，“公平的”回报率必须基于私人公司的实际的资本成本，但这种成本反过来又取决于规制机构的行为。这些困难会导致规制反应滞后于私人公司的成本和其他市场条件的变化，并导致长期的和昂贵的规制听证。

第三，延后移交问题。有效的企业集群社会基础设施的建造—经营—移交模式要求确定一个社会最优的移交时间。这个移交时间既不能因有损私人投资者的利益而导致企业集群社会基础设施上的私人投资低于理论上社会最优的水平，又不能因过长而损害整个社会的资源配置效率。确定最优移交时间的可行办法是确保私人投资者获得行业平均的投资回报率。但是，这要求正确估计私人投资者的全部成本，包括其生产、经营成本和从项目获取到项目经营所必然会招致的各种交易成本。重要的是，尽管社会基础设施的生产和经营成本相对容易估计，但与项目获取和经营相关的各种交易成本则有很大的弹性，在很大程度上取决于企业经营环境中的相关制度安排和塑造人们行为的文化、风俗和惯例等。在有些地方，尤其是那些政府官员习惯于从事寻租活动的地方，企业所要承担的交易费用会在其全部成本中占一个偏高的比例。延后移交是企业弥补其过高的生产经营成本和交易费用的一种简单而有效的办法。预见到这一点的企业会更多地投资于各种寻租活动。其结果是形成更多的寻租活动与移交时间延后间的恶性循环。

避免公共品私人提供的建造—经营—移交模式的政府的社会责任问题的一种办法是，尽管还是由集群地方当局同私营项目公司签订合同，由私人项目公司筹资建造某项社会基础设施，并在特许权协议期内拥有、经营和维护该项目设施，在特许权协议到期时，由私人公司把项目无偿移交给地方当局，但是，与通常的建造—经营—移交模式不同的是，私人公司得到的不是索取使用费或服务费的权利，而是项目相关的其他一些权利。比如，提供城市人行天桥的私人公司得到的不是索取过桥费的权利，而是利用人行天桥作广告的权利，或者把人行天桥开辟为广告牌并向其他企业出租的权利。同样的，提供一段公路的私人公司得到的不是索取过路费的权利，而是在公路两边建造广告牌并将其出租的权利。公共品的这种私人提供方式实际上是让提供公共品的私人公司得到公共品的部分受益权，一般的人则只有使用权而无受益权。其理论根据是，某物的产权是由该所有物所生的一系列权利所构成的一个权利集合，包括占有权、使用权、受益权和转让权等。重要的是，同一所有物的各种权利是可以由不同的个体所拥有的，比如一些人可能有占有权和使用权而无受益权，其他人可能有受益权而无转让权。而且，同一所有物的受益权本身也是一个权利束，是多样性的统一体，也是可以由不同的人分享的。比如，一些人可能拥有出租所有物的某一部分的权利，其他人则拥有出租同一所有物的其他部分的权利。

这里所说的公共品私人提供的两种方式的一个共同点是，通过把公共品的部分产权至少是暂时地界定给私人，使他们能够借以弥补其提供公共品的成本，并得到满意的投资回报。其本质都是通过私有化提供公共品。

5.3.2　通过绿色市场提供集群公共品

这里所说的绿色市场指的是环境友好的物品和服务市场。这些市场的一个显著特征是，通过私人品和环境公共品的共同生产所产生的绿色物品这种非纯公共品的可获得性。因为，环境友好的物品从其增进特定购买者的特定效用而言是私人品，但从其增进所有人的环境福利而言是公共品。一句话，环境友好的物品实际上是非纯公共品。因此，购买环境友好的产品实际上是在购买某种私人品的同时购买了环境公共品。例如，考虑不断增长的“绿色电力”市场。绿色电力的生产避免了用化石燃料生产电力所可能产生的污染排放。因此，绿色电力的消费者在购买电力这种私人品的同时购买了排污减少这种环境公共品（Kotchen，2006）。另一个例子是无公害无污染茶叶市场。这种茶叶是在不使用任何化肥的条件下生产的，避免了使用化肥所可能产生的对土地和水体的污染。因此，这种茶叶的消费者在购买茶叶这种私人品的同时也购买了环境污染减少这种环境公共品。

重要的是，随着人们的收入水平和受教育程度的提高，以及环保意识的不断增强，越来越多的人愿意购买环境友好的产品，并愿意为环境友好的产品支付更高的价格。调查显示，美国的消费者愿意为绿色产品多支付6.6%，我国消费者愿意为绿色产品多支付4.5%（Chan，2000）。尽管这些数据不一定真实地反映了消费者的偏好，比如在我国各大城市的农贸市场上，无污染的有机蔬菜的价格一般是普通蔬菜的3~4倍，但是，一个值得注意的并且越来越强的趋势是，越来越多的消费者的购买决策受到他们对产品生产过程的某些特征的看法的影响。也就是说，他们在购买时不仅会关心产品本身的各种特征，还会关心产品是如何生产出来的。他们会问自己这样的问题：产品生产过程是环境友好的吗？产品是“血汗工厂”生产的吗？然后，他们会通过拒绝购买那些以环境破坏的或非人道的方式生产出的产品来表达他们的有关环保的或人道主义的信念。消费者偏好的这些重要变化为通过绿色市场提供集群环境公共品创造了必要条件。

环境友好的生产过程的形式是多种多样的，其共同的本质是减少对环境资源的占有和消耗。一种特别适合在企业集群中尝试的环境友好的生产方式是循环经济的生产方式。因为，企业集群的显著特征是众多企业间存在着沿产品价值链的纵向分工合作关系和企业在地理上的靠近。在它们之间更容易发展出各种耦合关系，实现集群整个产业体的生态化。也就是说，企业1的废弃物通过某种资源化过程转化为企业2的必要的投入，同时，企业2的废弃物通过某种资源化过程转化为企业3的必要的投入，最后，企业3的废弃物通过某种资源化过程转化为企业1的必要的投入。企业集群中地理上相互靠近的企业在生产和产品方面的多样性使这种企业间耦合关系的形成概率得以大大提高。问题是，消费者愿意为环境友好产品支付的溢价可能不能弥补环境友好产品生产的高成本，在采用环境友好的生产方式的早期这种情况发生的概率往往很高，此为其一。其二，消费者可能缺乏有关产品生产方式和质量的信息，无法有效地区别环境友好的产品和环境不友好的产品，结果，可能出现环境不友好的产品驱逐环境友好的产品的逆淘汰。因为，消费者在缺乏有关产品的生产方式和质量的信息时，会根据他们对市场中环境友好产品和环境不友好产品各自出现的主观概率分别乘以他们对这两种产品价值的主观估计，然后把两个乘积相加，大致地确定出他们愿意支付的最高价格。不幸的是，消费者愿意支付的这个最高价格一定是低于环境友好产品的提供者愿意接受的最低价格的。结果，伪装成环境友好产品的环境不友好产品卖得出去，而真正的环境友好产品却卖不出去。这个过程实际上就是阿克洛夫当年所研究的柠檬市场中的逆淘汰（Akerlof, 1970）。环境不友好产品伪装成环境友好产品的成本越低，或者市场中的机会主义者越多，这种根源于双方信息不对称的优败劣胜就越严重。

针对消费者的保留价格可能不足以弥补环境友好产品的生产成本问题可采取的措施有：第一，对公民进行环境教育，使他们知道怎样通过行使其货币选票有效地贡献于环境公共品。第二，政府对环境友好产品的生产进行补贴。

针对由买卖双方间的不对称信息所引起的环境友好产品竞争不赢环境不友好产品问题可采取的措施主要有：第一，建立绿色产品标签制度，此即政府对符合资格审察程序的企业授予在其产品包装上印制绿色产品标识的权利。第二，完善市场声誉机制，主要是政府的代理机构如工商管理部门和税务部门要及时发现用环境不友好产品冒充环境友好产品的供应商，并把其机会主义行为及时告知其潜在的交易对象，甚至对其进行罚款和行政拘留等处罚。

5.3.3　通过使用者参与提供集群公共品

集群社会资本区别于其他集群公共品的最显著特征是其凸显性。这意味着集群社会资本是生活于集群中的人们在持续的互动中形成的，而且存在于生活于集群中的人们的社会关系网中。从这个意义上说，生活于集群中的每个人既是集群社会资本的使用者、受益者，又是集群社会资本的生产者、提供者，他们参与集群社会生活的行为必然会影响集群社会资本的形成和质量。一句话，使用者的日常参与决定着集群社会资本的特征。因此，集群社会资本的质量在很大程度上取决于其使用者是谁和他们正在做什么。

可以根据人们影响集群社会资本的质量的性质，把生活于集群中的人们分成提升质量的使用者和降低质量的使用者两大类。当提升质量的使用者的人数偏低，没有达到某个最低的临界值 n_L 时，集群社会资本的质量水平也偏低，不能令人满意。此时，增加或减少一个提升质量的使用者对集群社会资本的质量的边际影响很小。当提升质量的使用者的人数超过了这个最低的临界值，却未达到使集群社会资本的质量令人满意所必需的另一个临界值 n_H 时，增加或减少一个提升质量的使用者对集群社会资本的质量的边际影响将变得很大。其主要原因是在集群社会关系网中形成了某种连锁反应。但是，在提升质量的使用者的人数达到使集群社会资本的质量令人满意所必需的临界值后，增加或减少一个提升质量的使用者对集群社会资本的质量的边际影响又将变得很小。这个集群社会资本质量的概念模型可见图 5.1。

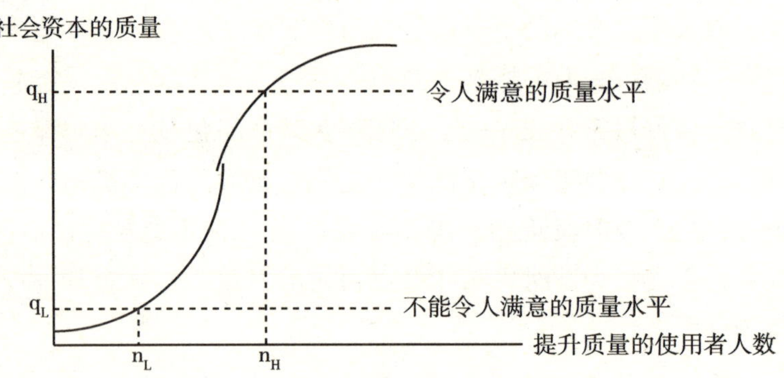

图 5.1　企业集群社会资本质量的概念模型

在上述模型中，影响个人参与决策的因素主要有二：一是对他人是否参与有助于集群社会资本形成的互动的预期；二是对自身参与的效能的感知。容易理解的是，如果一个人预期所有其他提升质量的使用者不会参与，则其最佳策略是不参与。同样容易理解的是，如果一个人感到其参与对集群社会资本的形成和质量提高的贡献微乎其微，可忽略不计，则他的参与率就会很低。重要的是，个人对自身参与的效能的感知在很大程度上同样取决于他对他人是否参与有助于集群社会资本形成的互动的预期，准确地说，取决于他预期多少提升集群社会资本质量的使用者会参与有助于集群社会资本形成的互动。因为，在涉及众多个人的集群社会资本的参与决策中，个人所采用的策略是基于群体的对等互惠策略：如果某个人预期有足够数量的他人（比如 N_2）参与合作，那么他的最优策略是合作；但是，当参与合作的人数超过了某个临界值（比如 N_3）时，合作的边际收益就会小于边际成本，他的最佳策略是“搭他人努力的便车”；如果合作者人数下降到某个临界值（比如 N_1）之下，则背叛是他的最优策略。这里描述的个人的参与决策可见图 5.2。

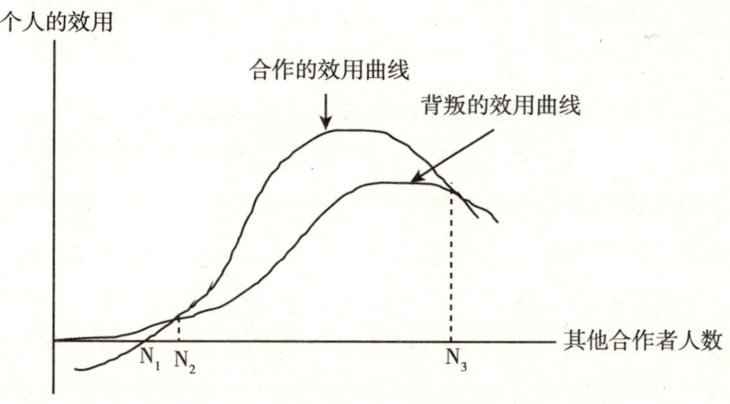

图 5.2 企业集群社会资本的参与决策

因此，要提高个人的参与率，就必须以有利于集群社会资本形成和质量提高的方式影响个人对他人是否参与集群社会资本形成和质量提高的预期。其办法主要有：

（1）创造集群退出壁垒，以把提升集群社会资本质量的使用者锁入参与战略中。其实质是为这些人创造一些集群成员身份得益，也就是他们一旦离开集群就会失去的各种形式的利益，如较低的税负、高效的公共服务、有补贴的贷款、高质量的社区学校、融洽的集群人际氛围等。

（2）发展鼓励个人参与的行为准则。博弈理论家早就认识到像社会准则这样的无形因素可改变博弈者体验到的有效支付。一般地，当人们意识到其参与将有助于提供非常有价值的社区公共品时，他们的参与率就会提高。

（3）建立合作协议。集群社会资本的特定使用者群体的吸引力来自该群体的其他成员。所以，把提升质量的使用者留在使用者群体中的关键之一是建立其他质量提升者也将待在群体中的信心。这样的信心在一定程度上产生于退出该使用者群体是代价高昂的事实，另一种办法是使用者间建立留在群体中的协议。为使这种协议有约束力，参与协议的每个人都应以某种方式作出某种可信承诺。

综上所述，让人们在提供集群公共品的过程中实现其私利是克服集群公共品供给不足的一条重要途径，关键是要设计和建立使个人理性与集体理性兼容的社会机制。具体而言，集群公共品的私人提供主要有三种形式：通过私有化提供集群公共品、通过绿色市场提供集群公共品和通过使用者参与提供集群公共品。通过私有化提供集群公共品主要适合像道路、桥梁、公园等有形的集群公共品的提供，主要有两种模式：一种是建造—经营—移交模式；另一种是建造—非价格索取权形式的受益权模式。通过绿色市场提供集群公共品的适用对象是集群环境公共品，其本质是由私人品和公共品所构成的非纯公共品的生产，主要是通过环境友好的生产方式实现。这里所谓环境友好的生产方式实际上就是循环经济的生产方式，其本质是减少产品生产所占有和消耗的自然资源。通过使用者参与提供集群公共品特别适用于集群社会资本的提供。因为，集群社会资本是在人们的日常互动中形成的，其质量取决于使用者是谁和他们正在做什么。其关键是要建立个人关于足够数量的他人将参与集群社会资本的形成和质量提高过程的预期。为此，地方政府可以采取一些行动，如创造集群退出壁垒、发展鼓励个人参与的社会准则和建立合作协议等。

5.4

集群公共品的集体提供：战略联盟

战略联盟是企业间出于某种战略目的的合作。可以毫不夸张地说，我们正处在一个联盟时代。其显著特征是，不仅一企业与它的供应商企业或客户企业间常常存在某种形式的战略联盟，而且该企业与其对手企业间的战略联盟的重要性也正在日益增长。这意味着企业间一对一的原子式的竞争正在被企业网络间的竞争所替代。重要的是，战略联盟是解决集群公共品供给不足的一条有效途径。因为，集群中的个体性企业在集群公共品博弈中不仅面临“搭便车”的巨大诱惑，而且面临其可支配资源和能力有限的严格限制。也就是说，“搭便车”的巨大诱惑常常使集群中的个体性企业有偏低的集群公共品贡献倾向，而且，严格的可支配资源和能力的限制使它们即使主观上愿意贡献于集群公共品，如果离开了其他企业的合作，客观上也难以做到。下面，我们将在对集群战略联盟进行简单分类的基础上，重点讨论集群共性技术研发联盟这种特定的战略联盟对我国企业集群产业升级的重大意义，然后分析集群战略联盟的各种策略优势，并讨论威胁集群战略联盟绩效的一些重要问题，最后分析集群战略联盟治理结构的设计问题。

5.4.1　集群战略联盟的类型

可根据集群战略联盟所肩负的提供某种具体的集群公共品的使命，把集群战略联盟分为旨在提供集群共性技术的研发联盟、旨在提供集群区域品牌的营销联盟、旨在提供集群环境公共品的环保联盟等。实际上，任何一种集群公共品的集体提供在理论上都可采取战略联盟的形式。比如，假设国内某企业集群的产品遭遇某国的反倾销起诉。显然，由于应对这一反倾销起诉的成败可能直接增加或减少集群内上千家生产遭遇反倾销起诉的产品的部件的企业的利益，而不管它们具体生产什么产品部件，也不管它们是否承担应对这一反倾销起诉的费用，应对这一反倾销起诉本身就是一种典型的集群公共品。考虑到应对这一反倾销起诉所需费用远远地超过了任何一家集群内企业的承受能力和相关企业的“搭便车”问题，所有相关企业以某种战略联盟的形式联合起来，采取集体行动去应对这一反倾销起诉，就成了一种必然的选择。再比如，假设国家计划出台主要由国内某企业集群生产的产品的产品标准。由于这一计划中的产品标准可能直接增强或削弱集群中上千家生产这种产品的各种零部件的企业的竞争力，而不管它们具体生产什么产品部件，也不管它们是否承担影响政府相关部门，以使最终出台的产品标准对整个企业集群有利的游说成本，旨在以有利于企业集群的方式游说政府本身也就成了又一种典型的集群公共品。出于游说费用承担能力和“搭便车”问题的考虑，所有相关企业以某种战略联盟的形式联合起来，将再次成为一种必然的选择。有人把这种旨在影响治理行业的制度政策和塑造行业吸引力的战略称为共同战略（communal strategy）。共同战略是相对于竞争战略而言的。竞争战略的目的是改善企业相对于对手企业的竞争地位，共同战略的目的是以有利于行业内企业的方式改变行业的特征（Barnett，2006）。这两类战略对企业都是重要的。因为，企业的绩效既取决于其自身的特征，又取决于其所处行业的特征。实际上，每家企业都在不同程度上面临在独立地管理它们的竞争特征和集体地管理它们的行业特征间配置资源的动态张力。因为，企业的可支配资源是有限的，配置到竞争特征管理上的资源增多，配置到行业特征管理上的资源就会减少；反之则反是。企业资源在这两类战略间的配置决策主要取决于企业的个体特征和其所处行业的特征对其绩效的相对重要性。一般地，当行业特征对企业绩效的影响增大时，企业配置到共同战略上的资源也会随之增加；反之则反是。可以预料，随着我国企业集群的产业升级的压力的不断上升，旨在改善集群行业特征的集群战略联盟的重要性也会日益上升。

在此，我们要专门对企业集群共性技术研发联盟对我国企业集群的重要性进行说明。因为，集群共性技术研发联盟是推动我国企业集群产业升级的关键。其理由是，我国作为发展中的国家参与国际分工和国际竞争，是有其较之于发达国家的优势的，那就是众所周知的我国的基于劳动力丰裕的国际比较优势。但这种比较优势对于大多数发展中国家，常常只是一种理论上的潜在优势，而非现实的竞争优势。因为，要把理论上的比较优势转化为现实的国际竞争优势，发展中国家必须找到实现这种转化的有效的产业组织形式。改革开放以来，广东、浙江、江苏等省区域经济集群化发展的奇迹般的历史有力地说明，把发展中国家理论上的比较优势转化为现实的国际竞争优势的有效的产业组织形式就是企业集群或曰专业镇，也就是生产相似或相关产品的众多企业在特定地理区域聚集而形成的具有特定企业间分工关系的企业网络，这是一种既非科层也非市场的介于这两者之间的新型的产业组织形式（Powell，1990）。公平地说，区域经济的集群化发展，是中国农民继中国的农业革命之后的又一伟大创造，也是中国区域经济发展的重要推动力量。以广东省为例，2007 年，广东已有特色企业集群约 323 个，其中，年产值达到 100 亿元的企业集群就有 30 多个，名气大的有中山小榄镇五金制品集群、中山古镇灯饰集群、东莞石龙镇电子产品集群、顺德家电集群、佛山陶瓷集群、南海西樵镇纺织集群等。而且，企业集群对区域经济发展的贡献率在中山市、佛山市、潮州市、东莞市、汕头市、江门市等市，早在 2004 年就达到了 25% 以上。

但是，仅仅用基于劳动力丰裕的比较优势是不足以解释区域经济的集群化发展趋势的。因为，它不能解释企业在地理上的集中。实际上，要理解区域经济的集群化发展趋势，就要理解集群化企业的竞争优势；要理解集群化企业的竞争优势，就要理解集群化企业区别于同样的但孤立的企业的重要特征，其地理特征和网络特征。企业集群的地理维度指的是，每个企业集群都有其特定的地理空间，因此，地理上特定的因素，如地方特定的行为规范、行为惯例、自然资源、交通和大众心理等历史依赖的因素，必然会对集群中企业的行为产生重要的塑造作用。企业集群的网络维度指的是集群内企业的以市场为基础的交易关系和一些非正式的关系。集群内企业间的以市场为基础的交易关系主要是由企业的投入—产出表所度量的生产关联和业务关联。集群内企业间的非正式关系通常采取惯例、非正式规则和习惯的形式，其主要作用是在不确定条件下协调企业间的活动。可以这样说，企业集群的秘密就隐藏在集群化企业之间的关系中，离开了集群化企业间的关系，就不可能真正理解企业集群的形成、治理和绩效。基于企业间的关系，集群化企业较之同样的但孤立的企业，更容易获得创新的优势、基于外部经济的成本优势和基于企业关系专用性投资的差异化优势。但是，这些优势像比较优势一样，在转化为现实之前，只是理论上的可能性，不足以解释我国大多数企业集群的现实。我国企业集群的现实是，大多数集群化企业处在全球产业分工的最低端，其利润率往往低于 3%。更重要的是，在工资成本上升、新劳动法实施、人民币升值和更加严厉的环境规制政策出台后，我国许多集群化的企业正面临着严重的生存威胁。

能够比较有说服力地解释企业集群从过去到现在的演变的理论，是企业集群演变的商业模式理论（孙鳌，2008）。这种理论首先把每个企业集群或曰专业镇看成一个卡夫和波特意义上的战略群，也就是由众多利用特定行业的相似特征而采取相似战略的企业所组成的企业网络（Caves & Porter，1977）。决定每个企业集群在其生命周期的每一阶段的个体性特征和其特有的演化路径的正是集群内的众多企业所共享的商业模式。所谓商业模式是企业在采购、研发、生产和销售等经营活动中所形成和表现出来的稳定的和惯例化的做事方式。惯例化意味着企业在特定情形下，几乎无须思考，就会因循采取某种特定的行动。所以，在商业模式中包含了企业的研发战略、产品战略、生产战略和营销战略等因素，也就是包含着企业要不要研发、如何研发、在什么行业生产具有什么特征的产品和以什么价格和方式进行销售等方面的信息。因此，商业模式是企业集群的知识库和记忆库，有助于克服个体理性的不足。每个个体企业的有助于提高竞争优势的做事方式的信息，都可能通过其他企业的模仿而扩散和凝结在集群的商业模式中，成为一种被集群内企业所共同采取的行为方式。商业模式还是集群内企业间的休战协议，遵循它可以避免一些严重的企业间冲突。这些是为什么集群内企业往往有大致相同的商业战略的重要原因。从商业模式的角度看，企业集群的形成过程是发现和通过模仿扩散有竞争优势的商业模式的过程。有竞争优势的商业模式必然涉及以某种适应市场需求的方式，有效组合各种有形资源和无形资源，其发现过程是一种由市场决定的各种商业模式相互竞争、优胜劣汰的过程。因此，企业家和各种偶然事件在其中起着非常关键的作用。这是为什么成功的企业集群往往都有一个传奇故事的重要原因。商业模式知识的高意会性决定了其扩散过程具有显著的本地化特征，而且，企业在聚集中会形成各种集群效应，如本地化经济、集群化经济和企业网络的创新优势。这是为什么企业在地理上集中的重要原因。从商业模式的角度看，企业集群的成长过程是商业模式的集体创新过程。这是一个创新和模仿创新不断交替的过程，一个经济系统失衡和均衡不断交替的过程，也是一个个体干中学、个体专用性知识、模式化的专用知识、个体的知识能力四者间循环互动的过程。从商业模式的角度看，企业集群的成熟和衰退过程是集群内企业所共享的商业模式固化和僵化的过程。因为，过去成功的商业模式可能导致集群内企业的战略盲点，也可能使企业形成难以改变的信念，高估过去的决策规则和技术，低估自身知识和技术精神磨损的程度。

接受上述企业集群演化的商业模式理论，就可以得出一个结论，我国企业集群目前所面临的困境说明，我国企业集群的商业模式已经不能适应新的变化了的环境。所以，要改变的不是企业集群这种产业组织形式，而是企业集群的商业模式。目前在我国企业集群流行的商业模式主要是在过去自发形成的，它们充分利用了过去我国工资成本低、原材料成本低、环境资源等共同财产资源任人使用的制度安排，适应了竞争相对不足的市场环境，具有历史地形成的经济合理性。但是，今天，环境的改变正在不可避免地使这种经济合理性成为历史。根本的出路是，通过重构商业模式，使我国企业集群的竞争优势，无论是成本优势，还是差异化优势，建立在技术创新和技术进步的基础上。这正是我国企业集群产业升级应有的本质含义。

重构我国企业集群商业模式的目的是提升我国企业集群的竞争优势，而评价我国企业集群是否有竞争优势的核心标准是看我国企业集群中的企业的平均利润率是否高于社会平均的利润率。按照迈克尔·波特的竞争战略理论，企业可以通过正确地制定和有效地执行战略创造竞争优势。企业基本的竞争战略不外成本领先战略、差异化战略和基于市场细分的集中的差异化战略和集中的成本领先战略。成本领先战略的实质是，在保持产品质量不低于对手企业的产品质量的前提下，以比对手企业更低的成本进行生产；差异化战略的实质是，在成本不上升或不大幅度上升的前提下，生产比对手企业的产品更优的产品，以提高消费者的品牌忠诚（迈克尔·波特，1997）。企业可以通过在价值链上的各个环节上采取行动去降低生产成本，也可以通过制定和执行一系列的子战略去降低生产成本，如前向一体化战略、后向一体化战略、横向一体化战略、旨在降低成本的战略联盟、集中的产品多元化战略、成本企划战略、组织重构战略和渗透性定价战略等。然而，集群中的企业由于受纵向分解规律和微型科层规律的支配，往往不适合应用这些战略。集群中企业降低成本的根本之途是通过管理创新和技术创新提高生产效率。相似地，企业可以通过在价值链上的各个环节上采取行动去创造差异化优势，也可以通过制定和执行一系列的子战略去创造差异化优势，如产品开发战略、基于消费者感知到的价值的定价战略和销售渠道战略等。这三种基本的差异化战略的支持战略实际上构成了企业的品牌战略的基本内容，其核心是在不增加或不大幅度增加消费者感知到的成本的前提下，提高消费者感知到的产品价值——满足消费者的特定需求和偏好的产品特征和特性。显然，实现企业的差异化优势的关键同样是企业的技术创新能力。因此，重构我国企业集群的商业模式的关键是使集群中企业的竞争优势，无论是成本优势，还是差异化优势，建立在技术创新和技术进步的基础上。

集群中的企业所依赖和使用的技术实际上是由技术基础设施、共性技术和专用技术所构成的技术体系。技术基础设施是所有阶段的研发、生产控制过程和基于技术的市场交易等的必要的技术工具的集合。共性技术又称之为通用技术（general-purpose technology），是同时具有共享性、基础性和关联性的技术，也是能够同时应用于多个产业或工艺的技术，它是“将基础科学推向市场应用的第一步成果，是核心的产品和工艺。相互竞争的公司基于它去开发专有的产品和工艺”（乔治·泰奇，2002）。顾名思义，专用技术是为满足特定市场需求而开发的企业专用的产品和工艺。重要的是，从企业专用技术到共性技术到技术基础设施，技术外溢的强度依次增大。集群中技术外溢的最显著特征是技术外溢的本地化，也就是技术外溢往往局限在企业集群的地理边界之内。其根本原因是，技术中所包含的意会性知识难以通过正式渠道转移，却可以通过面对面的接触在不经意间从一个主体转移到另一个主体，而企业集群正是一种富含非正式沟通渠道的社会关系网络。技术外溢的本地化在很大程度上决定了技术外溢对集群中企业的研发支出的影响具有两面性。从其降低研发成果的独占性看，技术溢出会使集群中企业倾向于减少研发支出。从其提高企业的技术创新能力和根源于技术外溢本地化的外溢的互利性质看，技术外溢会使集群中企业愿意进行研发投资。一个合理的推论是，存在一个最大化集群中企业研发支出的最优的技术外溢强度。所以，对集群中企业的研发成果的保护尤其要注意保护的静态效率与动态效率间的冲突：对研发成果的严格保护有助于鼓励企业未来的研发投资，实现动态效率，但不利于增大与已有知识的共享相关的价值，如提高其他企业的创新能力，实现静态效率。再者，技术外溢对集群中企业研发支出的影响还具有因技术类型变化的性质。一般地，对于技术基础设施和共性技术而言，其外溢强度太高，技术外溢本地化所产生的外溢的互利性和企业创新能力的提高对集群中企业的研发支出的有利影响，不足以抵消技术外溢所产生的研发成果的低独占性对集群中企业的研发支出的消极影响。因此，集群中的企业往往不愿在集群技术基础设施和共性技术上进行投资，但可能比同样的但孤立的企业更愿意在企业专用性技术上进行投资。这是导致我国大多数企业集群在集群共性技术上的研发投资严重不足的一个重要原因。更重要的原因是，集群中的个体企业缺乏这些研发所要求的各种有形资源、无形资源和人力资源。第一，集群中的个体企业缺乏对技术及其市场结果的概率分布的知识，无法按净现值大于零的原则进行投资决策。其原因是，①企业经理往往缺乏科学和工程方面的训练；②企业对技术变迁过程知之甚少；③企业缺乏评价技术变迁过程的框架；④重要的技术变迁往往要 5 ~ 10 年的时间，而企业的战略规划往往只能考虑 5 年内的事情；⑤大多数企业是围绕着生产组织起来的，不是围绕着技术创新组织起来的，缺乏激励技术创新的机制。第二，研发过程的复杂性超过了集群中单个企业的核心能力。成功的技术研发要求对各种活动的前后一致的优先权安排、足够的保证企业适应性的灵活性、较强的组织凝聚力、企业家的精神与文化和亲身实践的高层经理等。这些条件是集群中的企业难以满足的。第三，由于研发过程的复杂性，在研发过程中会产生许多事前难以预料的资金需求，而且，技术基础设施和共性技术使用中的规模经济和范围经济往往意味着，企业只有在多种产品上大规模应用研发成果，才会有利可图。集群中的企业往往严重缺乏适应这些要求的必要的管理、财务、组织、制造和营销等资源。容易想象的是，实际上，集群所属的地方政府和集群之外的任何个体性主体，同样缺乏研发集群共性技术所要求的各种有形资源、无形资源和人力资源。但是，不在集群共性技术的有效供给方面取得突破，集群中的企业就难以去有效开发适应特定市场需求的企业专用技术，也就难以获得基于技术创新和技术进步的竞争优势，企业集群就难以避免解体的厄运。怎么办？答案是，组建以集群中企业为主体的地方政府、省级政府、高等院校、科研院所等多方参加的集群共性技术研发联盟。

5.4.2 集群战略联盟的策略优势

集群联盟是集群层次上的战略联盟，不是个体企业或行业层次上的战略联盟，但对其加以理论说明，同样涉及五个基本问题：第一，什么企业与什么企业形成联盟？第二，伙伴企业如何对联盟进行治理？第三，联盟的治理结构如何随时间演变？第四，什么因素影响联盟的成功？第五，联盟对进入其中的企业的绩效有何影响？（Gulati，1998）到现在为止，对战略联盟的研究主要有三类理论，它们分别从资源的角度、交易费用的角度和社会网络的角度对联盟的形成、治理和绩效进行说明。以资源为基础的战略联盟理论强调，企业进入战略联盟的主要目的是获取它们自身不能创造，也不能从要素市场购买的战略资源；战略联盟的社会网络理论强调，企业形成战略联盟的能力是由它所面临的机会集合决定的，而其机会集合的大小取决于它过去在社会关系网络中的位置；战略联盟的交易费用理论强调，企业形成战略联盟的主要动机是回避中间产品市场的高交易费用。其实，这三种联盟理论不是相互排斥的，而是彼此互补的。因为，没有资源、战略和活动方面的互补性，企业就缺乏形成联盟的诱因；有诱因而没有社会关系网络，企业就难以发现联盟的机会；有诱因，有机会，但中间产品市场的交易费用很低，则企业可购买所需要素，独自利用市场赢利机会，不一定要结成联盟。所以，从资源到机会到交易费用，是一条比较好的理解和说明企业间战略联盟形成的思路。

按照以资源为基础的企业理论，企业的一切行为都是为了寻求竞争优势，获取超额利润。为此，企业必须拥有或控制能给其提供竞争优势的经济资源，而能给企业提供竞争优势的经济资源往往有三个特征：第一，它们能为企业创造价值，或者有助于企业降低成本，或者有助于企业获取更高的销售价格。第二，它们经常是企业专用性的，不能在创造它们的企业之外获得，或离开了创造它们的企业就贬值。第三，它们很可能是随时间累积的资产存量（Wernerfelt，1984）。企业形成联盟的诱因与其对资源的需求有关。企业希望通过联盟获得那些能够创造价值的、在要素市场买不到的、要花时间才能建立的资产。企业形成联盟的机遇则同其拥有的资源的数量和特征有很大关系。因为，愿意与一企业合作的潜在伙伴的数量是它对其他企业的吸引力的函数。一企业对其他企业的吸引力取决于它为其他企业创造价值的能力。这在很大程度上取决于它能否提供伙伴既不能自己创造又不能从要素市场购买的战略资源。一般地，企业的资源存量越大，其吸引力越大，其联盟的机遇也越多（Ahuja，2000）。企业的资源存量主要包括技术资本、商业资本和社会资本三类资本。技术资本（technical capital）代表着企业创造新技术、新产品和新过程的能力，商业资本（commercial capital）代表着使新技术商业化和从中获取经济租金所需的支持性的或互补性的资产，社会资本代表着能够为企业带来信息或声誉方面的益处的企业与其他企业间的关系或关系网络。重要的是，高交易费用常常造成这些经济资源难以通过市场购买（Hennart，1988）。其具体表现主要有：

（1）购买原材料和零部件的困难。某些战略价值高的原材料和零部件难以从市场购买的原因是，生产它们往往涉及不可忽视的关系专用性投资，这种投资常常使投资者暴露在交易对方敲竹杠的威胁之下。为避免这种敲竹杠的威胁，投资者往往希望建立完备合同。事前详细界定各方在未来的各种可能的偶发事件中的权利和义务的困难，常常使各方只能建立不完备合同，具有策略优势的一方机会主义地再谈判的威胁终究难以通过合约消除，投资者终归缺乏激励去进行有效提供原材料和零部件所需的关系专用性投资。

（2）购买知识的困难。像技术专门知识和营销诀窍这样的知识难以通过市场购买的原因主要有二：一是信息悖论问题；二是知识的意会性问题。所谓信息悖论指的是，购买者在知道知识的价值前，无法下决心购买，一旦知道了知识的价值，他实际上就无必要购买了；所谓知识的意会性指的是知识的难以编码和言说的性质。专利制度就是为解决信息悖论问题而设计的一种制度：潜在的使用者可了解专利发明的具体内容，但不能用之于商业目的，除非他得到发明者的同意。重要的是，专利制度的制度成本通常很高，常使其对专利发明的保护实际上很弱，此为其一。其二，专利发明中所包含的意会性知识常常是仅仅交换专利发明是不够的，而必须同时伴随着人员的流动。但是，事后有效地区分坏运气与差绩效的困难，使知识的转移者很可能在转移费被支付后就很少有激励去提供持续的支持，或提供得比其事前承诺的更少。

（3）购买分销服务的困难。成功的分销常常要求分销者通过广告或直销建立良好的声誉，使其产品适应本地的偏好和使用条件，发现为产品获利性地定价的方法，学会展示产品和为产品提供售后服务。因此，分销通常涉及启动成本，可大可小，取决于所售产品的类型。在一些情景中，这些投资是特定产品专用性的投资，往往会使分销商处在制造商敲竹杠的威胁之下，尤其是在许多分销商对一个制造商的情景中。

（4）购买社会资本的困难。社会资本对企业的吸引力主要是，企业可通过它去获取重要的意会性知识、获利性的商业机会和一些重要的经济资源。导致社会资本难以通过市场购买的原因主要是社会资本的根植性特征。所谓根植性是指，社会资本只能存在于人与人之间的关系中，不能由个人独占，它实际上是关系网络中的所有成员所共享的公共品。

到现在为止，上面所分析的实际上只是形成集群战略联盟的两个方面的原因和条件——策略性的考虑和回避要素市场的高交易费用，而且，仅仅讨论了联盟成员间资源的互补性这一策略性的考虑。实际上，形成集群战略联盟还有其他一些重要的策略优势或曰策略性考虑，如利用研发和营销中的规模经济、分摊投资风险、缩短市场进入时间、避免两败俱伤的竞争、提高集群进入壁垒和市场权力等。这些策略优势对集群中的企业同样是非常重要的。因为，作为集群竞争优势基础的集群共性技术的研发和集群营销都是规模经济明显的活动，其最小有效规模相对于个体企业的资产规模而言可谓十分庞大，其所要求的初始资本投资往往远远超过个体企业的资源支撑能力，仅仅依靠原子式企业的自发行动，一些重要的集群共性技术和集群营销可能永远也不能出现。集群战略联盟实际上是实现集群内资本集中和资源重组的一种手段和方式，其一个明显的优势就是实现资源的协同，缩短新技术和新产品进入市场的时间，创造先动者优势。

5.4.3　集群战略联盟的问题

任何现实的制度都不会是完美的，集群战略联盟作为集群外部性的一种治理机制也不例外。威胁集群战略联盟绩效的一大因素是个体企业的机会主义行为，包括联盟形成前的逆向选择和联盟形成后的道德风险。我们将重点说明后一种机会主义。集群战略联盟形成后的机会主义相关的低效率主要有下面几种表现：

（1）与冲突相关的协调问题。与一般的战略联盟比较，集群战略联盟的一大特点是，不仅伙伴企业的数量巨大，而且各企业在组织文化、管理实践、战略导向和技术系统等方面相互区别，使各种冲突在集群战略联盟中更加普遍。集群战略联盟内的冲突可大致地分成利益冲突和经营冲突两大类。集群战略联盟中的利益冲突是根源于伙伴企业间不同的和相互竞争的利益的冲突，集群战略联盟中的经营冲突则是根源于伙伴企业间不同的和不兼容的组织文化和经营实践的冲突。这些冲突的存在直接造成伙伴企业的资源难以有效整合，其行动难以有效协同，结果，集群战略联盟的协调成本可能偏高。一般地，集群战略联盟中的伙伴企业越多，其异质性越高，联盟的协调成本也越高。

（2）与弱产权相关的风险（hazard）问题。集群战略联盟中所涉及的技术知识和营销技巧等往往是事前难以预见和界定的，且在很大程度上是意会性的，只能存在于人力资本中。这些决定了它们常常是作为产权不明的共同财产资源而产生的，其名义权利属于集群战略联盟，实际权利却属于实际占有者，伙伴企业间的争夺也就难以避免。一句话，集群战略联盟成果的产权界定的不完全性、投入要素成本的不确定性和观察伙伴企业行为的困难，所有这些必然造成企业担心其获取公平份额的联盟租金的能力，降低其实现联盟目标的激励（Gulati & Singh，1998）。

（3）以知识为基础的资源的泄露问题。企业的资源，从产权的界定和保护的角度，可分成以财产为基础的资源和以知识为基础的资源两大类。前者是企业拥有的产权清晰的合法财产，如企业的金融资本、实物资源、商标、专利、版权等，后者是企业的产权未得有效界定和保护的无形的诀窍和技能等（Shamsie，1996）。在集群战略联盟中，企业的技术和营销方面的诀窍和技能很容易在非正式的人际互动中不知不觉地泄露，有可能降低伙伴企业参与联盟的激励和程度。

（4）与关系专用性投资相关的敲竹杠问题。为了实现联盟的目标，联盟伙伴必须进行关系专用性投资。但是，这种关系专用性投资必然置投资者于被战略伙伴敲竹杠的威胁下，使其在分享联盟成果的谈判中处于不利地位。结果，联盟成功所需的关系专用性投资可能因此不足。

重要的是，上述机会主义问题可能使联盟伙伴陷入公共品困境中：从个体性联盟伙伴的角度看，减少对联盟的贡献是理性的，但是，当一定比例的联盟伙伴采取这样的“搭便车”策略时，则不能实现联盟的目标，结果，每个联盟伙伴的境况会严格帕累托劣于所有伙伴都贡献时的境况。

5.4.4 集群战略联盟的治理结构

集群战略联盟治理结构的设计面临四个基本问题：第一个是联盟中的不确定性。集群战略联盟的产出经常涉及专用性的和长期的投资，且是不能在执行前由各方充分界定或控制的。结果，在这样的合作性的企业间关系中，企业经理经常会碰到两类不确定性——关于未来的自然状态的不确定性和关于能够在什么程度上依靠信任去约束逆向选择和道德风险问题的不确定性。企业经理的信任观如果是偏向以对另一方的商誉的信心为基础的信任观，则他们更倾向于以关系合约对联盟进行治理；反过来，企业经理的信任观如果是偏向以风险为基础的信任观，则他们更倾向于以各种正式合约，如担保、保险机制、法律和科层组织等，去降低逆向选择和道德风险的损害。第二个是以效率和平等为基础的评估。伙伴企业会自发地不断地用效率和平等的标准评价联盟的形成、结果及其他伙伴企业的行为，并以此为基础不断调整其行为，从而使联盟的治理结构呈现出动态演变的特征。在这个过程中，公平往往是互惠互利和报酬与贡献对称的代名词。第三个是分歧的内部解决。在集群战略联盟中，借助法庭或仲裁去强制执行合约往往会导致各方中止它们的合作关系。因此，在联盟中必须存在分歧的内部解决机制——内生的保护措施。两个原因使这种内生的保护措施很重要：一个是在不确定条件下所进行的交易专用性投资越大，维护合作关系对各方的价值也越大；另一个是在联盟的发展中，社会心理过程会产生出维护合作关系的压力。第四个是角色关系的重要性。角色和角色预期是所有社会互动环境中的一部分，但它们在工作关系中更有说服力和得到更明确的界定，特别是当它们出现在组织科层内或跨组织科层内时。尽管随着信任的产生，人们很可能从角色关系中发展出人际关系，但在作为企业的代理人行动时，他们可能还是更加依赖形式化的合约和外生的保护措施。一般地，伙伴企业选择联盟治理结构的原则是，能够从其他伙伴企业获取非常有价值的资源而又不失去对自身资源的控制（Das & Bing-Sheng Teng，2000）。当企业投入联盟的资源主要是以财产为基础的资源，而伙伴企业投入联盟的资源主要是以知识为基础的资源时，企业往往更加偏好股权合资形式的联盟。因为，股权合资使企业能够更好地获取嵌入在伙伴企业的组织之中的以知识为基础的资源。当企业投入联盟的资源主要是以知识为基础的资源，而伙伴企业投入联盟的资源主要是以财产为基础的资源时，企业往往更加偏好少数股权联盟——一个或更多的伙伴企业在该企业中占有一个非控股的股权位置。因为，共享的所有权具有抵押的性质，有助于控制对方的机会主义倾向和行为，此为其一；其二，共享的所有权延长了“未来的阴影”，增大了在未来对以前的机会主义行为进行惩罚的概率，从而为伙伴企业提供了合作的激励。当所有伙伴企业投入联盟的主要资源都是以知识为基础的资源时，伙伴企业将更加偏好以多边合约为基础的联盟。这种联盟常常涉及持续的产权生产，并要求伙伴企业不断地投入资源和一起工作，如共同研发、共同营销或生产等。因为，当所有伙伴企业投入联盟的主要资源都是以知识为基础的资源时，股权合资意味着学习其他伙伴企业的诀窍的代价太高，而且，联盟实际上将变成一场学习竞赛，学习目的一旦实现，联盟很可能被有意终结。当所有伙伴企业投入联盟的主要资源都是以财产为基础的资源时，伙伴企业将更加偏好以单边合约为基础的联盟。这类联盟常常包含良好界定的产权转让，如技术换现金的许可协议。其主要形式有许可、分销协议、研发合同等。这样的合同往往是完全的和特定的，伙伴各自执行其义务，无多少协调或合作的必要。以上是从企业投入联盟的资源类型解释企业对联盟治理结构的偏好。从交易费用经济学的角度看，伙伴企业通过自发的协商采取集体行动的协调成本越高，联盟越适合采取科层式的治理结构。有几个原因造成集群战略联盟中的伙伴企业通过自发的协商采取集体行动的协调成本偏高：伙伴企业数量众多、企业间的差异性明显、对攫取联盟结果的担心、集群联盟的绩效和集群所面临的环境有很大的不确定性等。因此，集群战略联盟更适合采用科层式的治理结构。这种结构包含五大要素：命令结构或权威系统、促进绩效考核并使报酬与绩效挂钩的激励系统、使快速决策得以进行的标准操作程序、绕过法庭和市场的分歧解决程序和非市场的定价系统（Gulati & Singh，1998）。其中，第二和第五涉及科层控制的代理特征，其他主要涉及联盟中科层控制的协调能力。联盟中的标准操作程序、命令结构和权威系统一般包括规划、规则、方案等，是协调各企业所负任务的关键手段。它们使伙伴企业间的互动制度化或规范化，使它们间的分工和互动有更大的可预见性，也澄清了伙伴企业决策和活动的边界，简化了决策。

集群战略联盟的科层控制机制的设计必须遵循几个基本的效率原则：

（1）资本雇佣劳动原则。这指的是资本所有者与劳动力所有者之间的一种特定的合约安排：资本所有者提供资本，承担企业的经营风险，其权利是享有企业的剩余收益权和剩余控制权；劳动力所有者提供劳动，忍受劳动的负效用，服从命令，其权利是对合同约定的工资收入的索取权。对这一原则的争议主要产生于人们对它的规范含义有不同的理解。但是，如果我们把剥削定义为一些人凭了其对生产资料的所有权而占有他人的劳动成果，则剥削是一个历史地形成的现象，是一个普遍存在的事实。资本的所有者不是依靠逻辑而是通过历史成为企业的所有者，所以，要从财富分配的历史不平等那里找根源，才能更深刻地理解它（林德布洛姆，1994）。但是，我们将在历史地形成的私人产权的前提下，讨论资本雇佣劳动的逻辑。其实，资本雇佣劳动主要有三方面的理由：第一个是资本市场的不完善。在劳动雇佣资本的情况下，企业需要大量借入资金，资本市场的不完善将使这种需求难以得到满足。因为，即使是在竞争均衡中，借款市场的主要特征也是信用配额——给定借款申请者，一些申请者能得到借款，而一些不能，即使他们愿意支付更高的利率。其理由是，利息率这一甄别机制不能使银行有效地区别还款概率高的借款者与还款概率低的借款者。因为，较高的利息率会吸引风险更高的借款者，产生逆向选择问题，同时，较高的利息率会鼓励借款者选择风险更高的项目，引发道德风险问题。考虑到这些问题，银行将索取一个能够使其预期回报最大化的最优利率。这一最优利率往往低于使借款市场出情的利率，结果引发对借款的超额需求，信用配额也就顺理成章了（Stiglitz & Weiss，1981）。第二个是劳动力所有者无法承担资产的最终风险。在劳动雇佣资本的情形中，企业一旦亏本，工人将面临严重的生存危机，此为其一；其二，由于工人的唯一资本——人力资本——与其肉身不能分离，不具有抵押功能，而其生存权又远远高于债权人的收益权，债权人的收益权实际上是没有保障的。预见到这种情形的资本所有者将缺乏提供资本的激励。一个可能的解决办法是，工人贿赂资本所有者，使其提供资本，但签订和执行相关合同的困难将使这种解决办法失灵。对付这种失灵的一个明显的解决办法就是回到资本雇佣劳动上。第三个是对专用性资产所产生的准租金的争夺。组织形式经常是被用作占有准租金的工具。一般地，当生产要求在专用性实物资产上进行不可合约化的投资时，就会出现资本雇佣劳动。现在假设专用性资产是一家工厂，劳动雇佣资本的企业成员从外部所有者租用这家工厂，他们能够单边地选择生产水平、工作条件和设备使用强度等，从而能够把大量准租金转移给自己。预见到这一点的投资者将不愿建这家工厂。一个可能的解决办法是，劳动雇佣资本的企业成员事前贿赂投资者以换取工厂的建立。然而，工人无法把工厂的所有合意的特征写在合约中，而法庭也不能事后核实合约条款的执行。解决由此产生的低效率的一个可行的办法是，让工厂所有者自己管理工厂，并作为剩余索取者获取准租金。这种制度安排有损工人的工作激励，但至少使工厂得以建立（Dow，1993）。

（2）决策权与决策能力对称原则。我国许多私人企业面临的一个严重问题是，随着企业从小到大的发展，老板的决策能力的提高远远跟不上其决策权力的膨胀，结果，出现了老板的决策权大而决策能力小的情况，这使许多战略性的决策错误潜伏在企业的经营之中。同时，私人企业的泛家族主义的组织文化又使许多“外人”处在能力大而权力小的状态，其人力资本得不到有效利用，结果，企业的凝聚力下降，人才流失严重。然而，实现权力与能力的对称往往涉及企业内复杂的分工问题。从历史看，企业组织结构的演变史，实际上就是企业内的分工不断加深和发展的历史。众所周知，企业的经营风险的承担与经营决策的分工，产生了职业经理人阶层和现代企业制度；企业的战略决策与日常经营决策的分工，产生了员工参与型企业和组织结构的扁平化、团队化。所有这些变化都涉及通过更复杂的委托—代理合约实现有效授权的问题。我们知道，授权可以降低决策的信息成本，但会增加代理成本。所以，授权的原则是，在集权与分权间作出恰当的取舍，以最小化信息成本与代理成本之和。为此，必须使拥有特定地点、特定时间下的特定知识的人拥有决策权。只有如此，企业才能适应不断变化的环境（Hayek，1945）。哈耶克所说的这种特定知识往往是人们在工作岗位上通过干中学而累积起来的知识，尤其是那些意会性的知识。按照平乔维奇的说法，南斯拉夫工人参与型民主企业失败的一大原因就是，决策权与决策所需专门知识的分离（平乔维奇，1999）。

（3）风险制造者与风险承担者对应原则。企业的风险制造者往往是那些享有企业剩余控制权的人，而企业的风险承担者通常是以索取企业利润的方式承担企业风险的人。所以，这个原则实际上是企业所有权的指派原则。所有权的最优指派问题可上溯至阿尔钦和德姆塞茨。在他们看来，企业最本质的特征就是其生产具有团队性，此即某个企业成员的边际产品与其他企业成员的边际努力成正比。其结果是，正确评估每个成员的边际贡献的成本非常高，因而难以建立有效的以绩效为基础的激励制度。这意味着，如果没有合适的治理结构，“搭便车”和偷懒行为将在组织内横行。为此，必须授予部分成员监督其他成员的权力，而为了克服监督者的偷懒问题，必须授予监督者分享组织剩余的权利以诱致其自我监督（Alchian & Demsetz，1972）。他们的结论是，应当由部分团队生产成员拥有企业的所有权。但他们没有说明，由什么样的成员拥有所有权更有效率。实际上，他们隐含地假定，团队生产的成员在其拥有的物资资本、人力资本、行动的可监督性和风险态度等各方面是同质的，不存在任何差别（Shuhe Li & Weiying Zhang，2001）。格罗斯曼和哈特在那篇有关所有权的经典文献中指出，当一方购买另一方的资产所有权时，另一方就失去了这些权利，结果，得到所有权的一方的投资会倾向于过多，而失去所有权的一方的投资会倾向于过少。所有权之所以重要，就是因为它会通过影响事后剩余的分割而影响各方的事前投资决策。尽管重新谈判和签约可导致事后有效的配置，但谈判和签约的成本常常会使这个过程进展缓慢。因此，相关各方应当努力以使事前投资扭曲最小化的方式配置所有权。其原则是，使其投资不足的危害超过其投资过度的危害的一方拥有所有权（Grossman & Hart，1986）。格罗斯曼和哈特的重要贡献是提出了所有权的成本和收益的概念，从而为人们分析所有权问题提供了一个新视角。威廉姆森在其名著中提出了一个大拇指规则，"谁能够运用这些剩余控制权提供最大产出，就把剩余控制权交给谁。"（威廉姆森，2002）巴泽尔则指出："决定所有权最优配置的总原则是：对资产平均收入影响更大的一方，得到剩余的份额也应更大。"（巴泽尔，2004）他实际上是说，对资产平均收入影响更大的一方应当拥有所有权。所有这些讲的实际上是一个意思——让企业的风险制造者成为企业的风险承担者。那么，什么人可能对企业的风险产生重要影响呢？一般地，能对企业的风险产生重要影响的人有下面几类：难以对其工作进行有效监督的员工；企业重要的专用性实物资产的所有者；企业重要的专用性人力资本的所有者；企业重要的无形资产的所有者；能够有效控制企业经营成本的员工。需要说明的是，与资本雇佣劳动原则比较，风险制造者与风险承担者对应原则更加强调企业剩余控制权的指派问题。这里的剩余控制权指的是没有在企业的雇佣合约中加以明确界定的控制权。

遵循上述组织原则的企业集群研发联盟实际上是这样一种准企业的组织结构：以集群中企业、地方政府、省级政府、大学和科研院所等为股东组成股东会，由股东会选出董事会，由董事会任命董事长，董事长下设分管各种任务团队的各专业技术委员会。

5.5

集群环境公共品的政府提供：政府规制

政府基本的经济职能是提供社会公共品。这已在我国学术界达成共识。但是，这并不意味着要由政府提供一切社会公共品。在社会发展的某些阶段，或者在某些特定的地区，某些公共品可以由私人去提供，而某些公共品可以由组织起来的人们去提供。在企业集群的公共品家族中，最适合由企业集群所属地方政府提供的公共品是环境公共品，此为其一。其二，政府提供环境公共品较之政府提供其他一些公共品涉及更多更复杂的问题，如果能够理解政府提供环境公共品的复杂性，要理解政府提供其他公共品所可能遇到的问题就变得相对容易了。主要出于这两点考虑，我们将集中讨论政府提供集群环境公共品的问题，而把政府提供其他集群公共品（如像集群公共交通设施、公园等各种有形的集群公共品）的问题搁置起来。并且，我们将主要讨论两个问题：一是政府提供环境公共品的政策工具主要有哪些？其适用条件各是什么？二是由政府提供环境公共品主要有什么问题？其解决办法有哪些？

5.5.1 政府提供集群环境公共品的政策工具

改革开放三十多年，我国社会生活的各个方面发生了深刻的变化和巨大的进步。[①] 但是，无须讳言，我们一直在为快速的经济增长付出高昂的生态代价：今天，世界污染最严重的10个城市中至少有一半在我国；主要起因于空气污染的呼吸道疾病在我国已成为死亡的首因；我国七亿多人正在饮用至少被部分污染的水；我国国土的森林覆盖率（14%）远低于世界平均水平（25%）；我国野生物种中至少15%正面临灭绝；我国很可能在短期内超过美国而成为世界温室气体的最大排放国。另外，根据世界银行的报告，环境污染每年花费了与我国GDP的8%相等的价值（Baldinger，2000）。所幸的是，我国高层领导已经充分地认识到了环境持续恶化的严重性，并经常公开地强调改进环境管理的必要性，民间的环境意识也正在迅速觉醒，越来越多的人愿意为环境友好的产品支付更高的价格Chan，2000）。与此相应，发生了一个具有深远意义的制度变革：环保指标终于成为考核各级政府官员政绩的硬指标。毫无疑问，这一制度安排必然会大大地提高我国各级政府出于环保政绩的考虑而干预经济的频率和力度。环境治理将是我国社会治理的一个重要方面。明显的是，环境问题直接产生于生产者和消费者行为的环境外部性。这里的环境外部性指的是，尽管经

① 本小节部分内容曾在《云南社会科学》2009年第5期发表。

济主体的行动会损害人们的环境福利，经济主体在决策时却用不着考虑这种损害。换种说法，环境问题是环境外部性引发的市场失灵的结果。因此，政府提供环境公共品的政策工具实际上就是政府治理环境外部性的政策工具。问题是，市场失灵只是政府干预经济的必要条件而非充分条件。因为，使用政府这种社会协调机制像使用市场这种社会协调机制一样，都是有成本的。这意味着，使用市场的高成本——高市场交易费用，常常会导致市场失灵——市场调节的实际结果偏离理论上的帕累托最优，而使用政府的高成本——高政治交易费用，常常会导致政府失灵——政府干预的结果劣于市场自发调节的结果。因此，理性的做法是，在市场失灵和政府失灵间进行权衡和取舍。用科斯的话说，就是要从广泛的角度选择解决经济问题的不同的社会安排和从生活的所有方面考虑这些安排的总效应（Coase，1960）。为此，有必要认真分析政府治理环境外部性的各种政策工具的优势和劣势，以为政策制定者正确选择和组合各种政策工具提供理论依据。政府治理环境外部性的政策工具可分成命令—控制型的政策工具和基于市场的政策工具两大类。下面，我们分别进行讨论。

1. 命令—控制型政策工具

命令—控制型的政策工具直接通过标准和条款等来约束经济主体的行动，以使各经济主体的行动更加符合社会的利益，如给企业指定特定的生产方法，有时甚至是特定的生产设备，来配合管制。命令—控制型的政策工具主要有技术标准、绩效标准和信息披露要求等。

（1）技术标准。技术标准的制定可以遵循基于技术的路径，也可以遵循平衡的路径。基于技术路径的技术标准允许的污染量是在采取了最好的或最新的工艺控制技术后的排放量。其言下之意是，所有技术上可行的污染控制技术都将被采用，并且，只有在这些技术手段得到实施后，余下的风险才是可接受的。显然，这样制定的技术标准不会出于节约成本的考虑而向稍宽松的污染控制妥协，此为其一；其二，“最好的技术”是个模糊的概念，因为，在增加成本开支的情况下，总可以进一步减少污染物的排放量；其三，统一的技术标准忽视了环境外部性在高密度人口居住区比在低密度人口居住区更严重的特殊性；其四，这样的技术标准将污染源锁定在特定的控制方法中，缺乏动态的灵活性。因为，环保局总不能以下一年的更好的技术为借口要求一家厂商更换符合今年的最佳技术标准的设备（伯特尼和史蒂文斯，2004）。直接与技术标准相关的另一个问题是，当污染者利用其信息优势完成首轮讨价还价并得到较低的标准后，他们为了证明先前所提供的关于减污很困难的信息是对的，就不再从事任何有利于促成减污技术进步的研究。制定技术标准的平衡路径要求同时考虑环保的价值、成本开支和环境规制的其他不利后果。一般而言，如果消费者需求的价格弹性很高，使得企业难以通过提价把污染控制费用转嫁给消费者，则企业的投资者、员工会因此受损。在某种情况下，污控成本非常高，以致一条比较严格的环境标准就可能使一家企业破产。所以，必须在环保价值与其他社会价值（如消除贫困和创造就业）间进行权衡。但是，技术标准在下列条件下是有效的：①重要的技术与生态信息难以获得。②关键知识只有在政府决策层中才能得到，在企业里得不到。③企业不能对价格信号作出正确的和及时的反应。④可行的竞争技术的数量不多。⑤对排污行为进行监控的成本偏高，而对技术进行监控较容易（斯德纳，2005）。

（2）绩效标准。在实施绩效标准的情况下，政府机构直接规定每个污染者在特定时间的污染削减量或排污浓度。政府机构借以制定绩效标准的原则主要有三：第一，比例均等原则。此即，要求每个污染源按一个相同的比例降低其排污量。这个原则可能产生的一个问题是，造成不同企业有很不平等的财务负担。因为，污染源本身的特征和技术状况方面的差异决定了，一些企业可轻而易举地按要求减少其污染排放，而另一些企业要付出多得多的代价才能按同样的比例减少其排污量。第二，负担能力原则。此即，要求财务状况良好的企业减少更多的污染排放量。显然，这是所得税制度在污染控制领域的延伸。其弊有二：①它惩罚了成功的企业，褒奖了后进企业。②一个污染排放量很低的盈利企业可能被迫在排污上花费更多，而一个财务不景气的污染型企业可能被置之于管制之外。第三，成本最低原则。在这一原则下，管制者将考察所有污染源以决定在何处能够以最低的成本减少第一单位的污染排放量，于是就在那里消除这一单位的污染物，然后以同样的方法消除第二单位的污染物。这个过程将持续下去，直到总排放削减目标实现为止。显然，这个方法要求规制者具有关于所有污染源削减目标污染物的边际成本的完全信息，此为其一；其二，削减污染的边际成本总是最低的企业将不公平地承担全部污染削减负担。但是，与技术标准比较，绩效标准给了企业很大的自主性和灵活性。在绩效标准下，企业可以自己选择达到强制目标的排污方法，或者通过增加减污投资来削减污染，或者通过减少产量来削减污染。

（3）信息披露要求。在实施信息披露要求的情况下，环境外部性的施加者有义务向环境外部性的潜在受施者提供相关信息。例如，要求厂商将有毒化学物质的使用、存放和排放信息向当地政府机构报告；要求地方供水系统向每一位消费者邮寄有关水源质量和水中各种污染物含量水平的年度报告，等等。信息披露的一种重要方法是所谓的加贴标签计划，如要求电器设备加贴说明产品的能源使用效率和估计的年度能源费用支出的标签。产品标签分 1、2、3 型。1 型标签由企业自愿申请，再由独立机构设立标准并评价产品；2 型标签的认定在内部进行，没有固定标准或独立的外部检查；3 型标签只提供原始数据，不进行解释或评判。产品的生态标签正在成为许多产品的重要标识之一，如美国的绿色印章、加拿大的环境选择、斯堪的纳维亚的白天鹅、德国的蓝色天使、日本的生态标签等。产品的生态标签可以影响消费者对产品质量的判断和需求的价格弹性，从而对生产者行为产生巨大影响。但发展中国家的出口者可能视之为非关税贸易壁垒。实际上，如果生态标签是对所有出口国一视同仁的，则不属非关税贸易壁垒。

2. 基于市场的政策工具

基于市场的政策工具重在改变经济主体从事某种具有明显的外部性的活动的成本和收益，以引导经济主体出于成本—收益的理性算计而采取有利于社会的行动。也就是说，如果能够很好地设计和实施的话，基于市场的政策工具将促成企业或个人在追求其私利的同时，实现社会的环保目标。按照这一定义，环境外部性的两种基本的解决办法——庇古解和科斯解——都属于基于市场的解决方案。因为，庇古税或庇古补贴的目的就是要通过政府的税收或补贴政策，增大经济主体所感知到的边际私人成本（在负外部性的情形中）或边际私人收益（在正外部性的情形中），使其按照边际私人收益等于边际私人成本原则所决定的产量，刚好等于社会最优的产量。科斯解的本质是，在合理界定外部性的相关产权（责任）的前提下，让外部性相关各方通过自愿、互利的谈判去解决问题。所以，庇古与科斯的根本分歧，并非如德姆塞茨所言，是庇古愿意依靠理想化的政府去制定和执行政策，而科斯拒绝那样做（Demsetz，1996）。实际上，他俩的根本分歧是，对政府在解决外部性问题中的作用有不同的理解。庇古认为政府可通过制定和执行税收或补贴政策缓解或消除外部性问题，而科斯仅仅把政府的作用限制在界定产权上。德姆塞茨对庇古的误解源于多数人对庇古的成见：许多没有认真阅读过庇古著作的人仅仅从庇古税和庇古补贴的概念出发就得出结论说，庇古心目中的政府是万能的和仁慈的政府。实际上，庇古对政府干预是持谨慎态度的。他指出，“在我们能够判定可能实施干预的政府机构具备相应的素质之前，这种情况①也不过只是具备了初步条件而已。……因为我们不能期待任何政府部门将实现或将全心全意地去追求这一理想。受私人利益的左右，这些政府部门易出现玩忽职守、屈从部门压力和个人腐败等问题。”（庇古，2007）公平的说法是，庇古解和科斯解各有其适用条件，关键是要具体问题具体分析，找到针对特定条件下的特定问题的最佳解决方案。基于市场的政策工具主要有税收与收费、补贴、押金—退款制度和可交易的许可证等。

（1）税收与收费。此即对向环境排放的每一单位污染物征税或收费，其大小尽量反映每一单位排放物的外部成本。在这种规制下，单位净化成本小于单位污染物排放费（税）的企业将自行削减其排放量，而单位净化成本大于单位污染物排放费（税）的企业将选择缴纳污染物排放费（税）。其优势有三：①它确保自觉对污染进行控制的企业都是那些能够以最低成本来完成的企业。在这一点上，它类似命令—控制型政策中的成本最低原则，但无须管制者指定每个污染源要削减的排污量。②它向企业提供了减少污染控制成本的持续动力，克服了命令—控制型政策中的技术标准可能产生的企业技术锁定效应。③它使企业或者削减污染以避免支付污染费，或者继续付费，从而克服了在命令—控制型政策的负担能力原则下，财务

① 庇古在此指的是我们现在称为市场失灵的境况。

不景气的污染型企业可能被置之于管制之外的问题（伯特尼和史蒂文斯，2004）。污染物排放费（税）制度的主要问题是，难以确定每单位污染物造成的损害。在这种情况下，可向投入物或产出物征税（费）。比如，在某些情况下，根据用水量征税是内部化污染和污染治理成本的一种有效方法。因为，可以用水表准确地测量水的消耗量，而水的消耗量与可能的污染成正比。与税收比较，收费制度是比较灵活的。因为，税收必须经过一个复杂的立法和政治程序，而且，人们普遍认为，税收的过快和经常变动是不妥当的。值得注意的是，在发展中国家，作为政策工具的环境税费的作用正在不断增长。这表明税收不再仅仅是为政府支出提供收益的手段，它也常常被作为纠正市场失灵的工具而加以应用。但是，在发展中国家，设计能够刺激自然资源的明智利用的税收制度常常会受到三个因素的不利影响：①税制必须极其简单。因为，发展中国家能够获得的税收工具的数量和质量往往有限。②法律制度往往是经济发展状况的反映。这不仅限制着一国经济能够接受的税收结构，而且，也限制着一国政府通过法律手段规制自然资源利用的能力。③法律制度越详细而复杂，它能够治理的经济活动的多样性就越大。但是，受制度执行能力的限制，详细而复杂的税制对发展中国家是不适用的（Backhaus，2004）。

（2）补贴。针对环境外部性的补贴政策主要是，对开发和采用高效能源技术的企业或个人进行补贴。采用高效能源技术的新产品，其成本往往远高于传统产品，而消费者一时难以感知到其绩效优势，需求的价格弹性偏高。结果，采用高效能源技术的新产品刚开始，往往缺乏市场竞争力。在这种情况下，来自政府的补贴对采用高效能源技术的新产品的市场开发和市场渗透非常重要。经济统计分析显示，对采用高效能源技术的新产品进行补贴在某些情况下，比能源比例税更有效。但是，在现实生活中经常可见的是补贴错位现象：该补贴的没补贴或补得太少，而不该补贴的又补贴了许多。例如，各国对可能导致严重环境退化的产品、服务和行为的补贴是如此的普遍，以致许多经济学家把“取消补贴”视为环境政策的一种重要手段。另一个情况是，减污补贴与总污染间的关系并非像想象的那么简单。在特定情况下，对于一给定的污染税率，总污染可能随减污补贴率而上升。因为，减污补贴降低了行业污染的边际成本，产出和总污染会因此增加（Fredriksson，1997）。总污染的增加提高了低污染税率对污染者的价值，可能诱致行业游说集团进行更多的游说活动，结果，污染税率可能随补贴率而递减。

（3）押金—退款制度。其具体做法是，消费者在购买具有潜在污染特性的产品时预付一定量的押金，当他们把产品或其包装物送回指定的循环或处理中心时，即可取回押金。押金的大小在原则上取决于产品非法处置所产生的外部成本。但这种外部成本可能太高，远远高于产品的生产成本。在这种情况下，押金必须低于庇古税水平和产品的生产成本，以防止某些企业或个人为了得到退款而生产或进口带退款的污染物。所以，押金大小的确定以足以鼓励企业或个人能够回收和安全处理污染物为原则。显然，这种制度既包括了对特殊项目的收费，又包含了对退还的补贴，是成本中性的。那些不退还物品的排污者将支付费用，而那些退还物品的排污者将得到退款。这种制度有一个灵敏的显示机制：当潜在的污染者通过退还带有退款的物品而显示服从时，对不合法处置的监测就变得不必要了（斯德纳，2005）。其优势之一是可节约政府在不同地点阻止非法倾倒废物所必然招致的巨大的监督成本；其二，它使企业有动力去减少生产中所耗费的原材料；其三，它使企业有动力去寻找对环境损害更小的替代材料。但是，押金—退款制度优于税收的主要方面是其政治上的可行性。因为，所有企业都倾向于花更少的钱，而有些企业在押金—退款制度中甚至赚了钱，因此，不会发生像税收那样的密集的抵制和游说。然而，这种制度的社会可行性取决于消费者归还废物所花时间的货币价值和对减少废物的支付意愿。一般而言，当废弃物有可能被不当处置并产生严重后果时，押金—退款制度最能发挥其优势。

（4）可交易的许可证。这种政策通常又称为排污权制度。其具体操作是，首先确定允许的排污总量，然后以某种方式在污染源间分配许可证。许可证的分配方式可以是拍卖，也可以是无偿分配。但不管许可证最初如何取得，经过初次分配后，都可随时交易。这种制度实际上创立了新资源的财产权、生态系统同化力的份额或曰生态系统可持续租金产品的份额。在这种制度下，那些能够以低于许可证价格的成本削减污染的企业将愿意采取污染控制措施，而那些不能够以低于许可证价格的成本削减污染的企业将选择购买许可证。如此，则污染削减将在能够以最低成本完成的企业中进行，同时，企业有持续的激励去减少污染控制的成本。许可证制度的另一个优势是，它能够在不增加总排污量的情况下，允许新建或扩建企业。但是，某些污染源可能策略性地买下所有的排污许可证，以阻止潜在对手的市场进入，此为其一；其二，采取拍卖的方式分配许可证有可能使政府把许可证的发放作为一种收入来源，结果出现过度管制：一些本应免费排放的污染源也将被迫为排污付费；其三，采取无偿的方式分配许可证有可能引发利益集团的寻租活动；其四，排污权制度有可能导致所谓的“热点”问题：某种特定污染物的年度总排污量减少了，但减少排放的成本极高的个别地区的排放量却增大了。

由此可见，没有固定的和普适的政府干预模式，也没有独立的政策工具。各种政策工具往往有自己特定的适用对象和条件，它们间常常是互补的而非相互替代的关系，而且，在特定情景中，哪种政策更有效取决于环境外部性本身的特点和具体的因时间、地点而变化的社会的、政治的和经济的各种因素。一般而言，从污控的静态效率看，在减污成本因企业而有很大不同时，基于市场的政策工具较之命令—控制型政策工具有较大的优势；当减污的边际成本曲线陡峭而减污的边际收益曲线平缓时，税收与收费、押金—退款制、补贴等工具更加有效；当损害成本因企业而有很大不同时，执照、分区、规制等命令—控制型政策工具更加有效；当减污的边际成本曲线平缓而减污的边际收益曲线陡峭时，可交易的许可证更加有效。从污控的动态效率看，基于市场的政策工具可提高跨期效率，而命令—控制型政策工具无激励作用；当环境外部性情况复杂时，命令—控制型政策工具比基于市场的政策工具更有效；对于非点源污染，押金—退款工具最佳；对于发展中国家，税收与收费、押金—退款制、补贴等工具的应用和效果有很大的不确定性，可交易许可证有应用前景但往往缺乏必要的相关法律支持，命令—控制型政策工具或许更有用（斯德纳，2005）。管制者的根本任务就是在各种管制手段间权衡利弊，趋利避害，以最大化社会福利。

5.5.2 政府提供集群环境公共品的问题与对策

从成因看，环境问题的本质是负环境外部性所导致的市场失灵。因此，环境治理在本质上就是要对各种具有负环境外部性的活动进行治理或曰控制。其实质则是通过各种手段和机制，使负环境外部性的制造者在行动决策时把其行动可能产生的对他人的环境福利的有害影响纳入其成本—收益的理性算计中，以实现所谓的环境外部成本的内部化。也就是说，自利的经济主体在决策时不得不考虑其行为所可能产生的对他人环境福利的有害影响。结果，其按私人边际收益等于私人边际成本原则所从事的活动数量刚好等于社会最优的活动数量。从结果看，治理负环境外部性的过程就是提供环境公共品的过程。关键是，肩负内部化负环境外部性任务的人们有无动力和能力，设计、选择和应用正确的手段和机制，引导人们在追求其私利的过程中，最大化社会的环境福利。众所周知，要实现任何一种重要目标，行动者必须既具备相应的动力，又具备相应的能力。有能力而无动力是不作为，有动力而无能力则是乱作为。在实际的社会生活中，一个普遍可观察的事实是，未内部化的集群环境外部性远远地多于被内部化了的集群环境外部性。很明显，这些集群环境外部性的非内部化，或者是因为人们缺乏内部化它们所需要的能力，或者是因为人们缺乏内部化它们所需要的动力。下面，我们将从意愿和能力两个维度去讨论导致集群环境外部性非内部化的两种重要原因——算计的非内部化和政治的非内部化及其对策。

1. 集群环境外部性的算计的非内部化

环境外部性的算计的非内部化指的是，由于内部化环境外部性的社会成本超过其社会收益而有意未内部化一些环境外部性。隐含在这个定义中的一个重要假设是，政府官员是社会福利的最大化者。导致政府治理环境外部性中算计的非内部化的主要原因有：

（1）界定和保护环境产权的困难。导致难以界定环境产权的一个重要原因是，被环境产权政策规制的人们所采取的各种反应性行为，可能增大环境产权界定政策的社会成本。假设在某地有一家污染企业和一家洗衣店。如果把清洁空气的产权界定给洗衣店，则洗衣店的店主可能故意搬迁到工厂附近，然后提出烟尘的损害赔偿。如果污染地区的租金比清洁地区的低，则洗衣店店主有双重红利——烟尘的损害赔偿和租金的节约。所以，工厂把这样的争辩用来对抗空气的污染控制政策也有一定的道理。再者，即使产权得到明确的界定，通过立法或私人谈判来解决环境外部性仍会遇到困难。因为，污染冲突的当事双方并不是一一对应的，经常是同时存在着众多的污染者，很难认定究竟是哪个污染者要对特定的污染损害负责。同样地，受污染损害的对象也是大量的，他们中的每个人所受的损害也许不足以使其认为独自诉诸法律或进行协商是理性的。在大多数情况下，法律规制的交易费用是如此巨大，足以抑制个人采取正常的诉讼程序（伯特尼和史蒂文斯，2004）。导致难以界定人们在环境外部性中的产权的另一个重要原因是，像其他类型的外部性一样，环境外部性有一种重要性质——相互性。科斯举的例子是，一家糖果制造商在一个地方制作糖果已有60年的历史。此时，一个内科医生紧挨它建了一个诊所。结果，糖果制造时所产生的噪声使其无法使用听诊器，并影响了其思考力。虽然医生是后来者，且非常清楚糖果商的生意，他依然赢得了一项禁令，使糖果商不得不停止营业。实际上，糖果商工作而医生不能工作与医生工作而糖果商不能工作，这两种情况所产生的外部性一样严重（Coase，1960）。应把产权界定给谁呢？答案显然因人而异。导致难以界定和保护环境产权的第三个重要原因是，环境产权的排他费用特别高。想象一下把一坐荒山的产权界定给某个特定的个人后，禁止世世代代依靠它获取柴火的村民上山拣柴的困难，就不难理解这一点。

（2）环境外部性的复杂性。在采用税收与收费或押金—退款制度对集群环境外部性进行治理中，都涉及评估环境外部性的外部成本问题。但是，在很多情况下，这实际上是不可能完成的任务。一个重要原因是评估生态服务价值的困难。比如，海边的一片红树林可提供下列生态服务：①动植物栖息地，营养物、虾类、甲壳类和软体动物的繁殖地；②海底深水鱼类的产卵和繁殖地；③远洋浮游鱼类的产卵和繁殖地；④提供燃木和建材等；⑤当地植物、药草和小野味的来源；⑥防御台风、洪水；⑦固化碳、氮、磷等营养元素；⑧保护其他海洋、海岸生态系统；⑨固化毒素；⑩保护鸟类栖息地及鸟类的观赏价值；⑪保留与未来用途相关的选择性价值；⑫保留生态系统的存在价值和遗产价值。显然，要评估像红树林这样的环境资源的价值是相当困难的。问题是，由于用货币去度量其价值的困难，环境公共品的价值常常被极大地低估（Graves，2003）。环境外部性的复杂性还表现在，环境问题在伤害发生前常常包含一条相当长的因果链。几家公司的废弃物和排污可能混在一起；化学物质可能在空气中发生化学反应；可能存在协同作用，以致两种化学物质的联合效果比各自单独的效果更为恶劣；有毒物质可能在食物链中的食物体内积累；危险的污染物的排放对生态系统或人体健康的损害可能要在几年后才会显现出来，而且，与某一生产活动的联系可能微弱而难以证明；可能是多个公司都有牵连，而其中的一些公司已经不存在了；污染物可能是合法排放的，在排放的时候还不知道其危害（斯德纳，2005）。长长的因果链使许多活动常常具有“社会陷阱”的性质：一些产生眼前得益的活动却导致了长期的恶果（Platt，1973）。比如，使用DDT的好处在短期很明显，其灾难性影响却要多年后才能被认识到。环境外部性的复杂性极大地提高了其治理难度。这是经济系统的复杂性约束政府行为的一种表现。

（3）制定和执行环保政策中的信息不对称。政府治理集群环境外部性的过程在本质上也是规制者（政府）和被规制者（企业）之间的一种持续的重复博弈。对集群环境外部性进行有效治理，要求政府具有关于企业在何时何处排放什么废气废物以及这些废气废物对环境有何实际影响等的信息。这些重要信息往往存在于企业之中，而作为被规制对象的企业通常具有隐瞒和扭曲信息以攫取规制租金的倾向。被规制企业的这种机会主义行为常常会导致环境规制失灵。例如，我国许多企业只在政府相关机构来检查时才使用其安装的环保设备，政府相关机构对此则束手无策。这是不完全信息约束政府行为的一种表现，也是政府受限制的理性的表现。

（4）政府可支配的政策资源的限制。地方政府环境污染治理资金的决定主要取决于地方政府官员的主观偏好，而没有以法规或政策的形式规定环境污控资金占地方GDP的比例。结果，企业集群相关的地方政府往往缺乏专项资金去治理集群环境外部性。在很多情况下，这是个很强的约束。

2. 集群环境外部性的政治的非内部化

环境外部性的政治的非内部化指的是，政府官员因内部化环境外部性的私人成本超过其私人收益而有意未内部化一些环境外部性。隐含在这个定义中的一个重要假设是，政府官员是其自身利益的最大化者，他们的行动仅仅是为了获得个人收入、社会名望和权力等私利。一句话，他们将政治仅仅看做是实现他们的私人目的的手段。这意味着掌握着公共权力的官员之间的区别不在其是否追求其私利，而在其追求自己的私利的手段不同。一些官员是在实现社会利益的同时实现其私利的，而其他一些官员为了其私利是不惜牺牲社会成员之共同利益的。当然，政府官员选择实现其私利的手段和途径的行为在很大程度上会受到其生活于其中的政治制度的决定性影响。好的政治制度会让绝大多数官员发现，实现其私利的最佳途径就是努力去增进社会成员的共同利益。具体而言，导致政府治理环境外部性中政治的非内部化的原因主要有：

（1）GDP 最大化的政绩标准。到现在为止，考核我国各级政府官员政绩的最重要、最硬的指标，实际上仍然是 GDP 的增长指标。选择这一政绩标准是有其深刻的原因的。首先，它是对毛泽东时代的有着浓重的“左”倾色彩的政治挂帅的政绩标准的替代，有助于把各级政府的资源和精力引导到经济建设上，使我们党的以经济建设为中心的基本路线得到贯彻和落实。其次，它是易于考核和度量的、有时间表的和可实现的政绩指标，有助于公正地评价各级政府官员的政绩。再次，到目前为止，还找不到比它更好的其他单一指标。那么，把 GDP 指标作为考核我国各级政府官员政绩的最重要、最硬的指标有什么不妥呢？答案是，它可能导致政绩最大化的政府官员忽视内在于生产过程中的环境外部性，结果出现环境破坏性的、没有发展的和不可持续的增长。因为，与人们的常识不同的是，GDP 的增长并不直接等同于社会福利的增长，更不直接等同于经济发展。其原因是：①GDP 计算中所使用的最终产品的价格往往没有反映生产中的环境外部性所产生的外部成本。②GDP 的核算没有考虑像家务等非生产的物品和服务对一国福利的贡献。③把居民住宅上安装的防盗网、防盗铃、防盗门等这样的最终物品的价值计入 GDP 中必然会导致对一国福利的高估。④把律师和各种经纪人的服务等这样的原本非生活必需品的价值记入 GDP 中，也必然会造成对一国福利水平的高估。⑤一国的经济增长可能是以牺牲社会的平等、个人的尊严等为代价的。重要的是，至少是在短期内，对生产过程中的环境外部性进行治理必然会降低 GDP 的增长率。所以，当不得不在环保和政绩两者中二中选一时，政绩最大化的政府官员选择政绩而牺牲环保就具有在特定政绩标准下不得不如此的性质。我国环评立法迟迟不能出台的一个重要原因就是，规划环评所注重的长期利益、全局利益往往与某些部门和地方所追求的短期利益、局部利益相冲突，致使他们对这项工作不那么支持，甚至以种种理由逃避开展规划环评的责任。

（2）职能分割的政府管理体制。其表现主要有三：①地方政府不承担环保责任。②地方环保部门受国家环保总局和地方政府的双重领导，其财权和人事权受制于地方政府。③政府的环保职能分散在环保、水利、交通、国土、公安等多个部门中，工业污染归环保局，农业污染归农业部，污水处理厂归建设部，水管理归水利部，海洋污染归海洋局，沙尘暴治理归林业局。这种职能分割的政府管理体制产生了两大弊病：一个是环保部门的“统一监管”职能实际上被架空。一个典型表现是，很多地方环保局局长要通报当地污染，居然只能给国家环保总局写匿名信。另一个是政府各部门的责、权、利不统一，相互牵制，行政成本偏高。

（3）规制者被俘获。按照斯蒂格勒的说法，政府的规制机构常常被他们的规制对象所俘获，从而成为创造与再分配租金的载体。其表现之一是，规制常常是被规制对象主动要求的结果（Stigler，1971），也就是寻租的结果。所谓寻租指的是利用生产资源，通过政治过程，实现有利于自己的收入转移的行为。按照塔洛克的说法，许多社会体制在本质上就是一台精心设计的把租金从民众转移到规制者的朋友和亲密支持者的机器（塔洛克，2000）。寻租导致环境外部性非内部化的现象在我国是相当普遍的。一个可观察的事实是，我国之所以每年要发生数万起因环境问题而引发的官民冲突，归根到底是相关地方政府在企业的污染事件中一味地偏袒污染企业，置受污染之害的民众的利益于不顾。一些地方政府甚至制定与中央政策相抵触的“二文件”，凌驾于中央政策和国家法律之上，降低环保门槛招商引资，限制和阻挠环境执法，对企业故意违法排污的事实有视无睹。所有这些现象是不能单纯用政绩最大化的动机加以令人信服的解释的。毫无疑问，相关地方政府与企业之间的过于“亲密”的接触往往才是最重要的原因。实际上，在许多地方，地方政府与企业的密切程度甚至超过了原来“政企合一”、“政企不分”的计划经济时期。

（4）政府官僚机构的科层失灵。官僚机构作为一种特定的非营利性组织，其区别于市场的最重要特征是组织成员间的命令与服从关系。因为，在市场中，交易各方间的关系往往是平等的、互利的和自愿的关系。但是，导致市场失灵的各种原因——正交易费用、垄断、公共品、外部性、不对称信息——同样会导致组织内部的低效率——科层失灵（米勒，2003）。其表现有：①官僚机构内组织资源、信息尤其是决策权力的部门甚或个人垄断，同样会造成组织资源的低效利用；②组织内团队生产的外部性会导致“搭便车”问题，降低组织成员努力工作的激励；③官僚机构内低效率的克服所具有的公共品性质，会使低效率的组织惯例（如“证明成本的合理性而不是减少成本”的惯例和使用的组织技术越新越复杂越好的惯例等）和低效率的规章制度长期存在；④不对称信息的存在会使官僚机构面临纵向与横向协调失灵的双重困境。这些科层失灵毫无疑问会损害政府官员内部化环境外部性的积极性。结果，许多环境污染事件不演变成群体性事件便不能得到解决。

（5）巨大而软弱的利益集团。环境外部性的受害者较之环境外部性的施加者往往人数众多。与一般人的直觉不同的是，这里起作用的不是“人多力量大”的机制，而是“人多力量小”的逻辑，也就是说，人数更多的环境外部性的受害者在与人数更少的环境外部性的施加者的博弈中往往处在劣势。其原因主要有三：其一，“搭便车”问题在环境外部性的受害者群体中更严重。因为，①群体成员数量的增大分散了“搭便车”行为可能造成的伤害，降低了采取“搭便车”行动时的内疚感，使“搭便车”的心理成本下降。②群体成员数量的增大使“搭便车”者被发现的概率降低，匿名地“搭便车”变得更加容易。③群体成员数量的增大使群体成员通过策略性行为促使其他成员采取合作行动的可能性下降。其二，群体成员数量的增大使协调各群体成员的行动变得更加困难，把环境外部性的受害者组织起来采取一致行动的成本因此增大。其三，群体成员数量的增大降低了个体对自身采取有利于群体目标实现的行动的效能的感受，其合作率因此下降（Kollock，1998）。

（6）官员间的代际外部性。治理环境外部性的成本是必须在政府官员的任期内支付的，而其见效很可能是下届政府官员任期内的事了。这种上、下届官员间的代际外部性往往使政府官员有较高的时间贴现率，更加看重的是那些能够在其任期内见效的项目而非很可能为他人做嫁衣的环保项目。一些地方官员为了在任期内出“政绩”而大举引进重污染项目就不足为怪了。

3. 集群环境外部性非内部化的对策建议

基于上面对集群环境外部性非内部化的原因所进行的分析，我们提出下面一些对策性建议：

（1）要建立更加有利于我国经济和社会可持续发展的考核政府官员政绩的标准体系，如提高官员环境绩效考核指标的权重，以克服目前把 GDP 指标作为考核我国各级政府官员政绩的最重要、最硬的指标所可能产生的弊病。其关键是把科学发展观落实到对各级官员政绩的考核中。

（2）要以适当的制度保证公民的评价能够影响官员的政绩考核和任命过程。在实行民主政体的西方发达国家，似乎很少我国这样的环保问题上的官民冲突。一个重要原因是，在那里，政党是为了赢得选举而制定政策，而不是为了制定政策而赢得选举（唐斯，2005）。因此，在制定政策时，政府不得不考虑大多数选民的政策偏好。在环境污染事件中，受害的往往是大多数。为了使其政治支持最大化，政府的政策不得不反映环境污染事件中受害者的利益诉求。由此可以想象，如果我们能够以适当的制度保证公民的评价能够影响官员的政绩考核和任命过程，则我国环保问题上的官民冲突一定会大大减少。

（3）要建立保证公民参与对他们的环境福利可能产生重要影响的政策和项目的决策过程的程序化的制度，包括环境信息公开制度和环保公益诉讼制度。到现在为止，企业的环境违法信息还是要封在环保部门的柜子里而不向公众公开的，对各城市的空气质量、自来水质量的信息更是讳莫如深。由于环境污染的范围大、被侵害人数多，通过法律追究损害者的责任是所有被损害者的公共品，在被损害者间往往存在严重的“搭便车”问题，此为其一；其二，单个受害者往往由于资源、社会地位和信息占有等方面的弱势，难以通过法律手段维护其利益。所有这些意味着环保公益诉讼制度的建立是环境治理的必然要求。

（4）要确定适当的政府环保支出占 GDP 的比例，并以法规的形式固定下来。其目的是使地方政府的环保支出受简单规则的约束，避免环保支出政策的随意性。但是，环保支出占地方 GDP 比例的决定，涉及税收收入和环保责任在中央和地方两级政府间的重新分配和界定，也涉及地方政府有限的财政收入在众多支出目标间的重新配置，是一个中央政府、各级地方政府、地方政府各职能部门和各地方民众等多方参与的持续的和动态的博弈过程，其大小反映的是各博弈方决策过程影响力的相对大小，不仅耗时，而且耗费资源。再者，在环保支出占地方 GDP 比例决定之后，其执行、监督和控制也要消耗大量资源。因为，地方政府官员始终有减少实际环保支出的激励，甚至可能在环保项目的招投标中谋取私利。

（5）要支持民间环保组织的成立和发展。发达国家环保做得好的一个重要原因就是，民间环保组织在监督和遏制企业制造污染中起着重要作用。一个例子是，美国环保署和八个州州政府在十余家民间环保组织的帮助下，于 1999 年对美国电力公司提起诉讼，控告其在未采取控污措施的情况下重建燃煤发电厂，并最终迫使其同意以 46 亿美元的代价了结历时多年的环保诉讼。实际上，民间环保组织不仅可以搜集和公布企业污染环境的信息，影响消费者对企业产品的心理感受和需求，而且可以组织和参与对污染企业的法律起诉，迫使其承担相应的环保责任。随着人们环境权利意识的觉醒，将有越来越多的社会成员会倾向于通过集体行动，维护其环境产权。政府有责任和义务去引导和利用这种民间力量，使之能够通过合法而有效的渠道去增进全社会的环境福利，而不是演变成导致社会失序和失稳的力量。

（6）要理顺环保部门与其他政府职能部门之间的关系，包括建立从中央到地方的环境执法的垂直管理体系和各地方负责统一监测与执法的高级别的协调机制。建立环境执法的垂直管理体系的主要目的是，防止地方保护主义对环保的不利影响，保障环境规制政策的有效执行。其困难是，难以实现中央政府与各级地方政府的纵向协调，有可能使环境相关的社会矛盾集中于中央。建立统一监测和执法的高级别的协调机制，要求突出环保在政府工作中的重要性。为此，有必要通过政府组织结构的创新，使环保真正成为一种与税收、教育、卫生等其他政府职能平等的职能。

（7）可以根据社会经济的和自然地理的一些特征，划分出一些环保功能区。这些环保功能区的各级地方政府的主要任务不是最大化GDP，而是提供环境公共品。其关键是如何合理地补偿这些环保功能区为提供环境公共品而做出的牺牲和承担的成本。这种环境补偿的基本形式有二：一种是中央政府对环保功能区的补偿，另一种是受益于环保功能区的非环保功能区对环保功能区的补偿。然而，无论是由中央政府所进行的补偿，还是由非环保功能区所进行的补偿，其具体形式是多种多样的，并且，有效的补偿形式是环保功能区特定的。也就是说，有效的补偿形式是由特定环保功能区的特定因素和特定补偿者的特定因素共同决定的。这意味着具体补偿形式的选择和决定，需要由补偿者与被补偿者通过各种形式的谈判和协商共同决定。在这种补偿制度中，中央政府的重要任务之一是，以某种恰当的方式把环境产权界定给环保功能区，并对环保功能区的环境产权进行有效保护。

在上述对策中，最适合我国社会发展的现阶段特征的、也是牵一发而动全身的对策是第一条——把科学发展观落实到对各级官员政绩的考核之中，以建立更加科学的考核政府官员政绩的标准体系。然而，这也是很难做到的一条。因为，要真正把科学发展观落实到对各级官员政绩的考核中，要求我们至少要实现下面三个重要的观念转变：

第一，从经济增长观到经济发展观的转变。经济增长观即经济增长第一的观念，在我国有着重要的历史和社会的原因。我国过去的计划经济体制的根本目的，就是要实现以重工业优先发展所带动的追赶型经济增长，以使社会主义在中国名实相符，并体现出社会主义较之资本主义的巨大的制度优越性。为此，我国集中了一切经济权力，采用了一系列有利于重工业优先发展的经济政策。其基本模式是，国家实行低利率、低汇率、低工资、低原材料价格，以降低国有企业使用资本的成本、进口生产设备的用汇成本、工资成本和原料成本；为使低工资可行，又在农村实行人民公社制度，对农产品实行统购统销，以回避政府同分散的农民讨价还价所可能产生的巨大的交易费用，从而能够轻易压低农产品的收购价格；同时，工业生产的农用生产资料、生活资料等，则以远高于生产成本的价格卖给农业部门；对工业产生的利润则实行统收统支，以实现工业的快速扩张（林毅夫等，1994）。结果，一切人，不管是国企工人还是人民公社的农民，都成了国家经济快速工业化的手段，而非目的。不幸的是，尽管我们牺牲了几代人的自由和福利，我国与发达国家之间的差距不减反增。改革开放以来，“发展是硬道理”的观念深入人心，但“发展”被简单地理解为经济增长。于是，地区经济增长率成了考核地方政府官员政绩的最重要指标，由此推动了各地区之间的经济竞争。毫无疑问，各级地方政府之间的这种基于GDP的政绩竞争在过去三十多年推动了我国政治、经济和文化等方面的革命性变革，但同时也带来了一系列问题，如生态环境恶化问题、自然资源耗竭问题和社会贫富分化问题等。产生这些问题的一个重要原因是，我们一直把人当作实现国家经济增长的手段而非目的。与此相反，经济发展观要求突出人——劳动者——在国家经济生活中的目的性地位，重视被经济学中的实证主义者所轻蔑的生存、自尊和自由等价值，强调一国的经济增长必须有助于使其人民摆脱绝对的和相对的贫困，能够使其公民“像人那样地活着”，能够使一国之民族在国际上同他国之民族平等地相处，能够推动该国的政治生活、经济生活和文化生活的民主化和平等化，使其人民能够在更大的程度上自由地决定其命运。为了实现从经济增长观到经济发展观的转变，我们必须放弃过去的GDP最大化目标，掌握在经济增长的环境成本和内部化环境成本可能导致GDP下降的社会成本之间进行权衡的艺术，也就是必须思考和回答这样一些问题：照目前高能耗、高污染的模式发展下去，我国重化工业的发展空间还有多大？还将付出多少环境代价？实行环境经济新政后，我国的GDP增长速度要下降多少？实施环境经济政策和转变增长模式的代价到底有多大？我国经济社会发展能否承受得起？不能正确地回答这些问题，就难以进行科学的决策，双赢的道路就可能变成两难的选择。目前的环境状况已经不允许我们在“万事俱备”之后才去实施所谓完美的环境经济政策，只能边研究、边试点、边总结，联合各方力量，建立符合我国国情的环境经济政策。

第二，从工业文明的幸福观到生态文明的幸福观的转变。自资本主义产生以来，人类就经历着各民族在政治、经济和文化等各方面相互依存的程度不断提高的全球化过程，其动力是由私人利益和国家利益所驱动的产品和生产要素的国际流动，其本质则是资本主义生产方式和价值观的全球化，也是市场经济制度的全球化。从资本主义生产方式产生的历史看，市场经济在本质上是推崇个人的价值、自由和发展的个人主义理念制度化的结果。它假定每个人都是自身利益的最佳判断者和守护神，市场竞争会引导千百万个人，使他们在追求其私利的同时最大化社会的利益（亚当·斯密，1981）。但是，每个人的私利和命运实际上并不完全由他自己的行为所决定，而是还要取决于一种与他相异在的力量——市场力量。一句话，每个经济主体必须以有效率的方式生产社会需要的产品并且以适当的价格进行销售，才能实现其私利。为此，竞争社会发展出了许多对个人有强制性影响力的机制，如各种各样的大众媒介和铺天盖地的广告等，不断地鼓励人们进行消费。结果，大多数人都把占有和消耗更多的物质财富当做其人生目标和幸福，而丧失了对生活、社会和人生进行反思的能力。边际效用递减规律却使物质财富富裕的人们陷入了“物质丰裕而精神痛苦”的陷阱中。这实际上是市场制度的胜利。因为，是它把人的多样的利益变成了单一的物质利益，把人的幸福变成了痛苦中的快乐。在这种工业文明的幸福观的主宰下，人类和自然之间的战争已经进行了数百年。如今，当人类面临生态灾难的现实威胁时，人们才终于认识到，人类必须尊重自然，只能在自然许可的可能性空间内寻求其幸福。于是，有人提出要用各种机制实现环境成本的内部化，以遏制生产行为或消费行为对环境的破坏；有人提出要评价物种的非市场价值，如其供人们进行科学研究和观赏的价值，或其保留人类未来的选择机会的价值，或其满足人类对野生生物的伦理感情的价值等，以遏制生物多样性的减少；有人则呼吁各国从人类的整体利益出发，自觉地协调其行动，以解决世界环境问题。这些努力无疑有助于缓解人与自然的冲突。但是，如果人类中的大多数人继续持有工业文明的幸福观，把占有和消耗更多的物质财富作为其人生目标和幸福，继续其对自然的战争，则终不能避免人与自然间的尖锐冲突。因此，人类可持续发展的一个首要的却也是最难满足的前提是，人类必须放弃其由市场经济所强加的工业文明的非理性的幸福观，而代之以生态文明的幸福观。其核心价值是尊重“自然的权利”，尊重各种物种的“存在价值”。但这绝不是要回到禁欲主义，而是要实现人与自然，进而是人与人的和谐相处。此时，我们想到了我国古代既有道家的非功利精神又有儒家的理性精神的“天人合一”的世界观。但那一定是被新的时代精神所充实和提高了的新的“天人合一”的世界观。

第三，从最大化资源的当代配置效率到强调资源的跨代配置效率的转变。我国目前的资源耗竭型经济增长的实质之一是，当代人利用其相对于子孙后代的“先动优势”，把本该归子孙后代使用的资源拿来谋求其私利。然而，这种自私行为不仅会损害子孙的利益，也会最终损害当代人的利益。因为，资源耗竭型经济增长必然也是环境破坏型经济增长。环境破坏不仅会损害当代人的生活质量，还会提高当代人从事经济活动的成本和风险。因此，有必要把环境问题作为基本的人权问题来理解和处理，以保证人们享有清洁的空气、卫生的水和悦目的自然环境等环境之权。为此，必须尽快完善相关环境立法，尽量减少人们的生产和消费行为对环境的有害影响。目前，一些在国际上有良好环保形象的跨国公司在我国也频频违反环境立法，就是欺负我们的环境立法不全、执法不力。其次，要实现自然资源的价值补偿。一是由资源型企业和高污染行业（如钢铁和电力等行业）的企业在税前按一定比例提取资金，专门用于环境恢复与生态补偿；二是让自然资源进入市场，依靠市场力量决定其价格，实现自然资源的商品化。这些措施将有助于提高自然资源的配置效率，尤其是其跨代配置效率。

本章参考文献

[1] Dawes, R. M. Social Dilemmas [J]. Annual Review of Psychology, 1980, 31: 169 - 193.

[2] Yamagishi , T & Cook, K. S. Generalized Exchange and Social Dilemmas [J]. Social Psychology Quarterly, 1993, 56 (4): 235 - 248.

[3] Mayer, R. C. et al. An Integrative Model of Organizational Trust [J]. Academy of Management Review, 1995, 20: 709 - 734.

[4] Cremer, D. D. & Stouten, J. When do People Find Cooperation Most Justified? The

Effect of Trust and Self - Other Merging in Social Dilemmas [J]. Social Justice Research, 2003, 16 (1): 41 - 52.

[5] Eek, D. et al. The Effect of Distributive Justice on Willingness to Pay for Municipality Child Care: An Extension of the GEF Hypothesis [J]. Social Justice Research, 1998, 11 (2): 121 - 142.

[6] Biel, A. et al. Distributive Justice and Willingness to Pay for Municipality Child Care [J]. Social Justice Research, 1997, 10: 63 - 80.

[7] Messick, D. M. & Schell, T. "Evidence for an Equality Heuristic in Social Decision Making," Acta Psychologica, 1992, 80: 311 - 323.

[8] 约翰·罗尔斯. 正义论 [M]. 北京：中国社会科学出版社，1988.

[9] Kollock, P. Social Dilemmas: The Anatomy of Cooperation [J]. Annual Review of Psychology, 1998, 24: 183 - 214.

[10] Dawes, R. M., et al. Behavior, Communication and Assumptions about Other People's Behavior in a Commons Dilemma Situation [J]. Journal of Personality and Social Psychology, 1977, 35: 1 - 11.

[11] Messick, D. M. & Brewer, M. B. Solving Social Dilemmas: A Review [J]. Review of Personality and Social Psychology, 1983, 4: 11 - 44.

[12] Majeski, S. J. & Fricks, S. Conflict and Cooperation in International Relations [J]. Journal of Conflict Resolution, 1995, 39 (4): 622 - 645.

[13] Weber, J. M. et al. A Conceptual Review of Decision Making in Social Dilemmas: Applying a Logic of Appropriateness [J]. Personality and Social Psychology Review, 2004, 8 (3): 281 - 307.

[14] Caldwell, M. D. Communication and Sex Effects in a Five-Person Prisoner's Dilemma Game [J]. Journal of Personality and Social Psychology, 1976, 33: 273 - 280.

[15] Yamagishi, T. The Provision of a Sanctioning System as a Public Good [J]. Journal of Personality and Social Psychology, 1986, 51: 110 - 116.

[16] Yamagishi, T., "The Provision of a Sanctioning System in the United States and Japan," Social Psychology Quarterly, 1988, 51 (3): 265 - 271.

[17] Baron, J. Confusion of Group - interest and Self - interest in Parochial Cooperation on Behalf of the Group [J]. Journal of Conflict Resolution, 2001, 45: 283 - 296.

[18] Bornstein, G. et al. Experimental Study of Repeated Team Games [J]. European Journal of Political Economy, 1996, 12: 629 - 639.

[19] Andreoni, J. Giving with Impure Altruism: Applications to Charity and Richardian

Equivalence [J]. Journal of Political Economy, 1989, 97 (6): 1447 - 1458.

[20] Göchter, S. & Fehr, E. Collective Action as a Social Exchange [J]. Journal of Economic Behavior and Organization, 1999, 39 (4): 341 - 369.

[21] Cremer, D. D. & Bakker, M. Accountability and Cooperation in Social Dilemmas: The Influence of Others' Reputational Concerns [J]. Current Psychology, 2003, 22 (2): 155 - 163.

[22] Parks, C. D & Komorita, S. S. Reciprocal Strategies for Large Groups [J]. Personality and Social Psychology Review, 1997, 1: 314 - 322.

[23] Hens, P. D. Do Reciprocal Strategies Work in Social Dilemmas? [J]. Personality and Social Psychology Review, 2000, 4 (3): 278 - 288.

[24] Ming Zeng & Xiaoping Chen. Achieving Cooperation in Multiparty Alliances: A Social Dilemma Approach to Partnership Management [J]. Academy of Management Review, 2003, 28 (4): 587 - 605.

[25] Komorita, S. S. A Model of the n-Person Dilemma-type Game [J]. Journal of Experimental Social Psychology, 1976, 12: 357 - 373.

[26] Pruitt, D. & Kimmel, M. Twenty Years of Experimental Gaming: Critiques, Synthesis and Suggestions for the Future [J]. Annual Review of Psychology, 1977, 28: 363 - 392.

[27] Heide, J. B. & Miner, A. S. The Shadow of the Future: Effects of Anticipated Interaction and Frequency of Contact on Buyer-Seller Cooperation [J]. Academy of Management Journal, 1992, 35: 265 - 291.

[28] A·爱伦·斯密德. 财产、权力和公共选择 [M]. 上海：上海三联书店，上海人民出版社，2006.

[29] Kim, O. & Walker, J. M. The Free Rider Problems: Experimental Evidence [J]. Public Choice, 1984, 43: 3 - 24.

[30] Isaac, R. M. et al. Public Goods Provision in an Experimental Environment [J]. Journal of Public Economics, 1985, 26: 51 - 74.

[31] 伊·拉卡托斯. 科学研究纲领方法论 [M]. 上海：上海译文出版社，1986.

[32] Kreps, D. M. et al. Rational Cooperation in the Finitely Repeated Prisoners' Dilemma [J]. Journal of Economic Theory, 1982, 27: 245 - 252.

[33] Platt, J. Social Traps [J]. American Psychologist, 1973, 28: 641 - 651.

[34] Becker, G. S. A Theory of Social Interactions [J]. Journal of Political Economy, 1974, 82: 1063 - 1093.

[35] Andreoni, J. & Miller, J. H. Rational Cooperation in the Finitely Repeated Prisoners'

Dilemma: Experimental Evidence [J]. The Economic Journal, 1993, 103 (418): 570 - 585.

[36] Kahneman, D. et al. Fairness as a Constraint on Profit Seeking: Entitlements in the Market [J]. American Economic Review, 1986, LXXVI: 728 - 741.

[37] Blinder, A. S. & Choi, D. H. A Shred of Evidence on Theories of Wage Stickiness [J]. Quarterly Journal of Economics, 1990, CV: 1003 - 1016.

[38] Thaler, R. H. The Ultimatum Game [J]. Journal of Economic Perspectives, 1988, Ⅱ: 195 - 206.

[39] Guth, W. et al. Ultimatum, Bargaining Behavior—A Survey and Comparison of Experimental Results [J]. Journal of Economic Psychology, 1990, XI: 417 - 449.

[40] Fehr, E. & Schmidt, K. M. A Theory of Fairness, Competition, and Cooperation [J]. Quarterly Journal of Economic s, 1999, 114: 817 - 868.

[41] Bolton, G. E. & Ochenfels, A. ERC: A Theory of Equity, Reciprocity, and Competition [J]. American Economic Review, 2000, 90 (1): 166 - 193.

[42] Eek, D. & Biel, A. The Interplay between Greed, Efficiency, and Fairness in Public - Goods Dilemmas [J]. Social Justice Research, 2003, 16 (3): 195 - 215.

[43] Keser, C. & Winden, F. V. Conditional Cooperation and Voluntary Contributions to Public Goods [J]. Scandinavian Journal of Economics, 2000, 102 (1): 23 - 39.

[44] Levati, M. V. Explaining Private Provision of Public Goods by Conditional Cooperation: An Indirect Evolutionary Approach [J]. Metroeconomica, 2006, 57 (1): 68 - 92.

[45] Isaac, R. M. & Walker, J. M. Group Size Effects in Public Goods Provision: The Voluntary Contributions Mechanism [J]. Quarterly Journal of Economics, 1988, 53: 179 - 200.

[46] Dawes, R. M. & Theler, R. H. Anomalies: Cooperation [J]. Journal of Economic Perspectives, 1988, 2 (3): 187 - 197.

[47] 孙鳌，陈雪梅．新古典经济学的假设与演变 [J]. 江苏社会科学 . 2005 (5): 45 - 50.

[48] Becker, G. S. Altruism, Egoism, and Genetic Fitness: Economics and Sociobiology [J]. Journal of Economic Literature, 1976, 14 (3): 817 - 826.

[49] Agell, J. & Lundberg, P. Theories of Pay and Unemployment: Survey Evidence from Swedish Manufacturing Firms [J]. Scandinavian Journal of Economics, 1995, XCVⅡ: 295 - 308.

[50] Clark, A. E. & Oswald, A. J. Satisfaction and Comparison Income [J]. Journal of Public Economics, 1996, LXI: 359 - 381.

[51] Rabin, M. Incorporating Fairness into Game Theory and Economics [J]. American

Economic Review, 1993, 83: 1281 - 1302.

[52] Kotchen, M. J. Green Markets and Private Provision of Public Goods [J]. Journal of Political Economy, 2006, 114 (41): 816 - 834.

[53] Chan, Ricky Y. K. An Emerging Green Market in China: Myth or Reality? [J]. Business Horizons, March-April 2000: 55 - 60.

[54] Akerlof, G. A. The Market for 'Lemons': Quality Uncertainty and the Market Mechanism [J]. The Quarterly Journal of Economics, 1970, 84 (3): 488 - 500.

[55] Barnett, M. L. Finding a Working Balance between Competitive and Communal strategies [J]. Journal of Management Studies, 2006, 43 (8): 1753 - 1773.

[56] Powell, W. W. Neither Market nor Hierarchy: Network Forms of Organization [J]. Research in Organizational Behavior, 1990, 12: 295 - 336.

[57] 孙鳌．商业模式视角的企业集群的生命周期 [J]．南京政治学院学报．2000 (1): 47 - 51.

[58] Caves, R. E. & Porter, M. E. From Entry Barriers to Mobility Barriers: Conjectural Decisions and Contrived Deterrence to New Competition [J]. Quarterly Journal of Economics, 1977, 91: 241 - 262.

[59] 迈克尔·波特．竞争战略 [M]．北京：华夏出版社，2001.

[60] 乔治·泰奇．研究与开发政策的经济学 [M]．北京：清华大学出版社，2002.

[61] Gulati, R. Alliances and Networks [J]. Strategic Management Journal, 1998, 19 (4): 293 - 317.

[62] Wernerfelt, B. A Resource-Based View of the Firm [J]. Strategic Management Journal, 1984, 5 (2): 171 - 180.

[63] Ahuja, G. The Duality of Collaboration: Inducements and Opportunities in the Formation of Inter-firm Linkages [J]. Strategic Management Journal, 2000, 21 (3): 317 - 343.

[64] Hennart, J. F. A Transaction Costs Theory of Equity Joint Ventures [J]. Strategic Management Journal, 1988, 9 (4): 361 - 374.

[65] Gulati, R. & Singh, H. Managing Coordination Costs and Appropriation Concerns in Strategic Alliances [J]. Administrative Science Quarterly, 1998, 43 (4): 781 - 814.

[66] Shamsie, J. The Resource-based View of the Firm in Two Environments: The Hollywood Film Studio from 1936 to 1965 [J]. Academy of Management Journa, 1996, 139: 519 - 543.

[67] Das, T. K. & Bing-Sheng Teng. A Resource - based Theory of Strategic Alliances [J]. Journal of Management, 2000, 26 (1): 31 - 61.

[68] 查尔斯·林德布洛姆．政治与市场：世界的政治—经济制度［M］．上海：上海三联书店，上海人民出版社，1994.

[69] Stiglitz & Weiss. Credit Rationing in Markets with Imperfect Information [J]. American Economic Review, 1981, 71: 1－15.

[70] Dow, G. K. Why Capital Hires Labor: A Bargaining Perspective [J]. The American Economic Review, 1993, 83 (1): 118－134.

[71] Hayek, F. A. The Use of Knowledge in Society [J]. The American Economic Review, 35 (4): 519－530.

[72] 斯韦托扎尔·平乔维奇．产权经济学：一种关于比较体制的理论［M］．北京：经济科学出版社，1999.

[73] Shuhe Li & Weiying Zhang. Optimal Assignment of Principalship in Teams [J]. Journal of Economic Behavior & Organization, 2001, 44: 105－127.

[74] Grossman, S. J. & Hart, O. D. The Costs and Benefits of Ownership: A Theory of Vertical and Lateral Integration [J]. Journal of Political Economy, 1986, 94 (4): 691－719.

[75] 奥利弗·E·威廉姆森：资本主义经济制度［M］．北京：商务印书馆，2002.

[76] 巴泽尔：产权的经济分析［M］．上海：上海三联书店、上海人民出版社，2004.

[77] Baldinger, P. China's Green Markets [J]. The China's Business Review, March－April, 2000: 44－55.

[78] Coase, R. H. The Problem of Social Cost [J]. Journal of Law and Economics, 1960, 3: 1－44.

[79] 保罗·R·伯特尼和罗伯特·N·史蒂文斯．环境保护的公共政策［M］．上海：上海三联书店，上海人民出版社，2004.

[80] 托马斯·斯德纳．环境与自然资源管理的政策工具［M］．上海：上海三联书店，上海人民出版社，2005.

[81] Demsetz, H. The Core Disagreement between Pigou, the Profession, and Coase in the Analysis of the Externality Question [J]. European Journal of Political Economy, 1996, 12: 565－579.

[82] 庇古．福利经济学［M］．北京：华夏出版社，2007.

[83] Backhaus, J. G. Increasing the Role of Environmental Taxes and Charges as a Policy Instrument in Developing Countries [J]. The American Journal of Economics and Sociology, 2004, 63 (5): 1097－1130.

［84］ Fredriksson, P. G. The Political Economy of Pollution Taxes in a Small Open Economy ［J］. Journal of Environmental Economics and Management, 1997, 33: 44 – 58.

［85］ Graves, P. Valuing public goods ［J］. Challenge, 2003, 46 (5): 100 – 112.

［86］ Stigler, G. The Theory of Economic Regulation ［J］. Bell Journal of Economics, 1971, 2: 3 – 32.

［87］ 戈登·塔洛克. 对寻租活动的经济学分析 ［M］. 成都：西南财经大学出版社，2000.

［88］ 盖瑞·J·米勒. 管理困境：科层的政治经济学 ［M］. 上海：上海三联书店，上海人民出版社，2003.

［89］ 安东尼·唐斯. 民主的经济理论 ［M］. 上海：世纪出版集团，上海人民出版社，2005.

［90］ 林毅夫、蔡昉、李周. 中国的奇迹：发展战略与经济改革 ［M］. 上海：上海三联书店，上海人民出版社，1994.

［91］ 亚当·斯密. 国民财富的性质和原因的研究（下）［M］. 北京：商务印书馆，1981.